龚金镭 著

海洋史视野下明代中后期海洋贸易法律制度研究

基金资助：22YJRC08ZD-2YB浙江省哲学社会科学规划领军人才培育专项课题一般课题『新时代中国特色社会主义法治文化建设的背景及需要』

法律出版社 LAW PRESS · CHINA
北京

图书在版编目（CIP）数据

海洋史视野下明代中后期海洋贸易法律制度研究 / 龚金镭著. -- 北京 : 法律出版社, 2025. -- ISBN 978-7-5244-0199-5

Ⅰ. D922.294.8

中国国家版本馆 CIP 数据核字第 2025UC8832 号

海洋史视野下明代中后期海洋贸易法律制度研究

HAIYANGSHI SHIYE XIA MINGDAI ZHONGHOUQI HAIYANG MAOYI FALÜ ZHIDU YANJIU

龚金镭 著

策划编辑 张 珺
责任编辑 张 珺
装帧设计 汪奇峰

出版发行 法律出版社
编辑统筹 法商出版分社
责任校对 王语童
责任印制 胡晓雅
经　　销 新华书店

开本 710 毫米×1000 毫米 1/16
印张 15 **字数** 185 千
版本 2025 年 5 月第 1 版
印次 2025 年 5 月第 1 次印刷
印刷 北京建宏印刷有限公司

地址:北京市丰台区莲花池西里 7 号(100073)
网址:www. lawpress. com. cn
投稿邮箱:info@ lawpress. com. cn
举报盗版邮箱:jbwq@ lawpress. com. cn
销售电话:010 - 83938349
客服电话:010 - 83938350
咨询电话:010 - 63939796

书号:ISBN 978 - 7 - 5244 - 0199 - 5
定价:60. 00 元

凡购买本社图书,如有印装错误,我社负责退换。电话:010 - 83938349

前言

中国传统社会的海洋贸易是随着造船技术和航海技术的进步而发展起来的，自唐宋至明朝，海洋贸易发展非常迅速，海洋贸易制度也随之创立和发展。海洋贸易制度是中国传统边境贸易制度的延伸，贸易、边防和外交三个方面是国家制定海洋贸易制度时考量的主要因素。明朝的海洋贸易制度的内容大致可分为三类：朝贡贸易制度、禁榷制度、民间贸易制度。

缘于鲜明且典型的朝贡制度，关于明代海洋贸易的研究一直备受学界关注。随着新史料的挖掘和研究视角的扩展，学界涌现出不少关于明代中后期的海洋贸易模式和东南沿海地方社会转型的研究。明代海洋贸易制度与海洋贸易的研究较为丰富，其中包含对外交流、经济运行、史学考证等层面的考察。但是，从法律制度层面来看，现有研究仍然具有进一步挖掘和探索的空间。本书试图还原明代中后期海洋贸易法律制度的原貌，从而为当前“海洋命运共同体”等理论的构建提供制度借鉴、文化渊源和思想源泉。从“海洋史”视野看明代中后期海洋贸易法律制度，不是简单地突出当时的中国在海洋史中的重要性，也不是在海洋史中机械地增加当时中国的内容，而是在坚持不同文明和区域之间互动的基础上，强调一种“去中心”的海洋史。同时将视野从浙闽广等中国的东南沿海区域慢慢扩展到日本、朝鲜、越南等东亚及东南亚国家，晚明时期西欧与中国在法律制度问题上又发生了新的碰撞，所以应更为直观深入地探寻海洋贸易法律制度的背后缘由，更详尽有力地补充传统解释以及探讨“海洋史”等研究视域。

从“海洋史”视野出发，在“大航海”时代背景下，明代中后期的经济与社会迅速发展，农业、手工业逐渐商业化，商业规模扩大化，商品经济已经渗透到社会经济各个领域，海洋贸易思潮有所改变，“开海派”与“禁海派”争论激烈。明代中后期，明朝与日本、朝鲜甚至葡萄牙等国贸易频繁，这成为拉动国内市场扩张、经济增长的有利因素。“隆庆开海”前朝廷调整了海洋贸易律例主要内容，沿用前期律例，颁布新的律例如“弘治新例”等，地方立法进行了适度调适，广东进行了税制改革。中央和地方设立推行海洋贸易法律制度的专门机构，市舶宦官权力扩大，地方管制形式灵活多样，海洋贸易律例调整，“隆庆开海”时出台新的律例，广东和澳门分别出台地方性法规，广州交易会开始举办，中央开始派遣税使。“隆庆开海”后海洋贸易法律制度对东南地区影响深远，海洋贸易在闽广等地局部合法化，这缓解了整个海洋贸易矛盾，但海洋贸易依旧受到限制且隐患重现。地方经济组织的发展带来了监管上的问题与弊端，揽头、“铺行”、“夷商纲纪”等半官方色彩的经济组织的垄断性因素凸显，其一方面在生产、市场、流通等领域拥有各种便利，另一方面导致制度的跟进制约与监管出现了问题。

明代中后期海洋贸易法律制度包括出台的有关海禁关津、外交事务等的条例和诏令，明廷将其删整后编入《大明会典》，从中可以看到海洋贸易法律制度力度逐渐增大，但其也存在调适的局限性。通过探讨各规制执行部门之间的权力博弈的过程与根源，可以看到朝贡贸易向商舶贸易转型中建构起新制度，以及当时中国在面对大航海时期早期殖民者的到来时如何进行制度调适。明朝的海洋贸易制度，从明代初期到明代中后期，看似变化很多，其实是一脉相承的。明朝对待海洋贸易的态度与对待商业的态度一样：希望海洋贸易的发展模式和规模，在其可控的范围之内。如弘治时期颁行了《问刑条例》，官方为一些小规模的可控的海洋贸易的运行留有“余地”；正德十二年（公元1517年）对“抽分制”的调整，使得海洋贸易管制更宽松了。“嘉靖大倭乱”并不单纯是嘉靖朝的统治结果，而是经年累月的社会矛盾大爆发。嘉靖朝在政策上看似趋于严厉，实际依旧是以重申之前的条例原则为主，并非重新创设新的法律制度，而是在原有条例原则的基础上再次明确和传达上层重视海防安全的态度。事实上即便是在对待“倭患”最严厉的嘉靖朝，也几乎没有出现单纯地处罚海洋贸易行为的案例。一些有识之士清楚地认识到，要改变当时倭患不绝、赋税减少的局面，就必须废除海洋贸易法律制度，实现互通有无，恢复市舶制度。嘉靖后期，随着海寇渐渐被平定，明朝对于开海的诉求也更加明显。隆庆以及万历年间的律例规范其实与嘉靖朝乃至洪武朝的法律规范没有本质上的差别，其主要目的就是规制海洋贸易，希冀海洋贸易在自己可控的范围内运行。

地方执法虽然力度加强，但同时面临执法困境，遭到地方利益集团间接或直接强势反抗。由于正常的海洋贸易受阻，东南沿海地区的人们或迫于生计，或在利益的诱惑下，铤而走险从事海洋贸易的大有人在。根据供求关系的规律，海洋贸易律例越严厉，海洋贸易的商品的利润就越丰厚。在实践中，海洋贸易律例主要是打击了原先比较弱势的沿海居民，而地方势力集团的违法走私反而愈演愈烈，海洋贸易法律制度反而刺激了海上贸易利益的倍增。更为严重的是，为了对抗海洋贸易法律制度，也为了在弱肉强食的海洋中保护自我，许多染指海洋贸易的势家大姓逐渐组织与武装起来，形成了庞大的海商团队。随着参与海洋贸易的人员成分变得复杂，规模越发扩大，他们既有对外贸易，又有武装抢劫，这些海盗商人聚集在一起，兼具商业和盗窃的特点，海寇出现内外勾结的态势。地方负责海洋贸易法律制度执法的官员也因执行不力而频频被罢免和处罚。这样所导致的问题更加严重和复杂，一方面地方州县为自己谋私利,权钱交易成为常见的态势,以至于海洋贸易法律制度形同虚设,无法得到有效实施;而另一方面民间的海洋贸易虽然在畸形中发展起来,但毕竟没有得到官方的正式认可和保障,所以民间海洋贸易发展中孕育着巨大的冲突和矛盾。以上这些因素导致沿海民众“铤而走险”,而官吏敲诈民众,权力寻租,法律在实施中被违背,这有损法律的权威,不利于民众对正常法律制度的遵循。

所谓的开海是有限的,甚至短期内依旧会出现所谓的“禁海”行为。这种看似矛盾的现象实则合乎逻辑,因为隆万年间律例的精神本就继承自明初,和前几朝的宗旨一脉相承,否则也不会有人认为所谓的“隆庆开海”不过是“换汤不换药”式的“寓禁于通”。在司法与执法方面,如明朝后期的广东推官颜俊彦在其书《盟水斋存牍》中,谈论到几则有关所谓的“违禁私货下海”的案件,但这几则案件涉及的行为也不是单纯的海洋贸易行为,其基本上可以分为“偷税漏税”“贩卖人口”“贩卖违禁品”等危害社会治安和破坏社会秩序的行为。因此,明朝其实并没有真正意义上的禁止海洋贸易的法律规范,也缺乏促进海洋贸易发展的制度保障,总的来说其态度是“消极的默许”。

从“海洋史”的视野分析,可以更清楚地认识到明代中后期海洋贸易法律制度的基调是“限海”,而非“禁海”。明朝从建立之初对待海洋,就以保障“海疆安宁”为核心宗旨,并非刻意针对海洋贸易本身。如果“海疆安宁”受到威胁,那么明朝对于海洋的封锁会连带影响海洋贸易的运转。事实上,朝廷并没有对纯粹的海洋贸易严厉打击,客观上也没有办法严格执行这种打击。明后期的“隆庆开海”并不是对之前海洋政策的推翻,而是贯彻了明初以来的立法原则,并非违反明初以来的“祖制”。所以明廷主观上虽有意愿将海洋贸易控制在自己可控的范围内,但受制于经济贸易运作的客观规律与“全球贸易”的不可逆性,也只能持“默许”的态度,并不能真正严厉“禁止”。法制文明进步得益于传承与革新,而能否构建起合乎目标的法律制度,依赖于是否有更为科学的理论作为指导。了解明代中后期海洋贸易的规范过程,反思明代中后期海洋贸易法律制度问题,进而理清其历史源流,不仅对当下发展和规范海洋贸易具有一定的现实意义,也可为“海洋命运共同体”的理念提供历史借鉴和理论指导。

龚金镭

甲辰年癸酉月戊戌日于宁波鄞州钱湖

目　录

第一章

海洋史视野下明朝以前海洋贸易法律制度沿革

第一节　先秦至唐代边境贸易与边贸制度

一、唐代以前边境贸易和边贸制度

中国的历史可以追溯到几千年前，中国自古以来就是一个拥有广袤领土、多样自然资源且多民族聚居的国家。中国拥有悠久的文化和历史传统，其丰富的文化遗产和人文景观至今令人叹为观止。地大物博、地理环境和文化背景的多样性，使得不同地区的资源、气候和民众生活习惯差异显著，这也导致了各地区商品的使用价值各不相同。由于商品使用价值的差异，民众之间更愿意进行商品交换，从而促进了中国的商品流通和经济发展。

随着社会经济的发展，人们的交互模式逐渐从邻里之间的交流发展为更广泛的交流。这种交互模式不断扩大，从乡与乡之间的交流与贸易，到城市与城市之间的交流与贸易，乃至区域与区域之间的交流与贸易。中国作为一个历史悠久、文化底蕴深厚的国家，在古代一直是重要的贸易和文化中心。古代的丝绸之路和海上丝绸之路等交通线路促进了中国与世界各地的贸易和文化交流。随着交通技术的进步，古代中国与世界的交流和贸易变得更加便捷和频繁。总之，古代中国的交流和贸易模式不断扩展和深化，既促进了经济和社会的发展，也推动了世界各国之间的合作与交流。

其中，边境贸易尤为特殊，涉及境内外商品的交换。由于境内外的差异性更大，交换需求也更加强烈。边境贸易通常涉及货币、语言、文化和法律等方面的差异，这些差异会影响商品交换的方式和价值。同时，边境地区的气候、资源和民众生活习惯等的差异也会促使边境贸易需求的增加。例如，游牧民族所处地区的干旱、半干旱气候使得水稻等粮食作物难以被种植，从而增加了该地区对粮食作物的交换需求。南方地区气候湿润、水资源丰富，适合种植水稻和茶叶等作物，因此这些商品在南方的使用价值更高。而北方地区干燥，适合种植小麦等作物，这些商品在北方的使用价值也相对较高。随着时代变迁和经济发展，古代中国的边境贸易商品的交换方式不断演变，古代中国逐渐形成较为完善的市场经济体系。

在三代时期，部落之间的贸易是最古老的地域性贸易。在这一时期，部落通过物品交换来满足彼此的需求，促进了发展和交流。彼时，部落社会较为原始，生产力水平低下，人们的物质生活和文化生活水平也相对较低。为了满足生产和生活的需求，不同部落之间开始进行物品交换，最初的贸易主要集中在粮食、布匹、陶器和石器等日常用品，偶尔也有关于奢侈品和特产的交易。这种贸易在当时的社会中发挥了重要作用，促进了不同部落之间的交流与融合，并为文化传播打下了基础。随着社会生产力的不断提高和经济文化的发展，地域性贸易逐渐演变为更大范围的贸易模式，复杂多样的商业交流和贸易形式得以形成。

三代时期尤以商朝人擅长区域贸易，其王朝名称也得名“商”，这代表了王朝商贸之渊源。周王朝的诸侯之间也有区域贸易往来，其到了东周列国割据时期更是繁荣。《史记·货殖列传》中就写到，山西、山东、江南、龙门等地区生产各种不同的物产，“商而通之”①。而分于齐地的太公望原先就“劝其女功，极技巧，通鱼盐，则人物归之，繦至而辐凑”②，积极互通有无。至管仲掌管齐国，齐国的通商贸易更是得到了发展，“天下熙熙，皆为利来；天下攘攘，皆为利往”③。越王勾践重用范蠡、计然，“平粜齐物，关市不乏……以物相贸易……财币欲其行如流水”④，范蠡本人也富甲天下，被后世称为“陶朱公”。这个时期各国统治者也认为通货贸易有助于国计民生，所谓“人富而仁义附焉”⑤“食足货通，然后国实民富，而教化成”⑥。

公元前221年，秦统一六国后，诸侯分封制度不再存在，取而代之的是郡县制度。这一时期，区域间的交流与贸易愈加广泛，甚至延伸至朝鲜半岛和东南亚地区。有学者指出，真正意义上的边境贸易“始于秦而兴于汉”⑦。秦统一六国后，因实施严格的封闭政策和统一货币制度，而对边境贸易采取了相对保守的态度，禁止私人贸易并限制民间商业活动。然而，汉朝的边境贸易制度则显得更加开放。随着国家政治与经济的不断发展，汉朝逐渐放宽了对边境贸易的限制，采取了一系列措施以鼓励和规范这一活动，从而使边境贸易得以蓬勃发展。一方面，汉朝政府推出了一系列积极政策，设立关市、开设驿站、建立边关镇等，为商人提供了便利与保障；另一方面，政府也对边境贸易进行了适度管理与监管，规定关税、实施商检，以确保国家利益和边境地区的安全稳定。这些政策的实施，使汉朝的边境贸易逐渐繁荣，不仅促进了经济的增长，也有

① （西汉）司马迁：《史记·货殖列传》，中华书局1959年版，第3254页。
② （西汉）司马迁：《史记·货殖列传》，中华书局1959年版，第3255页。
③ （西汉）司马迁：《史记·货殖列传》，中华书局1959年版，第3256页。
④ （西汉）司马迁：《史记·货殖列传》，中华书局1959年版，第3256页。
⑤ （西汉）司马迁：《史记·货殖列传》，中华书局1959年版，第3255页。
⑥ （东汉）班固：《汉书·食货志上》，中华书局1962年版，第1117页。
⑦ 沈光耀：《中国古代对外贸易史》，广东人民出版社1985年版，第3页。

助于中国文化的传播和国家的统一,“是以富商大贾周流天下,交易之物莫不通”[①],《后汉书·西域传》也曾记载,“桓帝延熹九年,大秦王安敦遣使自日南徼外献象牙、犀角、玳瑁,始乃一通焉”[②]。

西汉时期,张骞出使西域,丝绸之路的开辟更是将贸易推向了新的高峰。随着张骞使团的成功,丝绸之路逐渐形成,成为连接中国与中亚、西亚地区的重要贸易和文化交流通道。通过这条古老的商道,中国得以出口丝绸、瓷器、茶叶等珍贵商品,同时也能进口天马、骆驼、玛瑙和大理石等物品,极大促进了中国与西域地区的经济与文化交流。在丝绸之路的贸易中,不仅仅存在物品的互换,更存在文化、思想和宗教的传播。例如,佛教从印度传入汉朝,深刻地改变了汉朝社会的思想和信仰,对汉文化的发展产生了深远的影响。张骞的出使和丝绸之路的开辟,极大推动了中国与西域的经济文化交流,促进了丝绸之路的繁荣发展,使贸易活动越发频繁、范围不断扩大。边境经济贸易的影响力从周边邻国扩展至欧洲等地,其成为世界上重要的商业与文化交流通道之一。

古代中国始终将自身视为世界的中心,在与周边“四夷”的接触过程中,流露出浓厚的“中心主义”[③]优越感。在中国古代的文化和思想体系中,天地万物皆有秩序,而中国正是这一秩序的核心。这一思想在《易经》等经典著作中得到了充分体现。因此,在中国的外交与贸易活动中,往往以“天下”为背景,以“中原”为中心,周边国家或地区则被称为“四夷”。在与周边国家的交往中,中国的中心主义思想时常显露出优越感。例如,在与日本和朝鲜的贸易中,中国自视为“天朝大国”的代表,常对周边国家的文化和制度进行评价与指导。而对于邻国的贸易与文化交流,中国则常以“引以为傲,而不愿借鉴”的态度示人。然而,不能将中国古

---

① (西汉)司马迁:《史记·货殖列传》,中华书局1959年版,第3261页。

② (南朝·宋)范晔撰:《后汉书·西域传》,中华书局1965年版,第2920页。

③ [美]费正清编:《中国的世界秩序:传统中国的对外关系》,杜继东译,中国社会科学出版社2010年版,第2页。

代的外交和贸易活动完全归结为中心主义的体现。在实际的交流中,中国的贸易往来与文化互动相对广泛且开放。例如,在唐朝时期,中国与印度、波斯、阿拉伯等国之间的贸易和文化交流十分活跃,双方的互动展现出相互平等、互惠互利的特征。

所以汉代也有内外之别的观念,对于“四夷”也会区别对待,也有“生藩”“熟藩”之分[①]。汉朝时期不少人对构建边贸制度提出了观点,如董仲舒认为“利动贪人,如匈奴者,非可以仁义说也,独可说以厚利……故与之厚利以没其意”[②],认为要用利益同匈奴换取边境安宁,对匈奴施行恩威并重、利义交互的手段,用以削弱匈奴破坏汉朝边境安定的心思。

在不断与对外交流的过程中,边境贸易制度衍生出了几项内容,其主要可分为三类,即朝贡贸易制度、禁榷制度和民间贸易制度。汉代时,朝贡贸易制度就开始逐步建立,“是以春秋内诸夏而外夷狄”[③]。日本学者檀上宽认为,朝贡贸易制度的目的是维护东亚的国际秩序,该制度是以中国王朝的“册封”和周边诸国的“朝贡”为纽带关系构建起来的,中国皇帝通过册封的行为对周边诸国的“王”进行认定;同时,周边诸国的“王”接受中国皇帝的册封,以臣下的身份尽定期朝贡的义务[④]。这里面包含了两种关系,即“中国皇帝与周边诸国的‘王’之间的君臣关系”以及“宗主国和藩属国之间的国与国关系”[⑤]。

同时,地理方位之远近,也决定了汉朝人对于周边地区即所谓“四夷”的亲疏远近,“于是五十余国悉纳质内属,其条支、安息诸国至于海濒

---

① 参见[美]费正清编:《中国的世界秩序:传统中国的对外关系》,杜继东译,中国社会科学出版社 2010 年版,第 19 页。

② (东汉)班固:《汉书·匈奴传》,中华书局 1962 年版,第 3831 页。

③ (东汉)班固:《汉书·匈奴传》,中华书局 1962 年版,第 3834 页。

④ 檀上寛『明代海禁——朝貢システムと華夷秩序』(京都大学学術出版会,2013 年)26 頁参照。

⑤ 檀上寛『明代海禁——朝貢システムと華夷秩序』(京都大学学術出版会,2013 年)26 頁。

四万里外，皆重译贡献”[①]。朝贡制度中的“君臣关系”是“礼”的一种表现形式，是中国和当时周边国家之间“礼”秩序的存在形式，如当时管辖朝贡体系的部门也是由“礼部”来担任的。[②] 另外朝贡体系也对外夷的“贡纳”进行了规范，“赂遗赠送，万里相奉，师旅之费，不可胜计。至于用度不足，乃榷酒酤，管盐铁，铸白金，造皮币，算之车船，租及六畜”[③]。由此可见，汉朝为了达到威服四海的政治目的而不惜牺牲国计民生。

关于上述所提到的“榷酒酤”“管盐铁”，这些商业模式从另一方面反映了由国家主导的禁榷制度。汉武帝时期施行的由桑弘羊建议和制定的禁榷酒酤盐铁制度，其目的是“解决民族矛盾”“加强政治统治”。[④] 国家为了满足统治阶级的日常需求以及国家行政管理费用需要，除了日常的税赋，从禁榷制度中的获利也是重要的经济来源之一。粮食作物需要大量的土地和人力投入，而且关乎老百姓最基本的日常生活，所以禁榷的意义不大。但是酒、盐、铁等物品，生产这些东西需要一定的技术含量，需要固定的场所，而且这些物品也是民众的日常需求之一。因此对该类物品的禁榷，国家可以付出较小的成本而获取巨大的利益，集中了财力以后方能抗击匈奴，安定边境。

另外，除了官方的朝贡贸易制度和禁榷制度，民间的私人边境贸易也慢慢发展起来，对于该类贸易的管理制度也逐渐建立起来。汉代的《二年律令》中有专门的《津关令》，不仅适用于汉王朝区域内各关隘之间的交流，还适用于边境之间的交流；不仅适用于对马匹、铜等战略物资严格限定，所谓“禁毋出黄金，诸奠黄金器及铜”[⑤]，同时还规定了民众出

---

① （南朝·宋）范晔撰：《后汉书·西域传》，中华书局1965年版，第2910页。

② 檀上寛『明代海禁——朝貢システムと華夷秩序』（京都大学学術出版会，2013年）26頁参照。

③ （东汉）班固：《汉书·西域传》，中华书局1962年版，第3928～3929页。

④ 参见傅筑夫：《中国经济史论丛》（下），生活·读书·新知三联书店1980年版，第640页。

⑤ 张家山二四七号汉墓竹简整理小组编著：《张家山汉墓竹简〔二四七号墓〕》（释文修订本），文物出版社2006年版，第83页。

入关津,必须要有如“符”等相关证件,擅自过关会受到相应的处罚,“越塞,斩左止(趾)为城旦”[①]。

边防利益的稳定直接关系到皇权稳定和国家安全,这在古代中国尤为明显。因此,在边境贸易的发展过程中,政策取向和边贸关系是相互影响、相互制约的。一方面,政策取向的变化会影响边贸关系的发展。例如,如果一个朝代实行封闭政策,对外贸易受到限制,边境贸易的规模和范围就会受到影响。另一方面,边境贸易的发展也会影响政策取向。如果边境贸易活跃,且对国家经济和政治发展有积极作用,政府可能会相应调整政策,推出更加积极的对外开放政策,以支持边境贸易的发展。此外,随着边境流动人口的增加,政府需要制定更为合理的移民政策,以确保边境贸易和移民的稳定和安全。同时,政府也需要通过建设边境基础设施、加强边境监管等措施来维护边境贸易的正常运行,保障国家安全和社会稳定。所以对于王朝来说,“侵害”边防利益的行为,会比一般的犯罪更具有危害性,对该行为的处罚自然也会相应加重。

到了三国两晋南北朝时期,国家虽然处于分裂割据的状态,但边境交流贸易依旧不断,《梁书·诸夷传》记载:“孙权黄武五年,有大秦贾人字秦论来到交趾,交趾太守吴邈遣送诣权。权问方土谣俗,论具以事对。时诸葛恪讨丹阳,获黝、歙短人,论见之曰:‘大秦希见此人。’”[②]这种积极的对外交流态度实属难得,然而当时因客观条件的限制,二者未能建立更加直接和常态化的贸易联系。尽管北魏时期无法控制河西走廊,但却开辟了另一条绕行至武威的丝绸之路,并称之为“北道”。由于氐族和羌族的叛乱,汉唐时期沿用的河西走廊丝绸之路一度中断。为了重新打

---

① 张家山二四七号汉墓竹简整理小组编著:《张家山汉墓竹简〔二四七号墓〕》(释文修订本),文物出版社 2006 年版,第 83 页。

② (唐)姚思廉撰:《梁书·诸夷传》,中华书局 1973 年版,第 798 页。

通与西域的贸易通道，北魏朝廷开始探索新的贸易路线。经过勘测和调查，北魏朝廷发现了一条从东部直接通向西域的路径，该路径途经太行山、黄河中下游及甘肃武威地区，最终抵达敦煌，这便是“北道”。通过北道，北魏政府成功恢复了与西域的贸易往来，维护了国内的稳定与繁荣。在随后的南北朝、隋唐等时期，北道成为中西贸易的重要通道，为两地文化与经济的交流提供了便利。

古代中国对外贸易制度的建立，首先依赖于外夷对中原王朝宗主地位的承认。在古代中国的视角中，中原地区被视为文明的中心，而其他地区则被视为“夷狄”。因此，中国的对外贸易政策常常伴随“中央集权”和“华夷之辨”的思想。这种对外贸易政策的政治目的十分明确，即通过对外贸易维护中原王朝的权威与地位，同时保障国内经济的繁荣与稳定。外夷承认中原王朝的宗主地位后，中原王朝便能够通过贸易获取各种必需品和奢侈品，同时控制边疆地区，维护国家安全。综上，古代中国的对外贸易政策与“中央集权”以及“华夷之辨”密切相关，其政治目的既包括维护中原王朝的地位与稳定，也涵盖了获取物资与促进国内经济发展的多重目标。

二、唐朝海洋贸易与边贸制度

汉以前记述东南沿海地区乃至全国的海外贸易较少，文献记载也不丰富。据《尚书·禹贡》记载：“嵎夷既略……厥土白坟，海滨广斥。厥田惟上下，厥赋中上。厥贡盐絺，海物惟错。”[①]据学者考证，“嵎夷”或泛指东方海上各民族，亦特指朝鲜。[②] 官方的“关”在西周时就已经出现了，但是它并不等同于现代意义上的海关，不专门管理对外贸易。秦朝建立

---

① (西汉)孔安国传、(唐)孔颖达正义：《尚书正义·禹贡》，上海古籍出版社2007年版，第202～203页。

② 参见晁中辰：《明代海禁与海外贸易》，人民出版社2005年版，第1页。

后，秦始皇曾“遣徐福发童男女数千人，入海求仙人”[①]。

入汉以后对外贸易丰富，建立了连接欧亚大陆且举世闻名的“丝绸之路”，同时也慢慢在东南海上发展出了一条“海上丝绸之路”。日本亦很早泛海来华贸易，主要是到东南沿海地区贸易。早在三国时，日本就已经同浙东区域的民众开展贸易。

隋统一南北朝后，对外的包容度也越发高。不少学者认为隋炀帝对待对外贸易的态度，是基于宣扬国威。其实也不尽然，隋炀帝时期也有为促进贸易本身而设立的政策制度，比如在京都设立“四方馆”[②]，用以接待“四夷”使臣，主管各方往来和贸易业务。唐代继承了隋朝开放性的优势，同时建立起了四通八达的交通路线。除了重视与周边“四夷”的边境互市贸易，在前面几朝的基础上，唐代的海洋贸易逐渐成形，且颇具规模。

唐朝初期，边境贸易依旧以陆地交易为主，延续着四周之路。大致在天宝时期，政治环境发生变化，贸易路线才从西北陆路向东南海路慢慢过渡。当时，“东邻日本、高丽、新罗，东南亚的林邑（越南半岛中部）、诃陵（爪哇）、室利佛逝（苏门答腊）、婆利（婆罗洲），南亚的师子国（斯里兰）、秣罗矩侘（南印度奎隆）……西亚大食所属末罗（巴士拉）没巽（苏哈尔）、设国（席赫尔），等等”[③]。各海岸港口的开辟，更是将贸易推到了一个新的高度，别具一格的“海上丝绸之路”开始兴起。“海上丝绸之路”贸易越来越频繁，贸易范围越来越大，其影响力从与周边地区零星交换所需产品，到与大宗货物交易的地步，并一度成为世界上最大的国际贸易行为之一。

当时的海路主要有分别从登州出发和从广州出发，到达日本、朝鲜

---

① （西汉）司马迁：《史记·秦始皇本纪》，中华书局 1959 年版，第 247 页。

② （唐）魏徵、令狐德棻撰：《隋书·志第二十三百官下》，中华书局 1973 年版，第 774～803 页。

③ 沈福伟：《论唐代对外贸易的四大海港》，载《海交史研究》1986 年第 2 期。

半岛等地区的两条,最著名的当属“广州通海夷道”[①]。除此之外,唐朝东南沿海地区生产的越窑青瓷,已成为对日贸易的重要商品,“并任蕃商,列肆而市”[②]。当然这种对外商贸关系建立的前提,是外夷需要承认中原王朝之宗主地位,是华夏大一统思想可在对外贸易关系中延伸,其政治目的非常鲜明。

海防利益直接关系到皇权稳定和国家安全,随着“丝绸之路”上流动人口的日益增多和贸易关系的日益复杂,边境贸易关系和政策取向势必相互关联、相互影响。唐代的“海上丝绸之路”贸易的发展,既是一个内部问题,又是一个外部的问题(与政府的外贸政策密切相关);同时,既与古代中央政府的立法活动有关,也是区域本身根据其特征而进行社会化的进程。

唐代这种积极的对外交流态度非常难得,这得益于当时中国的航海技术的发展。唐代中国的造船业取得了显著的进步和发展,这使得中国可以建立比南北朝时期更为直接且经常化的贸易联系。在此基础上,唐代中国通过外交手段和贸易交流,实现了与外部世界的广泛交往,也加速了中华文明的传播和交流。贸易的繁荣必然导致利益的冲突和新型违法犯罪的兴起,唐高祖李渊就曾经针对越福地区的海盗,特设“越福十二州招讨海贼使”[③]负责执法。到了天宝年间,东南沿海地区出现海贼吴令光“抄掠台、明”二州[④],唐玄宗特别任命官员负责围剿。

唐律主要基于管理“边防”的立法目的而设立律文,并没有专门基于“海防”而设立的律文。从这点上看,唐朝对于“边防”和“海防”的观念是一致的,关于唐朝边防事务和贸易方面的管理最主要的还是《唐律疏议》中的律文规定,其可以分为几个方面。

---

① (北宋)欧阳修、宋祁撰:《新唐书·地理七下》,中华书局1975年版,第1146页。

② (清)董诰等编:《全唐文》,中华书局1983年版,第5235页。

③ 《三山志》卷一八《兵防类一》。

④ 《鄞县志》卷一四《大事记》。

(一)禁榷制度在边境贸易中的规定

惩治非法带物资过关,及私家物不应度而私度的犯罪,在《唐律疏议·卫禁律》中规定有"赍禁物私度及私家物不应度私度"条:

诸赍禁物私度关者,坐赃论;赃轻者,从私造、私有法。【疏】议曰:禁物者,谓禁兵器及诸禁物,并私家不应有者,私将度关,各计赃数,从"坐赃"科罪:十疋徒一年,十疋加一等,罪止徒三年。准赃轻者,从私造、私有法。擅兴律:"私有甲一领,弩三张,流二千里。一张,徒一年半。私造者,各加一等。"假令私将度关,平赃直绢三十疋,即从坐赃,科徒二年,不计为罪。将甲一领度关,从私有法,流二千里,即不计赃而断。

……若私家之物,禁约不合度关而私度者,减三等。【疏】议曰:依关市令:"锦、绫、罗、縠、绸、绵、绢、丝、布、牦牛尾、真珠、金、银、铁,并不得度西边、北边诸关及至缘边诸州兴易。"从锦、绫以下,并是私家应有。若将度西边、北边诸关,计赃减坐赃罪三等。其私家不应有,虽未度关,亦没官。私家应有之物,禁约不合度关,已下过所,关司捉获者,其物没官;若已度关及越度被人纠获,三分其物,二分赏捉人,一分入官。①

这里的"赍禁物"包括兵器、天象仪器图书及军事图书等,而"赃轻"特指某些"坐赃"的禁物轻于该禁物私有,或者是私造的刑罚的情况。因携带禁物本身就包含了"私有"之罪在内,所以计赃之后如刑罚轻于私有之刑罚,于法理不合,因改以"私有禁物"法论处。② 从"私家之物,禁约不合度关"可以看出,私人可以占有并使用私家之物,但其在流通领域,还是

① 钱大群撰:《唐律疏议新注》,南京师范大学出版社 2007 年版,第 284 页。

② 参见钱大群撰:《唐律疏议新注》,南京师范大学出版社 2007 年版,第 284 ~ 285 页。

受到不得在某些特定的关口随意贩卖的限制。[①] 此条之特点在于:其一,禁物私度以坐赃论,但坐赃刑罚轻于私有者,依照私有及私造罪处置。禁物自在没官之列。其二,私家物根据私度区分,即私有之禁物,即使没有度关也要没收,另外可以私家应有之物但不应当度关已下过所的,关司将其物品没官,已经私度的,三分之二给"纠捉之人",三分之一没收给官府。[②]

(二)惩治边境贸易关系各项犯罪

在惩治边境内外交流贸易中的违法犯罪时,《唐律疏议·卫禁律》中又有"越度缘边关塞共化外人私相交易及共为婚姻"条:

> 诸越度缘边关塞者,徒二年。共化外人私相交易,若取与者,一尺徒二年半,三疋加一等,十五疋加役流;【疏】议曰:缘边关塞,以隔华、夷。其有越度此关塞者,得徒二年。以马越度,准上条"减人二等",合徒一年。余畜又减二等,杖九十。但以缘边关塞,越罪故重。若从关门私度人、畜,各与余关罪同。若共化外蕃人私相交易,谓市买博易,或取蕃人之物及将物与蕃人,计赃一尺徒二年半,三疋加一等,十五疋加役流。[③]

"化外人"指相对于唐朝治下民人的外国人,唐朝统治者认为唯"中国人"方受到"王道教化",称之为"化内人",外国人则为"化外人"。《唐律疏议·名例律》规定:"诸化外人,同类自相犯者,各依本俗法,异类相犯者,以法律论。"[④] 这是为了假如"化外人"在中国境内实施犯罪的,官方确保能做出相应的法律制裁。此类涉及多边事务的犯罪,多边可能都

---

① 参见钱大群撰:《唐律疏议新注》,南京师范大学出版社 2007 年版,第 285 页。

② 参见钱大群撰:《唐律疏议新注》,南京师范大学出版社 2007 年版,第 283 ~ 284 页。

③ 钱大群撰:《唐律疏议新注》,南京师范大学出版社 2007 年版,第 285 ~ 286 页。

④ 钱大群撰:《唐律疏议新注》,南京师范大学出版社 2007 年版,第 208 页。

对该犯罪案件拥有管辖权，这种情况下到底哪方拥有管辖权，这便是一个容易导致管辖权争议的问题。由于各方法律传统和价值观念存在差异，因此各方刑法对同一种类的犯罪的规定可能不尽相同，刑罚严厉程度也可能不一。那么若遇到具有相似性质和情节的犯罪，可能出现只因各方规定的不同，罪犯就会受到非常不同的制裁的情形。这不符合当时唐律追求“得古今之平”的基本精神，因此这项规定相对适宜地解决了这个问题。

《唐律疏议·卫禁律》的“越度缘边关塞共化外人私相交易及共为婚姻”条，又针对此前只规范境内外交易问题，而不规范其他违法事项的缺失，特别针对其他涉及境内外违法犯罪作出相应的规范：

> 私与禁兵器者，绞；共为婚姻者，流二千里。未入、未成者，各减三等。即因使私有交易者，准盗论。【疏】议曰：越度缘边关塞，将禁兵器私与化外人者，绞。共为婚姻者，流二千里。其化外人越度入境，与化内交易，得罪并与化内人越度、交易同，仍奏听敕。出入国境，非公使者不合，故但云“越度”，不言“私度”。若私度交易，得罪皆同。未入者，谓禁兵器未入，减死三等，得徒二年半。未成者，谓婚姻未成，减流三等，得徒二年。因使者，谓因公使入蕃，蕃人因使入国。私有交易者，谓市买博易，各计赃，准盗论，罪止流三千里。若私与禁兵器及为婚姻，律无别文，得罪并同“越度”“私与禁兵器”“共为婚姻”之罪。又，准别格：“诸蕃人所娶得汉妇女为妻妾，并不得将还蕃内。”又准主客式：“蕃客入朝，于在路不得与客交杂，亦不得令客与人言语。州、县官人若无事，亦不得与客相见。”即是国内官人、百姓，不得与客交关。私作婚姻，同上法。如是蕃人入朝听住之者，得娶妻妾，若将还蕃内，以违敕科之。①

① 钱大群撰：《唐律疏议新注》，南京师范大学出版社2007年版，第286页。

此条文提出了关于只规定“私有交易”罪，但是并未明确规定其他犯罪之处罚的解决办法。该解决方法就是“并同”一般人的“越度”“私与禁兵器”“共为婚姻”之罪处罚。① 这就表明了当时地方基层社会的多样性和复杂性，因此在法律规定上必须具有一定的灵活性。此条之特点：其一，越度、私度后与外人私相交罪性质与情节论轻重，以一般货物的数额论，禁兵器者绞，私相交易准盗论，罪止流三千里；其二，对化外人的处罚，实行“奏听裁”之程序；其三，如“未入”“未成”之未遂者，各减三等处罚。②

（三）惩治违反私自出入边境的行为

边境贸易制度往往会颁发类似于通行证的“通关文牒”，对进出口检查程序和申报过程中可能发生的各类问题也有详细规定，并根据商人所购货物的数量和种类对其征税。这些措施的有效实施，不仅有利于境外商人和境内商人有序、合理地进行贸易，而且还稳定了边境环境状况。为此，唐律中将百姓未经许可擅自出入边境的行为称为“私度”或“越度”，规定在《唐律疏议·卫禁律》之“私度或越度关及关外人申诉抑而不送”条：

> 即被枉徒罪以上，抑屈不申及使人覆讫，不与理者，听于近关州、县具状申诉，所在官司即准状申尚书省，仍递送至京。若无徒以上罪而妄陈者，即以其罪罪之。官司抑而不送者，减所诉之罪二等。【疏】议曰：关外有人，被官司枉断徒罪以上，其除、免之罪，本坐虽不合徒，亦同徒罪之法。“抑屈不申及使人覆讫，不与理者”，文称“及”者，使人未覆，亦听于近关州、县具状申诉。“所在官司”，谓近关州、县，即准状申尚书省，仍递送

① 参见钱大群撰：《唐律疏议新注》，南京师范大学出版社 2007 年版，第 287 页。

② 参见钱大群撰：《唐律疏议新注》，南京师范大学出版社 2007 年版，第 285 页。

至京。若勘无徒以上罪而妄诉者,妄诉徒、流,还得徒、流;妄诉死罪,还得死罪;妄诉除、免,皆准比徒之法:〔九〕谓元无本罪而妄诉者。若实有犯,断有出入,而诉不平者,不当此坐。其应禁及散送,并依所诉之罪,准令递之。"若官司抑而不送者,减所诉之罪二等",谓枉得死罪,官司不送,合徒三年之类。①

对于被"枉徒罪以上"者,此处也规定了"使人覆"的复核救济措施,即上级司法机关派人对下级审判机关审理后犯人不服上诉案进行复核。而后面的"不与理",是指来使与原审所判的内容相同的话,对犯人的申诉就不再予以受理以及审判。在律文中所使用的"及"字,说明派下的官员如果未作复核审理的话,则准许犯人在离关近的州县呈上状纸进行申诉。而对于申诉"断有出入而诉不平者"②,也不应当对其反坐。

这条律文是用以惩治私度、越度关以及关外之人在申诉近关官府之时"抑而不送"或者"妄陈"之条文。该条文在惩治"私度或越度"犯关行为上有以下几个特点:其一,越度比私度要重,这从以私度关徒一年作为其他罪罚参照的基础可以得出。其二,越度可以分为三种情形来处罚,即"越度(既遂)徒一年半""越而未过照上条越城未过减一等法例处徒一年""至越所未度而减越度罪五等"。③ 其三,那些靠近关的州县对于枉徒以上罪案的处置方式依照所诉罪情以处置参照,也分为两种情况,一是"官司抑而不送就依所诉之罪减二等",二是"妄陈有徒以上冤者以所陈诉之罪罪之"。④ 边境贸易制度的制定往往受到政治和外交政策的影响,在边境贸易关系较为密切的时期,经济形势和市场因素就更为显著。所以边境贸易制度必须结合自身的发展思想、抵御外力等目的制

① 钱大群撰:《唐律疏议新注》,南京师范大学出版社 2007 年版,第 276 ~ 277 页。

② 钱大群撰:《唐律疏议新注》,南京师范大学出版社 2007 年版,第 276 ~ 277 页。

③ 参见钱大群撰:《唐律疏议新注》,南京师范大学出版社 2007 年版,第 276 ~ 277 页。

④ 参见钱大群撰:《唐律疏议新注》,南京师范大学出版社 2007 年版,第 276 ~ 277 页。

定,也要参考文化、通婚等其他因素。同时边境贸易制度需基于不同地域的特殊性去考量,而这种考量会对边境贸易产生一定波动,只有将这种波动约束在可以控制的范围内,才能让边境的安定更加持久。所以管理好边境贸易,对双边或多边的关系维护都是合理且必要的,是一场双赢的结果。

另外,自唐开始设立了专门管理海洋贸易的市舶使,自此以后也将海洋贸易称为市舶。在此之前唐高宗在显庆六年(公元 661 年)二月十六日曾颁布敕文设立"本道长史"兼管部门船舶及民间贸易:"委本道长史,舶至十日内,依数交付价值。市了,任百姓交易。"①在开元二年(公元 714 年),"右威卫中郎将周庆立为安南市舶使,与波斯僧广造奇巧,将以进内"②。这是第一次出现关于市舶使的记载。市舶使主要负责"进奉""纳舶脚""禁珍异"③,主要管理从南海过来贩卖商品的番商使臣,"唐置市舶使于广州以收商舶之利,时以宦官为之"④。这些机构除管理"进奉"以外,还要负责征收市舶税,来专门管理"籍其名物"等事宜,甚至有一定的执法权。而唐文宗太和八年(公元 834 年)亦曾颁诏:

> 南海蕃舶,本以慕化而来,固在接以恩仁,使其感悦。如闻比年长吏,多务征求,嗟怨之声,达于殊俗。况朕方宝勤俭,岂爱遐琛,深虑远人未安,率税犹重,思有矜恤,以示绥怀。其岭南、福建及扬州蕃客,宜委节度观察使常加存问,除舶脚、收市进奉外,任其往来通流,自为交易,不得重加率税。⑤

---

① (宋)王溥撰:《唐会要》卷六六《少府监》,上海古籍出版社 2006 年版,第 1366 页。

② (后晋)刘昫等撰:《旧唐书》(第 1 册)卷八《玄宗纪上》,中华书局 1975 年版,第 174 页。

③ (清)董诰等编:《全唐文》,中华书局 1983 年版,第 785 页。

④ (北宋)司马光编著:《资治通鉴》卷二二三,上海古籍出版社 1987 年版,第 1524 页。

⑤ (清)董诰等编:《全唐文》,中华书局 1983 年版,第 785 页。

另外到了建中元年(公元780年),“两税法”的奉行使得唐廷开始向外国商人征收商税,唐德宗派遣王虔休出任广州市舶使,在唐玄宗开元二年(公元714年)设立的市舶司基础上继续改革市舶制度,使市舶司亦负有收税的职责,而唐中叶天宝年后鸿胪寺被礼宾院替代。综合之前的敕诏,可以看到唐朝对外国来华的商人持默许态度,比如只在税收上有所限制,即所谓“常贡是供,不敢有加”[①]。同时对本土中国人的对外贸易并未出台鼓励政策,显然亦有所限制,即所谓“为王法所不许,不司于市舶,贸易之私也”[②]。综上所述,唐代边境贸易制度的制定往往受到政治和外交政策的影响,在边境贸易关系密切的时期,经济形势和市场因素就更为显著。

总之,唐代的经济结构依旧以农业为主导,城市化程度较低,商业和手工业发展水平也相对较低。在这种情况下,边境贸易成为促进商品交换、增加财富和促进经济发展的一种重要手段。同时,唐代政治制度的特殊性,比如集权思想和宗法制度,影响了边境贸易制度的制定和实施,使其具有独特性和特殊性。在处理社会矛盾和维护社会稳定时,唐代采取的手段并不仅仅是增加“烦刑重罚”的力度。唐代的法律制度建立在先秦、汉、隋等历代法律制度的基础之上,经过了不断的完善和发展。在处理社会矛盾方面,唐代除了采取惩罚措施,还重视通过改革制度和治理手段来缓解矛盾,例如加强地方官员的监管、推广民族融合政策、建立军事将领升迁制度等。这些措施既能够维护社会秩序,又能够促进政治和经济的发展。同时边境贸易制度的判定应基于不同地域的特殊性去考量,虽然这种考量会对“丝路”贸易有一定的波动,但若能将这种波动约束在可以控制的范围内,则可让边境的安定更加持久。所以管理好“丝路”贸易,对双边或多边的关系维护都是合理且必要的,是互利双赢

---

① (清)董诰等编:《全唐文》,中华书局1983年版,第6459页。

② (明)王圻撰:《续文献通考》卷三一《市籴考》,齐鲁书社1995年版,第477页。

的结果。

第二节　宋元时期海洋贸易制度与边贸制度的关联

在“海上丝绸之路”贸易立法的沿革方面，宋朝与元朝是一个重要的承前启后的变革时期。宋元时期，边境贸易制度的中心逐渐从内陆向沿海转移，尤其是东南沿海的“海上丝绸之路”管理模式受到当代学者的关注。目前学者研究宋元时期海上贸易的发展状况，大多从政治学和经济学的角度出发。如黄纯艳[①]提到，宋朝已经允许中外商人来中国的沿海进行贸易活动，“但实行严格的管理政策”；夏时华[②]深刻分析了官方和民间在“香药贸易利益问题上的博弈关系”。近年来随着区域社会史研究的发展，学者们开始将目光转移到特定历史场景与地方社会之下进行研究，宋代区域经济的发展，使得两浙路市舶司也逐渐发挥着举足轻重的作用。然而，上述有关宋元时期“海上丝绸之路”的研究主要是从经济史的视角出发，缺少对制度和区域经济互动关系的整合分析。应从法律史的角度，对宋元时期“海上丝绸之路”的法律调控与地方因应管理进行综合分析考量。

一、宋朝“海上丝绸之路”法律制度与管理调控梳理

（一）宋朝“海上丝绸之路”法律调控考证

北宋时期，宋朝的整体国力不比唐朝，当时由于北方少数民族政权日益强大，原有的“陆上丝绸之路”几乎中断，所以，宋朝积极开拓“海上

---

① 参见黄纯艳：《论宋代的近海贸易》，载《中国经济史研究》2016 年第 2 期。

② 参见夏时华：《宋代市舶香药的抽解与博买》，载《云南社会科学》2014 年第 5 期。

丝绸之路”。

对外贸易政策属于本朝代经济政策的一部分,它通常会承袭前个朝代的政治、经济政策与法律制度模式。宋朝的对外贸易政策依旧以国家为主导,即便存在着民间经营的模式,但该模式也是被朝廷严格管理调控的。这种贸易被国家严格控制的方式从封建王朝建立开始就一直延续。

到了北宋时期,商品经济更是发展迅速。宋朝瓷器生产较之唐朝更为发达,瓷器可通过“海上丝绸之路”出口营销。出口贸易的基础是由各方的需求所定的,商品并不一定是完全等价的,但总的来说,宋朝出口的瓷器价值通常会超过原有商品的实际价值,所以海外诸国争前恐后地前来朝觐,商人贡使络绎不绝。这既满足了海外各邦的贸易需求,又进一步促进了宋朝商品经济的发展,逐渐形成了海洋贸易的良性循环。在海洋贸易蓬勃发展的同时,有关海洋贸易的贸易纠纷、商业摩擦以及走私活动也随之出现。这当中有宋廷自身的原因,如宋廷加重了各阶层的经济负担,赋税皆相应地上调了。南宋时,“东海除了中国商船外,也有日商船只。而对日之往来,则以明州(宁波)、泉州及福州为主港口”[①]。

宋廷出台了各种不同形式的法律制度,其渊源主要是国家层面的立法。立法的表层意义是朝廷为了维持经济秩序,其根本目的是维持宋朝的统治秩序,而两者的根本利益是一致的,所以出于维护统治秩序目的之国家法律成为直接法源。宋廷参照原有的立法精神,并结合“海上丝绸之路”贸易的实际情况,制定出较为符合时宜的各项规定。

宋廷通过调整经济关系和满足贸易需求等手段,更好地实现了其贸易管制和社会管理功能,尤其是对于海洋贸易和国家安全方面的立法,宋廷的重视程度日渐增强。

---

① 陈道德:《从我国古代航海事业的发展看“一带一路”的重大意义》,载《文化发展论丛》2018年第1期。

两浙路的商品流通就相比唐朝有了质的飞跃，且宋朝在杭州、明州等地设置了市舶司，其对于进口商品进行“抽解”，同时区分是否为“禁榷”之物。当时“外夷”来中国贸易时所携带的货物主要是“贡物”及所谓“附搭货物”[①]，贡物主要是谒见皇帝时需要献上的货物，而皇帝接受以后必然要有所“回赐”，这种“回赐”的价值往往是贡物的数倍，这体现了当时所谓“厚往薄来”[②]的原则，是中国皇帝对“夷狄”的恩惠；而“附搭货物”则在“夷狄”交完关税（抽分）以后，可以与民间的中国商人贸易。[③]

同时，浙江等地市舶司的设立，象征着宋朝统治者已经开始慢慢将权力触角伸向了浙江等地方的对外贸易和对外交流，一方面表达了宋朝统治者对积极发展海上对外贸易的自觉意识，另一方面是宋朝统治者通过加强行政管理来管控沿海经济发展，“也给海洋自由贸易套上了国家权力对经济进行干预的枷锁，成为制约和发展海禁的双刃剑”[④]。当时宋朝对于海洋贸易的立法指导思想主要包括三个方面：“第一，理财从政，莫先律例。第二，招徕远人，以通货贿。第三，创法讲求，以获厚利。”[⑤]正是这些变化对法律提出了越来越高的要求，两宋统治者为了满足维护社会秩序和经济发展的要求，管理这些事务的法律手段也越来越复杂。

唐朝后期颁布了《大中刑律统类》，这种将“律、令、格、式、敕”编辑分类的体例，被后人称谓为“刑统”。此立法模式被效仿，一直延续到宋朝。《宋刑统》在篇目编纂方面与唐律并无二致，共十二篇；其内容也与唐律基本一致，这体现了诸法合体的特征。《宋刑统》中几乎没有直接规范海洋贸易的律文，只有部分规定边防安全和贸易的律文，其体现的立

---

① 檀上寛『明代海禁——朝貢システムと華夷秩序』(京都大学学術出版会,2013 年)27 頁。

② 《礼记 · 中庸》载:“厚往而薄来,所以怀诸侯也。”

③ 檀上寛『明代海禁——朝貢システムと華夷秩序』(京都大学学術出版会,2013 年)27 頁参照。

④ 王万盈:《东南孔道——明清浙江海禁与商品经济研究》,海洋出版社 2009 年版,第 5 页。

⑤ 参见陈景良:《两宋海外贸易立法演变论略》,载《南京社会科学》1992 年第 5 期。

法精神也可适用于海洋贸易。但宋廷出台了不少规范海洋贸易的单独律例以及敕令，如著名的“元丰广州市舶条”（又称“元丰市舶条”），不但适用于广州地区，甚至推及全国。

太宗于淳化二年（公元991年），对于“广州市舶司”的诏令，对何种为“禁榷”之物加以区分，而且分类收税，这样有助于“广州市舶司”对合法商品的正常贸易，也有助于其对违法商品的有效管理：

> 每岁商人舶船，官尽增价买之，良苦相杂，官益少利。自今除禁榷货外，他货择良者，止市其半，如时介给之。粗恶者恣其卖，勿禁。①

宋真宗大中祥符二年（公元1009年）的诏令对市舶司的收钱标准做了具体限定，并规范了市舶司的制度：

> 诏杭、明广州市舶司，自今蕃商赍鍮石至者，官为收市，斤给钱五百。以初立科禁也，三司定直，斤止钱二百，上特增之。②

宋神宗于元丰二年（公元1079年）正月丙子又规定：

> 旧明州括索自来入高丽商人财本及五千缗以上者，令明州籍其姓名，招保识，岁许出引发船二支，往交易非违禁物，仍次年即归；其发无引船者，依盗贩法。先是，禁私贩高丽者，然不能绝。至是，复与中国通，故立是法。③

北宋初期，宋廷出台相关规定，用以区分何种商品为“禁榷”之物，并

① （清）徐松：《宋会要辑稿》，中华书局2014年版，第4204页。

② （南宋）李焘：《续资治通鉴长编》，中华书局1995年版，第1628页。

③ （南宋）李焘：《续资治通鉴长编》，中华书局1995年版，第7194～7195页。

分类收税,这有助于引导合法商品的正常贸易,也有助于更有效的管控违法商品。宋神宗元丰二年(公元1079年)的诏令对于哪些地区可以对外贸易等方面加以了限制,并且鲜明地贯彻了熙宁变法时期,对具体事务事无巨细地加以干涉的思想,充分显示了神宗时期的国家权力运作特色。诏令作为立法编纂的一部分,具有众所周知的灵活性,是作更好的规范日新月异的社会变化之用。

到了南宋,对于海洋贸易的管理虽然比北宋有所缩紧,但正常的贸易仍在逐渐发展。事实上,宋代"外夷"的朝贡货物种类日渐繁多,并对内地的经济发展和技术开发都起到了举足轻重的作用。另外,宋廷严格规范"海舶入贡"行为,倘若发现"违制"的情况,对"违制"之人不但其财物没官,还要处以徒刑。可以看出宋朝对涉及海洋国家安全方面立法的重视程度日渐增强,这也归功于"海防"管理法律制度的正确制定,同时这种同时维护社会秩序和公共安全的混合法律的出现,表明了体系上的诸法混合。此外也展现了南宋随着国力的衰弱,如高宗建炎三年(公元1129年)又进一步严格限贡:"海舶擅载外国入贡者,徒二年,财物没官。"[①]这可能是由于宋廷刚南渡,整个对外政策趋于内缩,对于"海舶入贡"行为不但行为人的财物没官,还要对其处以徒刑。这也间接显示了南宋随着国力的衰弱,法律在管理海洋贸易和对外交流事务方面变得乏力。

(二)宋朝"海上丝绸之路"因应管理实证

1. 宋朝"海上丝绸之路"管理机构架构厘定分析

宋廷在杭州、明州等地设置了市舶司,市舶司的职责主要是对进口商品进行"抽解","宋朝重视和鼓励海外贸易,采取多种措施引进外国商人来华贸易"[②]。到了南宋时期,宋廷偏安东南一隅,赋税的来源减少,但

---

① 杨一凡、田涛主编:《中国珍稀法律典籍续编》(第1册),黑龙江人民出版社2002年版,第847~850页。

② 王巧荣:《海上丝绸之路南海航线对中国南海权益的历史价值》,载《桂海论丛》2018年第4期。

是军费开支、官员俸禄以及其他各项开支未明显减少。

所以南宋时期,“海上丝绸之路”贸易实质上发挥着补充开支、增加国家收入的作用,较之北宋时期,其对经济资助的作用更为重大。这得益于宋廷重视市舶之利,屡次颁布诏令构建市舶司等相关管理机构,以促进海洋贸易的发展,“地方官员对外贸的重视程度、地方官员对外贸的关注和理政要求,对形成地方性外贸政策影响很大”①。

从高宗建炎三年(公元1129年)的诏令条文②可以看到,高宗严格规范市舶司职责,诏令条文中的“擅”一词恰恰说明官方只是不允许不合规的海洋贸易行为。如果“海泊入贡”属于政府允许经营范围内,那官方自然是推举和鼓励的。事实上,高宗年间,广州、泉州、明州等地口岸的外贸总额比北宋时期外贸总额要多,“市舶司是中国在宋、元及明初设立的管理海上对外贸易的部门,其职能相当于现在的海关部门”③。

2. 宋朝“海上丝绸之路”管理运行分析

到了宋朝,整个江南地区物产丰饶,工商业有一定发展的基础,统治阶级也加重了各阶层的经济负担,一般江南地区的赋税等会相对重些。宋朝统治者施行“不抑兼并”的土地政策,沿海民众的农田出现被官僚地主兼并的现象;也有的民众以捕鱼为业,本身所得无几,州县官吏征收依常。为了谋求生路,东南沿海地区民间所谓的“海商”抑或“海寇”也逐渐发展起来。

当时浙江的“海寇”有和福建等地的“海寇”联合作案的现象,这些“海寇”的相互依赖和帮助,势必对国防安全和社会秩序的威胁成倍增长。而且这些“海寇”常年在海边生活,“神龙见首不见尾”,相关部门往

---

① 冒志祥:《苏轼对宋代“海上丝路”贸易法规建设的贡献——以苏轼有关高丽的状文为例》,载《南京师范大学文学院学报》2017年第1期。

② 参见杨一凡、田涛主编:《中国珍稀法律典籍续编》(第1册),黑龙江人民出版社2002年版,第847~850页。

③ 蒋丽萍:《古代浙东地区海上丝绸之路文化遗产调研》,载《中国民族博览》2018年第11期。

往无法判断其行踪,不能通过事前控制对其活动进行预判,这种防控滞后所造成的危害不可逆转。同时这些“海寇”总能在执法管理的脆弱盲区形成规模,从而增加了相关部门的执法管理困难。

当时东南沿海的“海寇”多是沿海穷苦居民,所劫掠的对象多是土豪富绅之粮财和外夷上供之“宝货”,并不侵犯沿海民众,所以沿海民众对这些“海寇”多有接济,客观上增加了所谓执法管理的难度。① 对海上违法犯罪行为进行管理的机构部门主要是枢密院及安抚司与提刑司,这些部门或多或少存在着管理松散和不专业的缺陷,部门成员应变能力存在不足,这更加加剧了浙东沿海国土安全执法管理的隐患。虽市舶司垄断了主要海外贸易,但宋朝亦不禁止私商正常贸易,这导致民间私商会与官方的朝贡贸易出现摩擦,因此不少私商在夹缝中求得利益,开创“亦商亦道”之先河。②

北宋时期,宋朝主要在浙江杭州和明州等处设立了市舶司或市舶务,到了南宋年间,其又在温州等处设立了市舶务。③ 另外宋朝还赋予了“四夷”番商一定的司法自主权,如其可以自选“蕃长”,“蕃长有权依本国习俗处断轻案等”④。这些机构的频繁设立表现了东南沿海地区海洋贸易和对外交流的频繁,急需相关配套的制度和机构同步跟上。当然这些机构的设立,也是宋廷综合考量了东南沿海地区所处的地理位置、发展状况以及当时整体边防力量等诸多因素之后,对于海洋贸易和海防事务的管理方式不断改进的结果。

---

① 参见上海中国航海博物馆编:《新编中国海盗史》,中国大百科全书出版社 2014 年版,第 90 页。

② 参见上海中国航海博物馆编:《新编中国海盗史》,中国大百科全书出版社 2014 年版,第 16 页。

③ 《宝庆四明志》卷六《郡志 · 市舶》载:“唐有市舶使总其征,皇朝因之,置务于浙、于闽、于广,浙务初置杭州,淳化元年徙明州,逾六年复故。咸平二年,杭、明二州各置务,其后又增置于秀州、温州、江阴军,在浙者凡五务。光宗皇帝嗣服之初,禁贾舶至澉浦,则杭务废,宁宗皇帝更化之后,禁贾舶泊江阴及温秀州,则三郡之务又废。凡中国之贾,高丽与日本诸蕃之至中国者,惟庆元得受而遣焉。”[参见(北宋)罗濬等撰:《宝庆四明志》,文渊阁四库全书本。]

④ 张中秋、陈景良:《宋代吸引外商的法律措施叙论》,载《法学研究》1993 年第 4 期。

除了市舶司，在东南沿海地区，地方州府尤其是庆元府也参与对于海洋贸易和对外交流事务的管理，严格规定如何抽税，“示招诱优恤之意，严收支综核之法”[①]。庆元府在职权上与市舶司有重合之处，而在两浙市舶司被撤销之后，庆元府就开始全面承担市舶司的职权，有“控扼海道”之称[②]。宋廷为了更好地保障和管理“海上丝绸之路”的正常运行，必然要在地方设立相应的行政执法管理机构。

北宋时期，宋廷主要在浙江杭州和明州等地设立了市舶司或市舶务；南宋年间，宋廷又在温州等地设立了市舶务。宋朝“海上丝绸之路”的管理运行相对较为合理，这也得益于海洋贸易法律制度日趋完善。法律制度如果制定得过于主观，民众在与其意志相违背的强制下违心地服从，则必然会引起暗流涌动的社会矛盾。宋朝的海洋贸易法律制度经过几代人的更改，到了南宋时期已经趋于完备，这也使得整个“海上丝绸之路”的管理运行愈加顺畅。

除了市舶司，东南沿海地区的地方州府（尤其是庆元府）也参与对于海洋贸易和对外交流事务的管理，严格规定如何抽税，这得益于“入宋以后也存在只为单纯经济利益而主动出海出境的经济贸易政策和活动”[③]。庆元府在职权上与市舶司有重合之处，在两浙市舶司被撤销之后，庆元府就开始全面承担市舶司职权，“因为在宋朝三百十九年的历史中，市舶司基本上呈现以朝官专职提举的格局”[④]。市舶司垄断了主要海外贸易，宋朝亦不禁止私商正常贸易，“从朝廷机构设置来看，唐宋时期‘市舶司’的设立……”[⑤]无论从贸易税收抑或是贸易品种来说，皆体现了民众具备

---

① （北宋）罗濬等撰：《宝庆四明志》，文渊阁四库全书本。

② 参见（明）张瓒、杨寔：《成化宁波州志》卷一《沿革考》。

③ 李华瑞、张倩：《中唐以后至宋朝海路交通的转型》，载《中国史研究》2017 年第 4 期。

④ 苏铁：《唐、明二朝市舶太监制度钩沉——兼述对“海上丝绸之路”的负面影响》，载《海关与经贸研究》2018 年第 3 期。

⑤ 冒志祥：《浅论苏轼对宋与高丽“海上贸易”典型案件的查处——以苏轼有关高丽的状文为例》，载《东吴学术》2017 年第 6 期。

的海洋意识。

二、元朝“海上丝绸之路”法律制度与管理调控梳理

(一)元朝“海上丝绸之路”法律调控考证

与宋朝相比,元朝海洋贸易的发展更为蓬勃,由于游牧民族的特性,元朝比以农耕民族为主的宋朝更依赖交换。加之元朝疆域更为辽阔,由于统治的需要,民族融合也亟待加速。这必然需要加强交流,保障交通顺畅,同时也要积极地发展对外贸易。而海洋贸易作为对外贸易的一种,自然也受到了元朝统治者的重视。元朝开放口岸甚多,其主要集中于广东、福建和浙江沿海一带,并且元朝重建了市舶司,仿照宋制构建起较为完善的用以市舶管理及其他贸易管理的法律制度。

元朝海洋贸易的发展更为蓬勃,而民间贸易不断繁荣的趋势和政府需要有效管理控制的冲突也逐渐激烈。元朝时期的“海寇”继承了宋朝的海商贸易形式,进则为商,退则为寇,开辟与发展海上的交通航道,其中有些“海寇”投靠元廷,利用元廷的身份庇护,兴办海上漕运。

总的来说,由于统治者的特殊性,其在对待海禁的开放程度上要更为宽容,忽必烈曾下诏鼓励发展市舶,“其往来互市,各从所欲”[①]。元廷的官本贸易已非常发达,元朝曾由朝廷出资经营海洋贸易,从而改变了之前的“禁榷”制度。元廷基本废止了“禁榷”,更多地用“抽解”制度代替“禁榷”制度,比宋朝更为宽容。这也直接影响了元朝“海上丝绸之路”法律制度的制定,即采用较为低廉的税额保护正常商贸的政策,从而间接保障了“海上丝绸之路”的畅通,大量吸引了“外夷”前来贸易。元廷除了官本贸易日渐发展,民间贸易也不断繁荣,朝廷也需要进一步实现有效的管理控制。但同时,受到时代的局限性等因素的影响,官本贸

---

① (明)宋濂等撰:《元史》(第1册)卷一〇《世祖七》,中华书局1976年版,第204页。

易和民间贸易这二者之间或多或少存在着冲突，而且这些冲突随着时间的推移也逐渐激烈。

元代规定的市舶法规不同于宋代，取消了“博买”制度。相较于宋代，元代对于商贸的互动更加宽容，鲜对各种贩卖商品行为给予特别严苛的限制。同时，元廷还增加了对海商出海的规定，如出海前须向有关机构登记申请，并找牙人担保，获得有关机构的批准认证后才能出海。海洋贸易法律制度也愈加规范化，尤其是元廷出台了《市舶则法》，并将其收录在《通制条格》中，如卷第十八“关市·关渡盘诘”：

> 至元二十六年八月，枢密院议：拟到禁约诸军例内一款：关津渡口把隘去处，当该官员军兵人等常切用心巡绰盘捉一等作过歹人，务要严谨，毋致私受财货放行。如违，体察得实，痛行断罪。①

当时延佑元年(公元1314年)，中书省上奏建议设立市舶监管番务，目的不是谋取私利，而是方便满足民众日常生活需求。由于之前禁止市舶，导致香货药物的供给逐渐减少，价值陡然增加，百姓使用缺乏，因此广东、泉州、庆元又设立“市舶提与举”②。当时还规定特殊物品，即“禁榷”之物不能下海私贩贸易，违者要处以非常严重刑罚：

> 金、银、铜钱、铁货、男子妇女人口、丝绵、段疋、销金、绫罗、米粮、军器，并不许下海私贩诸番。违者，舶商、船主、纲首、事头、火长，各壹伯柒下，船物俱行没官。③

---

① 郭成伟点校：《大元通制条格》，法律出版社2000年版，第233页。

② (明)宋濂等撰：《元史》(第8册)卷九四《志第四十三·食货二·市舶》，中华书局1976年版，第2401～2403页。

③ 郭成伟点校：《大元通制条格》，法律出版社2000年版，第238～244页。

元廷积极拓展海洋贸易,兼顾民众的生活需求的满足和社会经济的正常发展。元朝以前市舶贸易被严格管理,香料等物供应受限,并出现逐渐减少的现象,因此价格就增长,民众的生活受到影响,日用有短缺之迹象。所以到了元朝,立法者必然要考虑上述因素,同时结合地方的实际情况,制定出既符合上层统治者利益,又能满足日常社会经济发展需求、实现必要的社会管理功能的"海上丝绸之路"贸易法律制度。所以从上述诏令律文的设定可以看到,元廷在规制层面十分克制,对于"禁榷之物"的规制也非常合理,没有突破必要的限度,能满足日常的社会管理需要。

当时元朝在海防事务和海洋贸易综合管理上具有一定的包容性,这反映了早期元朝对外关系的发展,当然也侧面反映了元朝官员利用权力损害正常海商的利益,因此必须要有具体的规范制度以整治海防秩序混乱的状态,比如,勒令舶商泛海贸易回来时将物货"准折"并"重取利息"①,凡类似大船需要"公验"而小船之类需要"公凭"②,依照旧例征召了"保舶牙人"的要保明人货去何处经纪等③。

元朝的海洋贸易制度主要从统治者利益出发,是以巩固皇权统治秩序和维护统治者既得利益为核心出发的。因此可以看到,这些制度本身很难切实建立在促进沿海社会自发秩序的目的上,只有当统治阶级切身利益与此相关时,其才会被作为立法考虑的因素。因此,元朝在立法时,对地方条件的考量是非常有限的,同时受到统治者主观好恶的影响,并不能解决不同利益相关者之间的不同需求的冲突。在某种程度上,这些制度只是统治阶层与下层民众税收关系的简单连接,只是客观上帮助实

① 陈高华、张帆等点校:《元典章·户部卷八·典章二十二》,天津古籍出版社2011年版,第876~877页。

② 陈高华、张帆等点校:《元典章·户部卷八·典章二十二》,天津古籍出版社2011年版,第878页。

③ 参见陈高华、张帆等点校:《元典章·户部卷八·典章二十二》,天津古籍出版社2011年版,第878~879页。

现了一定的社会管理功能，保持了元廷与地方的微妙平衡，在客观上也一定程度有利于东南沿海地区的稳定和发展。

(二)元朝“海上丝绸之路”因应管理实证

1. 元朝“海上丝绸之路”管理机构架构厘定分析

元朝的经济发展模式主要继承自宋朝，整个经济的发展重心仍然集中在东南。元朝的“海上丝绸之路”贸易也集中于东南，东南沿海地区的区位优势更加明显，庆元、温州等地的商贸活动更加活跃，当时元朝的对外经济交往日益频繁，比前朝的对外经济交往更加繁盛，海洋国际贸易交往亦渐渐增多，元朝海外贸易的发展促进了中国诸多港口城市的兴盛，元朝之经济承接前宋，所以发展重心依旧在南方。东南沿海地区的庆元(宁波)和温州等地的商贸较之宋朝发展更为繁盛。庆元港的地位也日益突出，“南地面里，泉州、上海、澉浦、庆元、广东、杭州七处市舶司有……温州的市舶司并入庆元，杭州市舶司并入杭州税务”[①]。

但是，东南沿海地区的庆元市舶使司并非一直设立，在整个元朝的历史变迁中，处于设而又废、废而又设的状态。元成宗大德二年(公元1298年)，元朝将澉浦、上海并入庆元市舶提举司，到了大德七年(公元1303年)，其又罢庆元市舶使司，禁民出海贸易，元武宗至大元年(公元1308年)，元朝复置庆元市舶提举司，允许民众出海贸易，至大四年(公元1311年)再次废除。[②] 如此频繁地设立和废止，恰恰体现了统治阶级对于海洋贸易本身的需求和社会治理能力低下之间的矛盾，同时即便是某些管理机构设立，其目的也仅仅是形式上的消极应对，并不

① 陈高华、张帆等点校：《元典章·户部卷八·典章二十二》，天津古籍出版社2011年版，第875～876页。

② 参见(明)宋濂等撰：《元史》(第8册)卷九四《志第四十三·食货二·市舶》，中华书局1976年版，第2401～2403页。

具有实质意义,因此该管理机构往往名存实亡,无法取得良好的社会效果。

另外,元朝不仅继承和仿效了宋朝市舶法,而且创造许多新的内容,元朝市舶法应用范围非常广泛,市舶司在地方将贡物汇总以后,要交至主管“掌接伴引见诸蛮夷峒官之来朝者”①的“会同馆”。而市舶抽分规则如果依之前“宋例抽解”,元朝统治者觉得舶商不一定接受,于是相应地进行了变通:

温州、庆元等处市舶司,船舶商回帆,已经抽解完货物,并根据泉州现行体例,从市舶司又在抽完货物内,以三十分为标准,抽要船税钱一分,通行结课。船卖客人,方便请给文派,购买到已经抽经税货物,在杭州等地出售,就在商税内交税即可。②

市舶司作为管理海洋贸易和海防事务的“高油水”阵地,比之其他皇权体制下的机构部门更容易出现“权力寻租”的腐败现象。倘若不严格管理和规范,执法管理必将混乱无序,也必然造成民众不满和国家损失,为防止造成上述危害,《元典章》规定:

官司做买卖的罢了,百姓做买卖的每,市舶的勾当做着,依着在先体例里,要课程抽分者。市舶司根底转运司合并。③

① (明)宋濂等撰:《元史》(第2册)卷二五《百官一》,中华书局1976年版,第2140页。

② 陈高华、张帆等点校:《元典章·户部卷八·典章二十二》,天津古籍出版社2011年版,第875~876页。

③ 陈高华、张帆等点校:《元典章·户部卷八·典章二十二》,天津古籍出版社2011年版,第873~874页。

另外元朝还禁止官员以欺诈手段获取外国货物：

> 拘该市舶去处行省、行泉府司、市舶司、权豪势要之家，与贩舶船不依体例抽分，恃势隐瞒作弊。①

元朝统治者认为这样规定既可以发展国内市场，又可以保护外国商人的利益相对不受侵犯，最大限度地协调矛盾冲突。

2. 元朝"海上丝绸之路"管理运行分析

元朝为发展官本贸易等海洋贸易，设置了市舶司等管理机构。这些部门负责的事务多"油水"，所以腐败问题常有发生，这必然会造成国家财富的损失和民众利益的受损，也影响元朝当时的国际形象。元朝"海上丝绸之路"的管理运行是基于既有的海洋贸易法律制度衍生而成的。元廷这样做，可以尽可能地协调冲突，缓和矛盾，实现形式上的贸易"平等"。

到了元朝末期，朝政腐败，吏治渐坏，无力有序地管理之前正常的贸易，甚至出现了日本商船焚烧和掠夺庆元府，元朝官军事先不预防，事后也无法采取有效的应对措施的现象。这些日本商人被日本学者田中健夫归为"初期倭寇"，其活动领域基本限于庆元周围，一般以通商为生，只有当贸易不顺时才会劫掠，而且其攻击对象为元朝的官府，为的是对抗影响通商的不利条件。② 这种评价虽然有待商榷，但可看到日本对中国，尤其是东南沿海地区日渐强烈的贸易需求。

此外，沿海居民的生活更加困苦，群盗现象重新出现，其中东南沿海地区最著名的海寇就是台州的方国珍，其于沿海起兵，率部劫掠，不少沿海困苦民众纷纷响应，方国珍大概控制了温、台、庆元三郡，并在此地固

---

① 陈高华、张帆等点校：《元典章·户部卷八·典章二十二》，天津古籍出版社 2011 年版，第 876 页。

② 参见[日]田中健夫：《倭寇：海上历史》，杨翰球译，社会科学文献出版社 2015 年版，第 45～46 页。

守发展,为浙东百姓开辟了所谓一方"乐土"[①],而"州县无以塞责"[②]。方国珍部大多出身本地,熟悉该地区的人事地理,可谓来去自如,当时负责执法围剿的主要是台州府派遣之"巡检",但由于吏治败坏,"巡检"根本无力抵抗,这客观上加速了元王朝的崩溃。

元朝在建立"海上丝绸之路"管理机构时,首先考虑到社会稳定等问题,并希望其能妥善处理各种海洋贸易纠纷。这些纠纷往往隐蔽而复杂,因此在制度改革上,自然趋向谨慎与细致。初始设计"海上丝绸之路"管理机构时,特别体现了一个重要的交涉功能,即传达朝廷对地方官员和普通民众的具体行为要求。因此,元朝效仿宋朝,制定了市舶法,并构建了"市舶司"和"会同馆"等多种管理机构。

这些机构有助于建立稳定的信息传递机制,使得上层意图能够高效、准确地传达到基层官员和民众之中。设立"海上丝绸之路"管理机构,充分利用了公共资源,提高了规范的预期性和有效性,为传达官方信息提供了有形的基础。同时,这些机构也能有效传播法律信息,使受众群体理解并内化上层立法意图,从而达到预期效果。然而,这一管理模式在实践中仍然产生了失控现象,导致了实质上的不平等。

在元朝末期,法律制度不允许民众自由选择贸易权利,同时无意中偏向既得利益方。然而,部分海商并未坐以待毙,他们积极利用地域优势,影响现存法律制度以实现区域社会控制,并通过某些手段掩饰自身,形成了"亦寇亦商"的局面。因此,若统治者随意制定法律制度,必然会增加法律的不稳定性。若想稳固法律制度,统治者必须考虑区域优势,使朝廷与地方维持相对平衡的状态。而"海上丝绸之路"法律制度的管理运行,同样考虑了更广泛的社会因素,如兼顾地方宗族与特定区域优势的关系。毕竟,元朝不仅有世家大族参与海洋贸易,还有不少地方的

---

① 上海中国航海博物馆编:《新编中国海盗史》,中国大百科全书出版社 2014 年版,第 130 页。

② 《象山县志》卷八《海防》。

平民宗族参与私人海洋贸易，他们利用对地理和人事的熟悉，屡屡出现“逾制”的现象。

三、“海洋史”视域下宋元时期“海上丝绸之路”调控比较与借鉴

（一）“海上丝绸之路”宋元法律制度与管理机构流变

“海上丝绸之路”是指“古代中国通过海洋与海外各国进行政府往来、商贸交易、文化交流等的海上航路”①，最早由法国汉学家提出。宋元在法律制度与管理机构方面的变化节点，对“海上丝绸之路”的发展产生了相当大的影响，同时也促使“海上丝绸之路”自身形成了不可替代的优势。

宋朝在涉及“海上丝绸之路”方面法律制度的设置上，日趋具有缜密性和系统性，尤其是注重官方主导的朝贡贸易。另外这种缜密性和系统性还体现在管理机构的设置上，如宋廷在设置两浙路市舶司时，在选址问题上一直犹豫不决。宋廷认为杭州和明州皆有利弊：杭州利在有大运河，对内陆交通方便，但可惜不方便设置港口，不利于船舶通行；明州则相反，港口优势明显，但是对内陆的交通不如杭州畅通和便利。为此，宋廷再三考量，最终所采取的方式就是两地都设立市舶司，兼取二者优势。元朝则更加注重国际交流和互通有无。

元朝统治者曾数次颁布诏令和上谕允许“外夷番邦”遣使朝贡，贡使除了日常的朝觐工作，还纷纷请求互市贸易，由此逐渐提高了元王朝的国际影响力。元朝初年还发行了“中统钞”，可以在“海上丝绸之路”贸易中充当“世界性货币”，为贸易双方提供更大的便利。元朝的征税制度也较为合理，有利于增加国家收入以及维护社会安定。当然，一方面“海上丝绸之路”贸易日益蓬勃发展，另一方面立法者自身的社会治理能力

---

① 袁晓春：《海上丝绸之路朝鲜史料中的宁波海商》，载《民族史研究》2017年刊。

却有局限性，“为了维护政治上居高临下的地位，中国古代王朝总是以较高的经济代价保持着与其他国家的贡赐关系”①。

中国古代陆海边境的地理位置特殊，形势复杂。陆海边境不仅吸引了许多“外夷”来华贸易，而且也成了资源传递和文化交流的必要途径。陆海边境本身也互相关联，大陆是海洋的战略纵深以及坚实后盾，海洋是大陆的自然延伸和战略屏障，近海防御体系直接关系到陆地和边境安全。为此，古代中国首先设立专门的边境贸易制度，这些特别法律制度不仅有利于维护边境安全，管理边境贸易，还适用于对外事违法犯罪的专门处理。边境贸易法往往也能得到参与境内外贸易的民众的承认和执行。其次，根据海洋贸易的发展，古代中国也逐渐构建了海洋贸易制度。海洋贸易制度具有边境贸易法律制度的一些特殊性质，也有自身不可替代的优势。要协调二者的关系，关键在于二者的相辅相成。二者的发展不应相互冲突而应相互补充，这样才有利于对外经济发展。虽然两者之间存在差异，但其中的联系也不容忽视。这决定了在制定边境贸易制度和海洋贸易制度时，不仅需要考虑是否有利于保护中原内陆地区安全的问题，也要考虑是否有利于发挥边境贸易和海洋贸易作为对外沟通渠道的作用。

（二）“海上丝绸之路”宋元流变影响考证

宋元在法律制度与管理机构上的节点变化，对东南沿海地区乃至整个东南沿海的“海上丝绸之路”产生了深远的影响。浙江“有着独特的海洋自然条件、优厚的海洋资源和悠久的地域文化传统”②，当时浙东最大的港口就是明州，这里每日都交易大量通过“海上丝绸之路”贩运来的货物。双边贸易障碍减少，沿海地区自然越来越适应商品结构和贸易形式

① 刘莉：《宋代明州与高丽海外贸易发展因素分析研究》，载《中共宁波市委党校学报》2015年第2期。

② 柳和勇：《简论浙江海洋文化发展轨迹及特点》，载《浙江社会科学》2005年第4期。

的重大变化。宋朝在沿海等地设立市舶司,一定程度上促进了海洋贸易的发展,同时也有利于国家财政收入的增加。通常来说,区域的特殊性导致制度运行时往往具有不确定性,但这种不确定性既具有周延性,也具有相对可控性。所以宋廷结合东南沿海地区特殊的地域特性进行市舶管理,既有利于保障交易的合法性,又有利于给民众提供准确有效的信息,即告诉民众进行何种交易会产生何种法律后果。

到了元朝,庆元港也一直处于领先地位,曾经有日本商船从日本来庆元港贸易,人数和物品众多;另外东南沿海地区的诸多城市,也逐渐成为对日贸易的重要港口。东南沿海地区日益发挥海洋区位优势,切实地促进了东南沿海地区贸易的发展。以东南沿海地区为代表的沿海地区较早受到海洋贸易的影响,当地民众的日常思维也发生了变化,面对日益高涨的"海上丝绸之路"贸易利益的刺激,原先靠打鱼为生的普通渔民们纷纷投身于高风险、高回报的"海上丝绸之路"贸易活动中,其中不乏读书人,这种现象在此前是难以想象的,同时也进一步影响了邻国和地区的人文、经济社会发展。

(三)"海上丝绸之路"宋元流变经验借鉴

"海上丝绸之路"贸易是维护国家安定、保障社会民生的重要途径,这得益于贸易本身可以实现互通有无和推动社会发展之积极功效,"各地间亦因航海技术、船舶制造方面的交流,促成了这一时期航海水平的普遍提高"①。

东南沿海有其特殊的区位特点,土地耕种能力较弱,农业生产以经济作物为主,但口岸区位优势明显,具备发展"海上丝绸之路"贸易得天独厚的先决条件。宋元时期,朝廷在优先发展官本贸易的同时,默许民间贸易的发展,展现出积极的开放姿态。宋元时期为保障"海上丝绸之

---

① 马建春、王霞:《元代马八儿-亚丁新航线疏证》,载《国家航海》2018 年第 2 期。

路”贸易的正常发展,朝廷积极出台并推行相关的法律制度,以立法形式确定对外舶和对外贸易的管理,机构设置严格,并由中央政府直接管辖。①

出台和推行这些法律制度,除了有防御海寇侵扰和维护国土安全的海防事务的原因,更重要的是为了构建起互通有无、合法有效的正当贸易秩序,当时的基调是“对海外贸易实行垄断经营,以非暴力方式经营海上力量”②。宋元时期在出台和推行这些法律制度的基础上,重视地方特色,例如重视东南沿海地区的区位特征,结合当地沿海的特殊情况,设立市舶司等“海上丝绸之路”贸易管理部门,“两宋时期市舶司的存在,凸显了明州港的重要性”③。这为后世在管理“海上丝绸之路”贸易层面提供了制度和管理方面的借鉴和启示。

因此,学会从历史的角度审视“海上丝绸之路”宋元流变的特有属性,客观地把握整个政策的正确走向,既有利于实现“经济互利、人文互启”④,又符合当前“海洋命运共同体”的理念。“中华民族对于和平利用海洋、坚持各民族海上和平友好交往的理念,彰显了中华民族‘义在利先、合作共赢’的海洋智慧。”⑤

边境贸易和海洋贸易是边境民众或沿海民众出于生产和生活的需要而自发进行的,但随着边境贸易的不断扩大,政府干预有时主导着市场的合理运行。所以中国古代边境贸易和海洋贸易有时会呈现一边倒的局面,境外对境内货物强烈的需求使得民间走私和边境冲突问题越来

① 参见王晓鹰、眭贞嫌:《中国海事管理机构的历史演进脉络(唐朝至元朝)》,载《中国海事》2018年第9期。

② 张帆:《中国古代海洋文明与海洋战略概述》,载《珠江论丛》2017年第2期。

③ 霍杰:《宁波在海上丝绸之路地位演变研究》,载《内蒙古科技与经济》2018年第3期。

④ 李国强:《古代丝绸之路的历史价值及对共建“一带一路”的启示》,载《大陆桥视野》2019年第2期。

⑤ 仲光友、徐绿山:《关于构建“海洋命运共同体”理念的认识和思考》,载《政工学刊》2019年第8期。

越多。因此，边境贸易制度的制定关乎境内外民众的民生和贸易需求，保障境内外商人在交通、贸易中的人身安全，并减少其财产损失。随着边境贸易和海洋贸易发展的不断扩大，贸易管理条例必须是详细和严格的，这样才能保证在人员和财力资源大增、货物大量涌入的前提下，适时且适当约束边境民众或沿海民众的交易行为。

边境贸易与海洋贸易的规定是基于“人与物的交流”[①]，因此不仅对人进行了规范，也对物品作出了相应的管理。这种规定有助于构建合理的秩序，减少双边贸易的障碍，以适应商品结构和贸易形式的重大变化，同时降低民众触犯法律的风险。比如，境内常需补充军用马匹，走私马的行为因此异常活跃。若缺乏严格管控，官员便会趁机勒索，从中获取大量灰色收入，反而会阻碍边境贸易的正常开展，影响境内外民众的生计。

为确保边境贸易和海洋贸易的有序进行，朝廷专门设置了执法管理人员和部门。在战时，这些机构负责保障军事需求，及时切断内部与境外敌对势力的联系。平时，他们主要对境内外人员的交流与贸易进行管理，定期检查是否有违反边境贸易法律的货物。尽管严格的边境贸易制度在一定程度上有效调节了人员往来和物资交换，维护了边境的安定，但过于严苛的制度也在一定程度上限制了各地区之间的文化与经济的交流与发展。因此，在设立合法性门槛时，边境贸易制度需保持相对合理的状态，官府对民间贸易交流的干预也应控制在合理范围内。

换言之，当时的边境贸易制度与海洋贸易制度必须允许正常贸易行为在常规框架内进行。例如，对于哪些货物应被视为违反边境贸易制度和海洋贸易制度的“禁榷之物”，应从经济法则的角度进行规范，评估这些“违禁之物”是否真的会对国土安全和经济发展造成损害。这些“违禁之物”如果确实会造成损害，则应对其予以严厉禁止；而如果不会造成损

① 檀上寛『明代海禁——朝貢システムと華夷秩序』(京都大学学術出版会，2013 年)17 頁。

害,则在将其列为“禁榷之物”时,应慎重考虑。这样的严格区分既有助于保障交易的合法性,也能为民众提供清晰有效的信息,让他们了解不同交易的法律后果,从而避免社会矛盾的激化,消除潜在的不利因素。

从宋元时期的海洋贸易制度法典和诏令中,可以清晰地看到,这些制度的制定与实施在很大程度上延续了前朝边境贸易制度的主要特征。边境管理的重心逐渐从单纯的国土安全保护,转向综合性的管理方式,既包括海防事务,又涵盖海洋贸易与税收促进,使得制度设计更加缜密和系统化。因此,海洋贸易制度在承袭边境贸易制度的同时,增加了有针对性的税收政策,扩大了全国的税收征管范围;官府对采购商品适度调价,并优先满足军队对紧急战略物资的需求,同时对商人在季节性转售中给予适当奖励,以激励商人积极参与供给和需求,弥补官府监管的不足。

因此,宋元时期延续了前朝的边疆政策,以积极的态度管理边境地区,以适应复杂的地缘政治形势,从而维护王朝的国家利益。在司法实践中,出于维护友好关系和稳定边疆的考虑,宋元在军事防御和对周边地区的怀柔政策基础上,与邻近区域进行沟通,尊重各地的风俗习惯,以便妥善解决边境问题。此外,为了更有效地统治全国,宋元针对唐朝以来海洋贸易管理的空白,制定了一系列法律法规,以填补这一空白,形成了一个多元化、多层次的法治体系。总之,宋元对国防安全的关注不仅限于防范与打击危害国防安全的行为,还体现在因势利导的策略上,而这一立法过程则是逐步推进的。

通过宋元对海洋贸易制度的制定与修改,可以看出,边防与海防面临着相似的挑战,而最严峻的挑战并非制度如何统治社会,而是制度如何适应社会的变迁。这一适应必须与当时的政治、社会环境紧密相连。如果海洋贸易制度未能主动适应瞬息万变的社会,则二者往往会陷入“分道扬镳”的尴尬局面,最终导致制度与社会发展的背离。因此,必须审视当时中国社会伦理结构的特有属性,客观把握政策的正确走向。社会发展与制度规则之间常常存在差异甚至冲突,加之中国存在辽阔的地貌和漫长的边境线与海岸线,制度若设计不当,便会在实施中显得乏力。因此,海洋贸易制度不仅需关注如何规制社会,更要适应当时不断发展且多元的社会,努力在二者之间找到微妙的平衡。否则,必然会引发矛盾冲突,且矛盾冲突愈演愈烈。

综上所述,应以客观的态度看待宋元时期"海上丝绸之路"的法律调控及浙东区的应对管理。随着"海上丝绸之路"的发展,宋元时期出台监管"丝路"贸易的法律并设立相关管理机构,实属必然。宋朝对海洋经济贸易立法的重视程度逐渐提高,尽管体系上诸法混合,后期有所疲软;元朝在海洋贸易方面则比宋朝更为开放,立法也更加宽容,这在客观上有利于东南沿海地区的稳定与发展。总体而言,宋元逐渐学会因势利导,整个立法过程是缓慢而循序渐进的。同时也要意识到,在宋元时期"海上丝绸之路"的法律调控和浙东区的管理中,某些制度过于严格,确实在一定程度上限制了境内外地区之间文化、经济等方面的交流与发展。因此,需秉持唯物史观,从历史的长河中借鉴宝贵的经验。

第二章

海洋史视野下明代中后期海洋贸易法律制度出台

明王朝成立初期，一方面继承了宋元留下的海洋贸易的基础，另一方面统治者出于政治目的等采取抑商的政策，在商贸上尤其打压整个东南地区。此地赋税尤重，其目的是对这些地域的财主的“不合作态度进行报复”①，为恢复生产而采取有限的开放，同时也不像宋元时期那样明面上支持海洋贸易。其结果是一方面，官方并未在原有海洋贸易的基础上向前推进，除了永乐、宣德年间恢宏的“郑和下西洋”，鲜有大规模的官方主导的海洋贸易活动。而另一方面，明朝民间依旧顺应着宋元时期的海洋贸易惯性，民间的海洋贸易呈现此起彼伏、此消彼长、屡次反弹的态势。

另外，这里对于前期和中后期的分类，采取了一贯的通说：“从社会历史发展状况及其总的趋势来看，明朝的历史大致可以划分为三个时期：（一）前期—开创时期，从洪武元年（1368）明太祖建国到正统七年

① 王万盈：《东南孔道：明清浙江海洋贸易与商品经济研究》，海洋出版社2009年版，第23页。

(1442)王振专权。其中,从洪武元年到宣德十年(1435)的‘洪永熙宣盛世’,是中国历史上的第三个盛世。(二)中期—积弱与改革时期,从正统七年王振专权到万历十年(1582)张居正去世。(三)后期—衰败时期,从万历十年张居正去世、明神宗亲政,到崇祯十七年(1644)李自成农民军攻占北京、明思宗自缢、明朝灭亡。”[①]

第一节　明代中后期海洋贸易法律制度出台的背景

一、明代东南沿海地区海洋贸易的发展

(一)明代东南沿海地区商品经济发展

明代整个东南沿海地区的商品经济迅速发展,如浙江省,以省会杭州作为中心,将整省的商品经济都纳入一个网络之内,“杭州省会,百货所聚,其馀各郡邑所出,则湖之丝,嘉之绢,绍之茶之酒,宁之海错,处之磁,严之漆,衢之橘,温之漆器,金之酒,皆以地得名。惟吾台少所出,然近海,海物尚多错聚,乃不能以一最佳者擅名”[②]。东南沿海地区形成了固定的市场后,其区域内的经济作物必然被大量需求,“连山大海,是为海滨之民。三民各自为俗,泽国之民,舟楫为居,百货所聚,闾阎易于富贵,俗尚奢侈,缙绅气势大而众庶小”[③]。同时东南沿海地区的贸易不再仅仅是高档产品的互通,其范围已经扩大到了一般日常用品。

另外,东南沿海地区远离政治中心,适合在本地区原有的区域优势基础上更加快速发展。因为有了较大的利润驱使,所以除了官方的朝贡

---

① 陈梧桐、彭勇:《明史十讲》,中华书局2016年版,第3页。

② (明)王士性:《广志绎》卷四《江南诸省》,吕景琳点校,中华书局1981年,第67页。

③ (明)王士性:《广志绎》卷四《江南诸省》,吕景琳点校,中华书局1981年,第68页。

贸易，东南沿海的民间私人贸易在明朝初年得到了较大的发展。当时东南沿海地区民众出海贩卖已经成为常事，“竞贾贩锥刀之利，人大半食于外”①。多少人为了一夜暴富，即便冒着被处以刑罚的危险也要贸然一试，“海滨之民，餐风宿水，百死一生……间阎与缙绅相安，官民得贵贱之中，俗尚居奢俭之半”②。当然在没有合法条款的保障下，这些海商也易被勒索和掠夺，因此当时东南沿海地区许多海商招募了贫困的“外夷”作为雇佣兵。海商和这些“外夷”经过磨合后，这两个出身完全不同的团体，因为利益联合在了一起。这表明，原本已经积蓄的贸易需求急需出口来“泄洪”，主通道被堵塞时由侧通道分散洪峰，如果侧通道也被封锁，那它将会从所有方向溢出。如果说朝贡贸易是主通道，民间海洋贸易是侧通道，那么盈满已久，势必溢出。

（二）明代与日本、葡萄牙等交往贸易频繁及其对外商贸格局

在16世纪，东南沿海地区越来越多的人为谋求更多的利益而从事商业活动。在所有种类的贸易中，外贸是最有利可图的种类之一。一方面，东南沿海地区积累了宋元以来的海洋贸易底蕴，如东南沿海地区的宁波，作为专门负责与日本通贸的港口，连接着境外与浙江乃至整个江南的商贸网络，后人评价：“16世纪40年代，这个地区成为中国与日本、中国与东南亚繁荣的非法或半合法贸易的中心。”③但其实从明初开始，明廷就对日本产生了警惕，试图限制其贸易。另一方面，日本需要中国的货物，中国市场也需要日本的白银供给，“市货彼国缺者，肯重价买之，故此地若贡使至得其利”④。这就必然导致超越明廷控制范围的私下交易，使明廷陷入两厢纠结之矛盾，“贡舶者，王法之所许，市舶之所

① （明）王士性：《广志绎》卷四《江南诸省》，吕景琳点校，中华书局1981年，第67页。

② （明）王士性：《广志绎》卷四《江南诸省》，吕景琳点校，中华书局1981年，第68页。

③ ［英］崔瑞德、［美］牟复礼编：《剑桥中国明代史》（下卷），张书生等译，中国社会科学出版社1992年版，第316页。

④ （明）李延恭、郝杰编撰：《日本考》，中华书局1983年版，第68页。

司,乃贸易之公也。海商者,王法之所不许,市舶之所不经,乃贸易之私也"[1]。东南沿海地区对日本的海洋贸易也是在这种"纠结"中曲折发展。

正如上面所述,日本本国对华的需求有增无减,需要从东南沿海地区获得大量物资,比如丝绸、长安织等[2],获利十分丰富,于是争先恐后来东南沿海地区进行贸易。日本的幕府当时派出了为数不少的"遣明船"来到中国贸易。[3] 而在日本全国政治分裂复发之后,越来越多的日本人无论"有贫有富,有淑有慝"[4],为寻求生计纷纷来华。有些从海商转为海盗,"番人泊近岛,杀掠人,而不出一兵驱之,备倭固当如是耶!"[5]这些人的身份也是在"亦商亦盗"之间来回转换。

这些日本海商(盗)中很多有中国同行的"伙伴",是因为他们对中国的局势和当地地形无知,必须依赖沿海本地的居民为其提供服务,以便取得更好的进展。虽然有官员提倡使用强烈的措施,阻止当地人和倭寇之间的接触,但这些海商起源于"走私"或"非法"贸易,隐秘性极强,一旦入海根本无法捕获,因此这种现象逐渐蔓延,朝廷根本无法有效控制。

从另一角度来看,这种非法贸易本就是一种"互酬"的交易形式,它相较于直接的掠夺稳定得多,而且即便是"非法"贸易,其本身也有一套潜在的贸易规则,可以带来相对稳定的定期物资输入和输出,所以当时在东南沿海地区,相较于所谓的"掠夺"行径,更多的是这种"非法"贸易。

---

① (明)郑若曾撰:《筹海图编》,李致忠点校,中华书局 2007 年版,第 852 ~ 854 页。

② 姚士麟在《见只编》中描述道:"大抵日本所须,皆产自中国,如室必布席,杭之长安织也。妇女须脂粉,扇、漆诸工须金银箔,悉武林造也。他如饶之磁器,湖之丝绵,漳之纱绢,松之绵布,尤为彼国所重。"参见(明)姚士麟:《见只编》,明刊本。

③ 中島楽章「永楽年間の日明朝貢貿易」史淵 140 号(2003 年)51 ~ 99 頁以下参照。

④ (明)郑若曾撰:《筹海图编》,李致忠点校,中华书局 2007 年版,第 854 ~ 855 页。

⑤ (清)谷应泰撰:《明史纪事本末》卷五五,中华书局 1977 年版,第 845 页。

关于东南沿海地区与葡萄牙人的贸易记载，贸易本身并非官方许可，因此缺乏官方的记录，现存史料多为私人行文①，相关文献如下：

1548 年，《中国报道》（*Cousas da China*）记载到：

至于您问及中国文人是否颇受尊重，是否享有很高的荣誉，是否受到重用，是否因自己的学识而成为贵族和大人物一事，我的线人称，在中国，有学问一定会成为达官贵人，学识越高越受到皇帝的重用。由于这一缘故，无论成年人还是幼儿，所有人都设法去读书。据说，中国人都这样。对于一个年轻人来说，当他学会了读写后，就必定会去拜当地的一位学者（他同时也当地的一位统治者）为师，他会这样对那位学者说：“我想学习法律，想成为学者。”于是这位官员就为他授业，而这位年轻人则要交付吃穿费用。这笔钱青年人舍得花，因为将来学成之后，皇帝给他的东西要比这多得多。如果这位青年人长大成人后成了一位精通法律的学者的话，人们就会叫他去应试。如果他考试合格了，官府就会先委任他当小官。以后，如果他干得好，就会提升当大官，直到成为一个大人物。这样，他就可以身居高位，对所有的人发号施令。这些官员在其管辖范围内，操有生杀大权。打仗时，他们必定是首领。他们可以利用其管辖范围内的一切有利条件，特别是所有的法律来处置一切。我曾到过广东的旧港，那是 1533 年的事情。我先是交了关税，接着给来向我收税的官员一个价值四十克鲁札多的红宝石戒指和其他一些随身带去的耳环，可是他不但不收，而且说他想知

① 郑若曾在《筹海图编》卷八《寇踪分合始末图谱》中记载，“初亦止勾引西番人交易”。参见（明）郑若曾撰：《筹海图编》，李致忠点校，中华书局 2007 年版，第 571 页。

道是谁叫我这样做的，他要下命令惩处此人。他还对我说，中国的正直官员不收任何贿赂，尤其是不受外国人的行贿。这些官员不能是他们当官那个地方的人。如果是福建人，那他就可以在广东当官。如果是广东籍，就可以在浙江为官。若是浙江人，则可以成为福建的官员。总之，他们就是这样易地委任。因此，他们都铁面无私，很公正，主持正义。这些官员无私人特权，每年的俸禄则全由皇帝赐给。我听说，在全中国，除了皇帝外，无一官员有私人特权。①

1569—1570 年，《专著详细讲述中国情况》（*Tractado em que se contam muito por estenso as cousas da China*）记载：

在费尔南·德·安德拉德滋事之后，这些流寓国外、与葡人为伍回国的华人开始引导葡人到双屿做生意，因为那一带无有城墙的城镇，沿海皆是贫苦人家的村落。他们乐于与葡萄牙人交往，因为可以卖给他们给养，从中获益。与葡人结伴航行而中的中国商人是这些村里人，因为他们在当地有人熟悉，因此对葡人也优待。通过这些商人，约定由当地商人带货来卖给葡萄牙人。在葡萄牙人与当地商人的买卖里，与葡人同来的华人作中，所以这些人收益巨大。沿海小官们也从中大获其利，因为他们允许双方贸易，买卖货物，从中收受巨额贿赂。所以在很长时间内，此种交易不为国王和省中大吏所知。在双屿进行了一段时间这样的秘密交易后，葡萄牙人渐渐扩展，开始到

---

① Raffaella d'Intino, *Enformação das cousas da China*: *textos do século XVT*, Lisboa: Imprensa Nacional-Casa da Moeda, 1989, p. 60. 转引自金国平、贝武权主编：《双屿港史料选编》（葡西文卷），海洋出版社 2018 年版，第 182 页。

漳州海面和广东诸岛上经商。其他官吏也贪赃枉法，允许葡萄牙人行商各地，致使有些葡萄牙人到了广州很远的南直以北的地方经商。国王对此一无所知。生意日益扩大，葡萄牙人开始在双屿诸岛上过冬。他们在此常住下来，自由自在，无所不有，就差绞架和耻辱柱了。①

1600年，《方济各沙勿略神父生平》（*Historia da vida do padre Francisco de Xavier*）记载：

唐加尔西亚·德·卡斯特罗·德·阿吴罗拉的儿子唐费尔南多德·卡斯特罗经常这样说，我完全相信他的话，因为他是个品行高尚的贵族。我知道，他在东印度的一切所作所为。他曾经当过乔尔的城防司令。他讲明了东方的一切情况，尤其是中国的事情，诸如许多关于中国的历史、地理、天文及其他的技艺和科学的信息，还有和当地人交流的方式，他们的做法。解释他们的编年史，回溯到了许多年前，还有轶事珍闻。正如我说的，这个贵族经常说，通过一个深得他信任的翻译或舌人（华人这样称呼）的解释，位于浙江和广东之间的福建省或称Chinceo省的官员深受日本海盗对当地的袭击和入侵之苦，向北京的内阁呈送奏疏，请求出兵攻打日本，打垮且摧毁它，以绝后顾之忧。来处理人们的渡海问题，以显示中国皇帝的巨大权

① Gaspar da Cruz, *Tractado em que se contam muito por estenso as cousas da China*, con suas particularidades, & assi do reyno dormuz composto por el. R. padre frey Gaspar da orden de sam Domingos. Impresso con licenza 1569, Euora, em casa de Andre de Burgos impressor... Acabouse aos. XX dias de Feuereiro 1570, sem paginação. 转引自金国平、贝武权：《双屿港史料选编》（葡西文卷），海洋出版社2018年版，第193页。

力。不组建一支舰队，而是用在浙江海岸的船只建造一座浮桥。浙江在福建北边，抵达日本的距离是100里格……①

所以，在16、17世纪之交，随着海洋贸易加快了速度，葡萄牙与中国建立合法性贸易的愿望未能成功，广东一带的葡萄牙人被驱赶出境，中国禁止其所有贸易行为甚至禁止其登陆海岸。葡萄牙人无法顺利进行贸易，这迫使其北上福建、浙江一带沿海活动。葡萄牙人在东南沿海地区，主要盘踞在双屿岛一带，这种"觊觎"的态度刺激着非法贸易。一些有影响力的势家给予这些葡萄牙人支持和保护，以至于当时的宁波双屿岛还被称为"国际贸易中心"②。当时葡萄牙人来华贸易，其间发生的纠纷上报至朝廷，而作为最高统治者的嘉靖，居然感叹"朕迄今不知此等人为何许人"③。原因就在于地方官员深知此道，"亦知此等人为商侣而未予朕以奏明、官员均若邪恶，系罪魁祸首……据朕遣钦差所奏，朕尚知海道及卢镗据有文书可知葡人系商而非盗，既已知晓，犹不以捕获为满足，复以谎言奏朕"。④ 在司法领域，"未知官府因何不将捕捉之人开释，致使朕无缘得知此暴刑"⑤。由此可见，当时内缩的对外政策带来了极其严重的恶果，朝廷对于西方殖民者的相关消息竟如此滞后；同时这也反映了地方官员欺上瞒下、虚与委蛇的官僚作风。

---

① João de Lucena, *Historia da vida do padre Francisco de Xavier e do que fizerão na India os mais religiosos da Companhia de Jesu*, Lisboa: P. Crasbeeck, 1600, p. 872. 转引自金国平、贝武权主编：《双屿港史料选编》（葡西文卷），海洋出版社2018年版，第199页。

② 王慕民：《海禁抑商与嘉靖"倭乱"——明代浙江私人海外贸易的兴衰》，海洋出版社2011年版，第74页。

③ ［英］C. R. 博克舍编注：《十六世纪中国南部行纪》，何高济译，中华书局1990年版，第143页。

④ ［英］参见C. R. 博克舍编注：《十六世纪中国南部行纪》，何高济译，中华书局1990年版，第144页。

⑤ ［英］C. R. 博克舍编注：《十六世纪中国南部行纪》，何高济译，中华书局1990年版，第144页。

二、明代前期海洋贸易法律制度的沿革

一提到明代的海洋贸易制度,常人的印象应该是两个字——“海禁”。不管是明初洪武时期的“片板不许人海”[①],还是“嘉靖大倭寇”时期的全面海禁,都昭示着明代严厉的海禁政策。然而,不少文献资料也显示出明代的商业和海洋贸易日渐发达,其规模甚至超过了宋元时期商业和海洋贸易的规模。一方面是朝廷的严厉“禁海”政策,另一方面却是日益发展壮大的海洋贸易规模,其中缘由值得探究。

明初海禁政策中最为著名的当属朱元璋之“片板不许人海”,明朝的整个海洋政策呈现内缩保护的状态,整个法律制度也呈现比之前总体趋严的态势。永乐年间出现过“下西洋”的壮举,整体上也表现了统治者采取相对保守的态度来控制全舆,但唐宋元三朝在海洋政策方面的宽松的氛围渐渐消逝。

在朝贡贸易制度方面,洪武四年(公元 1371 年)日本国王怀良遣使臣来进贡,并将之前被倭寇掳去的男女七十余人送至明州、台州[②],说明日本国政府还有能力对倭寇进行执法管理。之后国王怀良几乎年年进贡,明太祖从一开始的“责之”到后来洪武十四年(公元 1381 年)“却其贡”[③],认为当时中国沿海多有倭寇,是日本国王没有行使好执法管理责任,“纵民为盗”[④]。当时群臣也认为“今日本君臣,以沧海小国,诡诈不诚”[⑤],对于“贪利为谍者,请诛之”[⑥],要求以严刑峻法处置日本。当时胡

---

① (清)张廷玉等撰:《明史》(第 18 册)卷二五〇《列传第九十三》,中华书局 1974 年版,第 5403 页。

② 参见《明太祖实录》卷六八《洪武四年九月庚戌》。

③ 《明太祖实录》卷一三八。

④ 《明太祖实录》卷一三八。

⑤ 《明太祖实录》卷一三八。

⑥ 《明太祖实录》卷一三八。

惟庸案曾涉嫌通倭,洪武十四年(公元1381年)的诏令规定的"禁濒海民私通海外诸国"[①],就是跟胡惟庸案有关。

显然明初对于朝贡贸易的态度首先是其不能威胁到国土安全,"皇帝的政策是朝贡关系不应当用来谋利赚钱……这种对于南方和东方的国家采取完全防御性政策的引人注目的新特征再怎么强调也不过分……这不仅是对以往的汉、唐、宋帝国实践的肯定和对蒙古皇帝忽必烈汗实践的否定,同时也是为明朝对外关系确定了一条重要的信条"。[②]

对于禁榷制度,洪武二十七年(公元1394年)正月的诏令规定"禁民间用番香"[③],严禁民间私下对禁榷之物交易互市,如有发现,必须于三个月内销毁,同时祭祀用的松柏等也禁止贸易,由礼部负责;另外洪武二十三年(公元1390年)十月的诏令也详细规定了"禁榷之物",如此规定,其目的在于国家对海外贸易独占,同时防止"违禁之物的流出"[④]:

> 上以金银、铜钱、缎疋、兵器等物,自前代以来,不许通番。今两广、浙江、福建愚民无知,往往交通外番,私易货物,故严禁之。沿海军民官司,纵令私相交易者,悉治以罪。[⑤]

在规范海洋贸易方面,由于海外贸易导致沿海居民常常出海经商,会脱离明廷之管制,最终导致不稳定因素,于是明初统治者便竭尽全力去控制全境,并在商贸上持消极态度,以图"不因富裕而生异心,不因迁徙而生动乱"[⑥]。因此,洪武四年(公元1371年)十二月的诏令规定,"禁

---

① 《明太祖实录》卷一三八。

② 参见[英]崔瑞德、[美]牟复礼编:《剑桥中国明代史》(下卷),张书生等译,中国社会科学出版社1992年版,第255页。

③ 《明太祖实录》卷二三一。

④ 檀上寛『明代海禁——朝貢システムと華夷秩序』(京都大学学術出版会,2013年)23頁。

⑤ 《明太祖实录》卷二〇五。

⑥ [澳]雪珥:《大国海盗》,山西人民出版社2011年版,第8页。

濒海民不得私出海”[①]。

洪武二十二年(公元1389年)的诏令也规定“边寨官军交通外境及私市者,坐罪全家”[②],通过限制官员私自贸易等来强调其对海禁的态度,且处罚非常严厉,罪及全家。洪武三十年(公元1397年)的诏令又规定“申禁人民无得擅出海与外国互市”[③],这是洪武年间最后一次强调海禁。到了建文年间,祖宗成法有更改者,但依旧遵循了旧制。[④]

明成祖初即位未敢明令废除海禁,因“靖难之变”起初就是以建文帝肆意更改祖制为由,而明成祖自己打的旗号就是要恢复祖制,因此起初对明太祖之海禁政策并未轻易取消。永乐年间有举世闻名的“郑和下西洋”,其实该事件的目的既非寻找建文帝下落,也非对外宣扬本朝国力,该事件主要还是为了对内彰显“万国来朝”的景象以确立自己的皇位的合法性地位。

表面上永乐皇帝只是重申了他父亲的政策,不允许私交外国人,不允许私人对外贸易,除了详细规定的朝贡制度,不允许与外国人有贸易或其他关系。但是永乐皇帝想要达到的朝贡贸易和对外宣扬国力的成果其实比洪武年间达到的成果要多,“更富有侵略性”[⑤],一方面是其更倾向于进行干预和威胁,以便消除篡位污点的影响,另一方面是其为了平衡日益增长的贸易需求。

明成祖刚即位时,对于各个番国来朝,认为都应当用诚意对待,将“土物”用作贸易。诏令方面有些在维持祖制,有些亦宽松,在内容上依旧遵照着洪武年间的“祖制”,对于海洋贸易仍旧采取紧缩的政策。在永

① 《明太祖实录》卷七〇。

② 杨一凡主编:《中国法制史考证》(甲编第6卷),中国社会科学出版社2003年版,第23页。

③ 《明太祖实录》卷二五二。

④ 参见《明太祖实录》卷一〇上。

⑤ [英]崔瑞德、[美]牟复礼编:《剑桥中国明代史》(下卷),张书生等译,中国社会科学出版社1992年版,第289页。

乐年间人口与社会发展，经济增长，生产和生活方式发生了改变，之前的《大明律》难以满足日益增长的海洋贸易问题，因此需要其他灵活的法律形式来调节该问题，所以对于具体事宜多以诏令来推行。于是，永乐二年（公元 1404 年）的诏令规定，“下令禁民间海船，原有海船者悉改为平头船，所在有司防其出入”①，从这条诏令可以看出，立法具体到了改变船的样式和规制。永乐五年（公元 1407 年）六月的诏令规定，“不许军民人等私通外境、私自下海贩鬻番货，违者依律治罪”②，显然在文本上又加以严格规定。从立法可以看到永乐年间的诏令对于海洋贸易并不是全面放开，对民间海洋贸易的默许是有限的，这也体现了立法者的复杂心态。

从洪熙开始，明朝对海禁态度明显趋于保守，民间海洋贸易虽然暗中有所发展，但是在律例方面还是趋向收缩。洪熙元年（公元 1425 年）的诏令规定“下西洋诸番国宝船悉皆停止”③，从该条文看趋于内缩。

宣德时期严禁沿海居民私自出海通番贸易，依旧推行海禁，例如宣德八年（公元 1433 年）八月又重申“严私通番国之禁”④，宣德十年（公元 1435 年）七月宣宗严禁浙江沿海居民出海捕鱼，提高了海禁的严厉程度，“严私下海捕鱼禁”⑤。

三、明代初期的海患和地方应对的无力

在“嘉靖大倭寇”爆发之前，明初以来东南沿海就存在着众多社会矛盾，早在洪武时期，海寇现象便已经随着海上贸易的发展而出现。太祖洪武二年（公元 1369 年）夏四月，“时倭寇出没海岛中……劫夺货财，沿

---

① 《明太宗实录》卷二七。

② 《明太宗实录》卷六八。

③ 《明仁宗实录》卷一上。

④ 《明宣宗实录》卷一〇三。

⑤ 《明英宗实录》卷七。

海之地皆患之"[①]，而后由于东南海患长期存在，明太祖于洪武三年(公元1370年)在东南沿海地区普遍建立备倭卫所、巡检司等[②]。这些海寇、"倭寇"的成分比较复杂，有"海贼"，也有所谓的"商人"[③]，大致可以分为以下几类。

(一)元末起义军余部

当时元末起义军如方国珍(方谷珍)、张士诚的残部散布于东南沿海地区，打起了他们的旗号，与当时新兴的明朝政府作对。张士诚部在温州一带，方国珍部在宁绍等地，这些旧部残余之后代虽然没有了前代人反元和对现有朝廷坚决反抗的意愿，但是毕竟身负"反贼"的印记，很难像常人一般生活，只能游离于灰色地带。"国珍余党多入海剽掠"[④]，一来其本身大多就从小生长于斯，二来海上这种来去自如的生存方式也有利于规避官府的抓捕。所以，当时这些元末残余旧部是海患的重要组成部分。

(二)走私商人

由于商品经济的发展，走私商人越来越多。成化四年(公元1468年)，日本国通事林从杰等上奏称自己原来是宁波府人，从小被倭寇掠走了，被卖给了日本人当通事，此次随着使臣来明朝贡，希望可以回原籍。宪宗对此从之，但是仍然禁止其随同使臣到家，以防止其私自诱使中国人出海下番，如违背则"听有司治罪"[⑤]。说明当时沿海民众出海下番贸易时有发生，而且其进行了对日贸易。

浙东沿海的这些商贩大概分为两种，中国的私贩和日本的私贩，

---

① (清)谷应泰撰:《明史纪事本末》卷五五，中华书局1977年版，第839页。

② 参见《明太祖实录》卷五四。

③ 山崎岳「巡撫朱〔カン〕の見た海—明代嘉靖年間の沿海衞所と「大倭寇」前夜の人々」東洋史研究62卷1号(2003年)1～38頁以下。

④ 《明太祖实录》卷七〇。

⑤ 《明宪宗实录》卷五五。

日本学者上田信说日本人泛海来东南沿海的最大目的就是商贸,“驱使大量的人去航海的最大动机是交易”①。其实,日本私贩多呈现“进而为商,退而为盗”的态势,日本商人来东南沿海地区贸易时也是如此。

(三)海盗、倭寇等贼寇

东南沿海地区的海寇日益壮大,抢夺财物,造成很大的灾难,频繁的海盗袭击对海防产生了不良影响。洪武年间,东南沿海地区的海盗就有和倭寇勾结的现象,洪武十四年(公元1381年),台州黄岩县无赖张阿马,曾潜入日本,“导其群党至海边剽掠,边海之人甚患之”②。

明朝初期的海寇危害还没明朝中期的海寇危害那么大,其中一个原因就是明朝初期朝廷尚有出海追捕执法的能力。到了明朝中期,地方防卫空虚,对于海上的贼寇需要诱其到陆上方可围剿,地方往往没法形成有效的管理态势,对于海洋贸易的违法行为也多是谎报虚报,有隐瞒的迹象。原因包括:一是朝廷怕地方拥兵自重而给地方分配极少的执法力量,地方用兵权力受到限制,二是地方府衙卫所为免担责,宁可瞒报。长此以来,嘉靖初年的海患已经是“山雨欲来风满楼”,慢慢酝酿而成的沿海“盗难”③对海上治安造成了很大的威胁。

四、明代初期朝贡体系的崩塌

自明朝建立以来,市舶司一直处于废而又设、设而又废的状态,“海外诸国入贡,许附载方物与中国贸易。因设市舶司,置提举官以领之……洪武初,设与太仓黄渡,寻罢。复设与宁波、泉州、台州……后市

---

① ［日］上田信:《海与帝国:明清时代》,高莹莹译,广西师范大学出版社2014年版,第19页。

② 《明太祖实录》卷二一一。

③ 山崎岳「巡撫朱〔カン〕の見た海—明代嘉靖年間の沿海衛所と「大倭寇」前夜の人々」東洋史研究62巻1号(2003年)1~38頁以下。

舶司暂罢”[①]。从明初市舶司的设立和废除可以看到,明廷建立朝贡体系的出发点首先是朝贡是否触及国土安全,其次考虑外交关系,最后才是贸易。

后至正德、嘉靖年间,东南沿海地区盘踞着“倭寇”以及葡萄牙人等西方殖民者,他们给整个朝贡体系带来了冲击,受到冲击最大的当属负责管理日本朝贡的浙江市舶司。整个明朝的政治形式,改变了从唐宋以来的对于海洋贸易的外向型扶植政策,开始严防海内外的海商及其团体自由交易,建立所谓的“朝贡贸易”。这种“官方贸易”体制采取高买低售甚至白赠的形式,造成了很大的资源浪费。这种方式不同于正常的海外互市,正常的互市是可以通过税收的方式来扩充国家收入。明朝只是单方面为了“怀柔”,而忽视了盈利的目的。

“朝贡贸易”这种贸易方式,将原本最应该纳入贸易体系的商人群体排除在外(至少是限制甚多)。日本等境外商业的需求日益增大,这势必会增加明廷自身之各方面负担。当时在浙江方面的市舶专为日本而设,然而完全无法满足日本的贸易需求。尤其是几年一贡的期限,即“独限其期为十年,人为二百,舟为二只。后虽宽假人船之数,而十年之期,未始改也”[②]。这个规定根本无法满足日本的贸易需求,“倭人服饰器用,多资于中国。有不容一日缺者,安能待十年一贡之期,而限以三船所载之数哉!若禁其贸易,则入寇劫夺,一定之势也……东洋船通布海洋,而向之商舶,悉变而为寇舶矣”[③]。

“朝贡贸易”还存在着另一个弊端,即执法管理腐败问题。当时负责管理朝贡贸易的主要是市舶太监,而派遣宦官到地方监督的方式主要是

---

① (清)张廷玉等撰:《明史》(第18册)卷八一《志第五十七·食货五》,中华书局1974年版,第1980页。

② (明)郑若曾撰:《筹海图编》,李致忠点校,中华书局2007年版,第852~854页。

③ (明)郑若曾撰:《筹海图编》,李致忠点校,中华书局2007年版,第854~855页。

从永乐年间开始的。[①] 这些市舶太监把持着市舶司，负有对贡物、奉献品检查、筛选等职责，且不受实质上的监督。因此这些市舶太监往往以监察朝贡贸易为名目，以权谋私，中饱私囊，产生恶劣影响，“盖以迁有无之货，省戌守之费，禁海贾，抑奸商，使利权在上也。自市舶内臣出，稍稍苦之。然所当罢者市舶内臣，非市舶也。至是，因言奏，悉罢之。市舶罢，而利权在下。奸豪外交内詷，海上无宁日矣”[②]。

市舶司的设置使得内外皆怨，虽然市舶司确实履行了管理朝贡贸易的职责，刺激了某些贸易需求，但这毕竟没有建立在正常的贸易法则之上，所以弊端重重，“宫廷自身通过数以千计的太监采办及遍及全中国的皇室成员的大规模需求刺激了奢侈品贸易的发展。尽管官方从不鼓励私人贸易，但却容忍了私人贸易的增加，并认可了进口某些外国商品的必要性”[③]。

第二节　“隆庆开海”前海洋贸易法律制度更迭

一、“隆庆开海”前海洋贸易法律制度的主要内容

整个明朝在管理海洋贸易方面的法律形式主要的有律、令、条例、诏令、榜文等。《大明律》作为纲领性法典，效力及于明朝整个朝代，但在明朝后期，其适用的范围有所局限，一些更加具体的条文出现在弘治以后的《问刑条例》中；诏令和榜文的适用范围基本上在颁布的该朝，位阶也比较优先，其虽然在名义上效力依旧及于下面各朝，但下面各朝实际上

① 大川沙織「明代市舶太監の創設とその変遷：嘉靖期の裁革と税監の設置をめぐって」史窓73卷(2016年)27～51頁参照。

② (清)谷应泰撰:《明史纪事本末》卷五五，中华书局1977年版，第845页。

③ [英]崔瑞德、[美]牟复礼编:《剑桥中国明代史》(下卷)，张书生等译，中国社会科学出版社1992年版，第298页。

真正应用的依旧只是少数，这些诏令和榜文大多成为具文；正德年间以后的《大明会典》，属于律典、条例等的汇总，其工具的性质比较突出，但关于海洋贸易法律制度的内容基本与律典、条例重复。

（一）《大明律》

明初最重要的法典就是《大明律》，作为洪武三十年（公元1397年）历经数次修改后最终确立的律典，明太祖为延续其稳定性，自颁行其起至明亡，基本未对其作修改。在明律的修订过程中，海外贸易管理立法逐步严苛。《大明律》是中国历史上最重要的法典之一，它不仅为明朝皇权建立了几个世纪的价值体系和社会规范，而且对清代中国及韩国、越南和日本等中国周边国家的法律文化也产生了深远的影响。

在其法律观的基础上，明初将《大明律》作为专制皇权的法律工具来施行政治控制和管理世俗文化，遵循所谓“天理”和保存社会秩序之“和谐”，为实现这一目的，以遵循“礼”之原则建立法律，这些精神也多多少少体现在规范海洋贸易的律文上。

《大明律》中关于海洋贸易的律文，主要是关于规范海洋贸易的禁榷律文和规范民间海洋贸易的律文，规范朝贡贸易的法律条文多体现在诏令上，具体的规范有“船商匿货”条：

> 凡泛海客商，泊船到岸，即将货物尽实报官抽分。若停塌沿港土商牙侩之家不报者，杖一百；虽供报而不尽者，罪亦如之，货物并入官。停藏之人同罪。告获者，官给赏银二十两。[①]

《读律锁言》认为此处之“舶”属于大船，跟前文所说的“匿税者”相比，匿税者所得利润比较微小，所以处刑不大，但是此处“匿货者”所得利

① 《大明律》卷八《户律五·课程》，怀效锋点校，法律出版社1999年版，第80~81页。

润大,所以要杖一百并且全罚之,此处匿货专门针对舶商而言,“余商匿货,即匿税也”①。

另有“私越冒度关津”条②,规定在《大明律·兵律三·关津》中,但对于此条律文,《辑注》认为若之后有了规范私出外境及违禁下海的专门律文,“此层即属重复”③。《大明律》专门规定了“私出外禁及违禁下海”条:

> 凡将马牛、军需、铁货、铜钱、段疋、䌷绢、丝绵私自出外境货卖,及下海者,杖一百。挑担驮载之人,减一等,物货船车并不官。于内以十分为率,三分付告人充赏。若将人口、军器出境及下海者,绞。因而走泄事情者,斩。其拘该官司及守把之人,通同夹带,或知而故纵者,与犯人同罪。失觉察者,减三等,罪止杖一百,军兵又减一等。④

对于该条律文,薛允升认为,“唐律私越度关与越度缘边关塞,科罪不同,而无边禁下海一层,以尔时尚无此禁今故也”⑤。同时薛氏指出明律的“私出外境”条和唐律“越度缘边关塞”条是相同的,唐律只处罚“徒二年”,但是明律中所处罚的是“满徒”,而“马牛货物私出外境货卖”仅仅是“拟杖罪”,明律为何如此规定,薛氏表示“未知其故”⑥。同时薛氏认为唐律中除了规定军器,还有关于同“化外人”私相交易和婚姻等的规定,但是明律中都没有相关律文,“唐律赍禁物私出关、若私家之物不和

---

① (明)雷梦麟撰:《读律琐言》,怀效锋、李俊点校,法律出版社2000年版,第193页。
② 参见《大明律》卷一五《兵律三·关津》,怀效锋点校,法律出版社1999年版,第117页。
③ (清)薛允升撰:《唐明律合编》,怀效锋、李俊点校,法律出版社1999年版,第411页。
④ 《大明律》卷一五《兵律三·关津》,怀效锋点校,法律出版社1999年版,第119~120页。
⑤ (清)薛允升撰:《唐明律合编》,怀效锋、李俊点校,法律出版社1999年版,第140页。
⑥ (清)薛允升撰:《唐明律合编》,怀效锋、李俊点校,法律出版社1999年版,第140页。

度关而私度者,均干厉禁,况出外境乎?而科罪亦嫌参差互异也"[①]。这里表现了明律所采用的是"属地主义"原则,《大明律》中规定"凡化外人犯罪者,并依律拟断"[②],这从另一层面也体现了明朝的行政能力不如之前,不足以区分处理。

另外,虽不是在律文中直接反映海洋贸易律文,但在实际实施中与海洋贸易息息相关的,还有如"私充牙行埠头"条,规定:

> ……官给印信文簿,附写客商船户住贯、姓名、路引字号、物货数目,每月赴官查照。私充者,杖六十,所得牙钱入官。官牙埠头容隐者,笞五十,革去。[③]

对于该条律文,《读律锁言》则认为,其规定了这些具体的凭证,则"客商有所察而无越关之弊,物货有所稽而无匿税之弊"[④]。而此律文不但规定了私充者违反规定的处罚量刑,也规定了若"官牙埠头容隐者"违反规定也要予以相应的处罚。

而对于私充牙行,《大明律·户律·市廛》另有"把持行市"条:

> 凡买卖诸物,两不和同,而把持行市,专取其利,及贩鬻之徒,通同牙行,共为奸计,卖物以贱为贵,买物以贵为贱者,杖八十。若见人有所买卖,在傍高下比价,以相惑乱而取利者,笞四十。若已得利物计赃重者,准窃盗论,免刺。[⑤]

---

① (清)薛允升撰:《唐明律合编》,怀效锋、李俊点校,法律出版社 1999 年版,第 140 页。

② 《大明律》卷一《名例律》,怀效锋点校,法律出版社 1999 年版,第 20 页。

③ 《大明律》卷一〇《户律七·市廛》,怀效锋点校,法律出版社 1999 年版,第 84 页。

④ (明)雷梦麟撰:《读律琐言》,怀效锋、李俊点校,法律出版社 2000 年版,第 200 ~ 201 页。

⑤ 《大明律》卷一〇《户律七·市廛》,怀效锋点校,法律出版社 1999 年版,第 85 页。

对于该条律文,《读律锁言》认为,这些商行把持者们巧取豪夺,用商业贸易关系中的优势地位来盘剥,即使没有得利,“恶其情状而罪之”[①],这些罪行也会体现在海洋贸易关系中。不过,《读律锁言》也认为“开市之法,或启边衅,今已难行矣”。[②]

(二)《问刑条例》等条例对律的补充

明太祖修订了《大明律》后,要求世世代代同行,后世子孙不能更改。然而随着后世社会生活的发展,必须协调好“遵循祖制”和“度势立法”[③],弘治十三年(公元1500年)颁行《问刑条例》来适应环境变化,解决日益尖锐的社会矛盾,以希求达到“情法适中、经久可行”[④]。弘治十三年(公元1500年)的《问刑条例》,由刑部尚书白昂奉敕修订,适用于弘治、正德、嘉靖三朝五十年左右[⑤]。

弘治《问刑条例》比《大明律》规定得灵活,因此在例文方面也比律文更加具体和详细,而规范朝贡贸易此类的条文也比较适合以例文的形式出现,如规定了“夷人”来京城朝贡,在会同馆开市期限:

> 凡夷人朝贡到京,会同馆开市五日。各铺行人等将不系违禁之物入馆,两平交易。染作布绢等项,立限交还。如赊买及故意拖延,骗勒夷人久候不得起程,并私相交易者,问罪。仍于馆前枷号一个月。若各夷故违,潜入人家交易者,私货入官。未给赏者,量为递减。通行守边官员不许将曾经违犯夷人起送

① (明)雷梦麟撰:《读律琐言》,怀效锋、李俊点校,法律出版社2000年版,第201页。

② 参见(明)雷梦麟撰:《读律琐言》,怀效锋、李俊点校,法律出版社2000年版,第203页。

③ 杨一凡:《明代立法研究》,中国社会科学出版社2013年版,第137页。

④ 刘海年、杨一凡总主编:《中国珍稀法律典籍集成》(乙编第3册),科学出版社1994年版,第217页。

⑤ 参见刘海年、杨一凡总主编:《中国珍稀法律典籍集成》(乙编第3册),科学出版社1994年版,第5页。

赴京。[①]

此条例文明确了各个商铺行货人,不能将违禁的货物带入会同馆且公平交易,"染作布绢"等物品要立即交还,可见在朝贡贸易中也有禁榷制度的规范。对于赊买和故意拖欠或推延,对"夷人"造成欺骗,导致其长时间等候不能启程以及私下与夷人贸易的,都要问罪,要予以在会同馆前"枷号一个月"的处罚。另外,"夷人"违反规定进入民众家中私下交易的,所获得的货物要充官。同时,这些"夷人"原先获得的赏赐要依次递减,负责边关守卫与通行管理的官员也不能将夷人放行到京城。此外,会同馆内外的居民替代"夷人"买卖货物的,也要处以"枷号一个月,发边卫充军"[②]。

同时《问刑条例》还规定了不许和同来朝贡的"夷人"往来并透露相关的事情,如果违反法律制度,无论在京还是在外的军民,都要被发配到边卫充军,有职务的也要被革职:

> 在京在外军民人等,与朝贡夷人四通往来,投托管顾,拨置害人,因而透露事情者,俱问发边卫充军。军职有犯,调边卫带俸差操。通事并伴送人等,系军职这从军职之例,系文职有赃者革职为民。[③]

另外《问刑条例》还禁止制造超过限度的"违式大船",以及擅自将

---

① 刘海年、杨一凡总主编:《中国珍稀法律典籍集成》(乙编第3册),科学出版社1994年版,第245页。

② 刘海年、杨一凡总主编:《中国珍稀法律典籍集成》(乙编第3册),科学出版社1994年版,第245页。

③ 刘海年、杨一凡总主编:《中国珍稀法律典籍集成》(乙编第3册),科学出版社1994年版,第245页。

违反法律制度的货物下海贩卖：

> 官民人等擅造二桅以上违式大船，将带违禁货物下海，前往番国买卖，潜通海贼，同谋结聚，及为向导劫掠良民者，正犯处以极刑，全家发边卫充军。若止将大船雇与下海之人，分取番货，及虽不曾造有大船，但纠通下海之人接买番货者，俱问发边卫充军。其探听下海之人，番货到来，私下收买贩卖，若苏木胡椒至一千斤以上者，亦问发边卫充军，番货入官。若小民撑使单桅小船，于海边近处，捕取鱼虾，采打柴木者，巡捕官旗军兵不许扰害。①

此条例文对船舶有所区分与限制，禁止擅自建造"二桅以上"的违反程式的大船，但不禁止民众使用单桅小船，在海边从事捕捉鱼虾等日常活动，并且要求负责巡逻的军兵不能前去叨扰。无论为官为民，将违反禁榷制度的货物带下海到其他所谓"番国"贩卖，或者和海贼沟通，或者为海贼当向导，"正犯"要被处以极刑，而其全家都要被发配至边卫充军。如果把违式大船雇给出海的人，或者虽然没有制造违式大船，但是接受出海的人贩卖的货物的，也要被发配至边卫充军。还有四处打听出海的人，若其等到外面的番货来到境内，私自买卖，假如番货是"苏木胡椒"这些物品，且其买卖的超过一定数量，则其要被发配至边卫充军，而且这些货物统统没官。

当然，假如出现向"夷人"贩卖武器的行为，处罚自然是非常严重的，比照"军器出境因而走泄事情者律"②，处以斩刑同时首要犯要枭首示众。

---

① 刘海年、杨一凡总主编：《中国珍稀法律典籍集成》（乙编第 3 册），科学出版社 1994 年版，第 243～244 页。

② 刘海年、杨一凡总主编：《中国珍稀法律典籍集成》（乙编第 3 册），科学出版社 1994 年版，第 244 页。

另外还有一条律文，其规定的不是一般的禁榷制度，其是对制作武器的原料进行严格限定：

> 私自贩卖硫黄五十斤，焰硝一百斤以上者，问罪，硝黄入官。卖与外夷者，不拘多寡，比照私将军器出境律条坐罪。其合成火药卖与盐徒者，问发边卫充军。两邻知而不举者，各治以罪。①

《嘉靖新例》由明朝嘉靖年间的御史萧世延、按察使杨本仁、左参政范钦编写而成，收入自嘉靖元年(公元 1522 年)至嘉靖二十四年(公元 1545 年)的定例凡二百零二条，该定例绝大部分为六部提奏，还编入部分“圣旨”与“诏令”，其功能系“对旧例的修订或重申先例的法律效力”②，其中关于海禁的律例有：

> 嘉靖三年四月刑部议奏，但有夷人贡船未曾报官盘验，先行接买番货贩卖者，比照探听下海之人番货到来私下收买贩卖若苏木胡椒至一千斤以上者事例，问发边卫充军。其交结夷人互相买卖借贷，诓骗财物，引惹边衅及教诱为乱者，比照川、广、云、贵、陕西等处事例，问发边卫永远充军。其代替夷人收买违禁货物，比照会同馆内外军民事例，问罪枷号一个月，发边卫充军。若私下包揽，打造违式海船卖与夷人图利者，比照私将应禁军器出境因而走泄事情者律，各斩。为首者枭首示众。其累犯不悛者，止将正犯问罪。③

---

① 刘海年、杨一凡总主编：《中国珍稀法律典籍集成》(乙编第 3 册)，科学出版社 1994 年版，第 24 页。

② 刘海年、杨一凡总主编：《中国珍稀法律典籍集成》(乙编第 3 册)，科学出版社 1994 年版，第 9 页。

③ 刘海年、杨一凡总主编：《中国珍稀法律典籍集成》(乙编第 3 册)，科学出版社 1994 年版，第 409 页。

嘉靖《重修问刑条例》在弘治《问刑条例》基础上进一步充实，增至三百八十五条，并且在嘉靖、隆庆和万历初共实行30余年。① 其实嘉靖初年，世宗从维护稳定性和自身合法性的角度出发，认为近年来条例“增添太繁”②，以后新增加的条例“悉皆革去”③。然而由于社会发展的瞬息万变，依旧需要不少新条例来规范发展。为了克服这个差距，必须促进事实和规范相适应，以积极适应外部变化，嘉靖二十七年（公元1548年）九月，明世宗批准了刑部尚书喻茂坚的奏疏，“会官备查各年问刑事例，定议来说”④，其中涉及海洋贸易法律制度的例文有：

各该沿海省分，凡系把守海防武职官员，有犯听受通番土俗哪哒报水分利金银，至一百两以上，名为买港，许令船货入港，串同交易，贻患地方，及引惑番贼海寇出没，戕杀居民，除真犯死罪，其余俱问受财枉法满贯罪名，比照川、广、云、贵、陕西等处汉人交结夷人，互相买卖，诓骗财物，引惑边衅，贻患地方事例，问发边卫，永远充军。子孙不许承袭。⑤

此条例文对弘治《问刑条例》来说是新增加的例文，是在《嘉靖新例》的基础上修改的，此条例文参照了在内陆边境违反边境贸易法律制度的事例，对管理海洋贸易事务中违反法律制度的官员予以处罚。

而对于夷人贡船的规定，对弘治《问刑条例》来说也是新增加的例文，是在《嘉靖新例》的基础上修改的，与原文基本无异：

---

① 参见刘海年、杨一凡总主编：《中国珍稀法律典籍集成》（乙编第3册），科学出版社1994年版，第5页。

② 《明世宗实录》卷一。

③ 《明世宗实录》卷一。

④ 《明世宗实录》卷三四〇。

⑤ 刘海年、杨一凡总主编：《中国珍稀法律典籍集成》（乙编第3册），科学出版社1994年版，第481页。

凡夷人贡船到岸，未曾报官船验，先行接买番货，及为夷人发买违禁货物者，俱发边卫充军。若打造违式大船，卖与夷人图利者，比依私将应禁军器下海因而走泄事情律处斩，仍枭首示众。①

另外还有一条例文是关于"夷人"来朝进贡的，路过驿站等时必须马上通过，不可以在附近贸易，违反者要处以刑罚，这是新增加的例文：

各处地方，如遇夷人入贡，经过驿递，即便起关应付，不许容令买卖，连日支应。违者重治。若街市铺行人等，私与夷人交通买卖者，货物入官；犯人问罪，枷号一个月发落。②

(三)诏令及其他

除了《大明律》和弘治《问刑条例》，明朝中后期也颁布了相关的诏令。正统前期基本还延续着仁宣时期的基本政策，正统元年(公元1436年)八月，浙江右布政使石执中等上奏到，近来日本等国家来进贡的少了，提举司、市舶司等官员"冗旷"③，请求裁减三分之二，明廷采纳了这个建议。正统年间也出现了浙江民众越境贩卖交易的现象，对此明廷"命都指挥张翥会巡按御史按察司廉之，乃复得与他不法罪，故有是命"④。代宗之后英宗复辟，再度加强海禁，天顺三年(公元1459年)七月，严厉禁止浙江等地沿海军民私自建造大船，并禁止其出海为寇，假如有违反

---

① 刘海年、杨一凡总主编：《中国珍稀法律典籍集成》(乙编第3册)，科学出版社1994年版，第481页。

② 刘海年、杨一凡总主编：《中国珍稀法律典籍集成》(乙编第3册)，科学出版社1994年版，第484页。

③ 《明英宗实录》卷二一。

④ 《明英宗实录》卷四一。

之人，“正犯处以极刑，家属发戍边卫”[①]。成化十二年二月（公元1476年）的诏令，重申了“通番之禁”[②]。总的来说，明朝虽然在洪武年间有“片板不许下海”的法律制度，“永乐—成化”年间的海洋贸易的律例也是呈现“禁通番”的趋势，但这些法律制度并没有被严格执行，洪武以后几成具文，永乐年间国家更是呈现了积极从事海洋贸易的开放姿态，成化年间更是有所谓的“豪门巨室间有乘巨舰贸易海外者”[③]，民间的海洋贸易也得到国家较大程度的默许，因而快速发展。

弘治时期颁行了《问刑条例》，其中有不少关于海洋贸易法律制度的规定，从弘治开始一直沿用。另外弘治时期的诏令内容也多以继续推行海洋贸易法律制度为主，弘治十四年（公元1501年）正月，提督会同官礼部主事刘纲上言依照旧例，各个地方的外夷进贡到会同馆，有“五日”的期限，但是唯独琉球和朝鲜不受这个限制，如今行“新例”一概而论，不如“旧例”来得便宜，明廷对此酌量从之[④]。从这可以看出，弘治年间对外夷“违法”或“违例”行为的处理，相对于国内的执法管理要更加宽松和灵活。

到了正德年间，明武宗不理朝政，海防进一步松弛，海禁亦变得宽松。同时，“抽分制”亦在正德初年施行，这同时给支持松弛海禁的官员以力争的筹码和空间。正德十二年（公元1517年），明廷下令允许一定程度的“抽分”，“不问何年，来即取货”[⑤]。到了正德十五年（公元1520年），西方殖民者吞并了满剌加，驱逐了该国国王，并且遣派使臣来华上贡。在此之前，明廷虽然对其诏许请封，但是西方殖民者变本加厉，继而留驿、盖房、掠买人口，作长久居住之状。御史何鳌就上奏到，假如听任

① 《明英宗实录》卷三〇五。

② 《明宪宗实录》卷一五〇。

③ （明）张燮：《东西洋考》卷七《饷税考》，谢方点校，中华书局2000年版，第131页。

④ 参见《明孝宗实录》卷一七〇。

⑤ （清）张廷玉等撰：《明史》（第28册）卷三二五《佛郎机传》，中华书局1974年版，第8430页。

其往来贸易,只会被其乘虚而入,那么南方海患就永无消停之日,因此必须“禁私通,严守备”[①]。对此,礼部回复以后要“严加禁约夷人留驿”[②],倘若未经允许相互私下交易,或者进贡的船舟不是刚好“正当贡期”,要“驱逐远去,勿与抽盘”[③]。

从上可看出,明朝的海洋贸易制度总体比之前朝代的海洋贸易制度趋严,其原因在于虽然明朝标榜沿袭唐律,但其实“明去唐世又七八百年,采众儒之说……补唐律,实因元律也”[④]。洪武九年(公元1376年),明太祖不遵循古法,改变体例,将《名例律》冠于篇首,下设六部,还标榜“总列《名例律》中。善用法者,会其意可也”[⑤]。这自然导致律法不足用,而后极刑《大诰》颁行天下。明代刑法偏向于用重典,如唐代盗贼三犯的罪罚明律皆加重为绞刑;而唐代奴与主斗,殴祖父母、父母者绞,明朝皆把这些罪罚改为斩刑,因此明朝比唐朝要重刑。而且法外之刑亦不胜枚举,“至于厂卫设立枷断脊堕指刺心之刑,致人于死;杨涟等之锁头拉死,则酷刑犹在法外之法外,不足论矣”[⑥]。因此导致“法司论狱,多违定律,专务刻深……夫原情以定律,祖宗防范至周,而法司乃抑轻从重至此,非所以广圣朝之仁厚也。今后有妄援重律者,请以变乱成法罪之”[⑦]。

明孝宗乃不世出的明君,但也要受到太祖制定的律法约束,“太祖之定律文也,历代相承,无敢轻改。其一时变通,或由诏令,或发于廷臣奏议,有关治体,言获施行者,不可以无详也”[⑧]。明孝宗有心想改变局面,

---

① (清)张廷玉等撰:《明史》(第25册)卷三二五《佛郎机传》,中华书局1974年版,第8431页。
② 《明武宗实录》卷一九四。
③ 《明武宗实录》卷一九四。
④ (清)薛允升撰:《唐明律合编》,怀效锋、李鸣点校,法律出版社1999年版,第623页。
⑤ 高潮、马建石主编:《中国历代刑法志注译》,吉林人民出版社1994年版,第856页。
⑥ 陈顾远:《中国法制史概要》,商务印书馆2011年版,第176页。
⑦ 高潮、马建石主编:《中国历代刑法志注译》,吉林人民出版社1994年版,第943~944页。
⑧ 高潮、马建石主编:《中国历代刑法志注译》,吉林人民出版社1994年版,第866页。

奈何“此祖宗旧例,不可废”[①]“去定律时已百年,用法者日弛”[②]。法度不平,刑法被用以政治斗争,而非用于惩治犯罪、伸张正义,这导致仅胡惟庸、蓝玉两狱“株连死者且四万”[③]。明初统治者标榜“礼顺人情,所贵斟酌时宜”[④],肆意拆分律法,又附加各种律外法规,以至“法制难以正常实施”[⑤],此乃失“平”之必然结果。其实元朝统治者并非宽平,其对于帝制统治“无拘化”的思维反倒直接影响朱元璋,明朝律法处刑均较唐律更重[⑥]。

到了嘉靖年间,榜例和诏令方面发布了较多的限制性律例。主要可以分为三个方面,对原先就并不宽松的朝贡贸易愈加限制,对部分禁榷的物品继续重申,另外就是对民间贸易严格限制。嘉靖三年(公元1524年)四月的诏令规定了:

> 交结番夷互市、称贷、绍财、构衅及教诱为乱者,如川广云贵陕西例……各论罪……揽造违式海船私鬻番夷者,如私将应禁军器出境因而事泄律,各论罪……私代番夷收买禁物者,如会同馆内外军民例……各论罪。[⑦]

此条诏令比照之前弘治《问刑条例》中的规范“会同馆”的事例,可以看到其规定的内容更加严格,限定的内容也更多。

到了嘉靖四年(公元1525年)八月,明世宗批准了浙江巡按御史潘

---

① 高潮、马建石主编:《中国历代刑法志注译》,吉林人民出版社1994年版,第915页。

② 高潮、马建石主编:《中国历代刑法志注译》,吉林人民出版社1994年版,第863页。

③ 高潮、马建石主编:《中国历代刑法志注译》,吉林人民出版社1994年版,第932页。

④ (明)余继登撰:《典故纪闻》卷一,清畿辅丛书本。

⑤ 杨一凡:《明代立法研究》,中国社会科学出版社2013年版,第209页。

⑥ 参见张国华、李光灿总主编:《中国法律思想通史》(7~9卷),山西人民出版社2001年版,第261页。

⑦ 《明世宗实录》卷三八。

儆的奏请，从潘儆的奏请可以看到，朝廷部分官员开始认为“倭患”的原因有一部分是内外勾结，因此明廷对于普通的海洋贸易行为也开始了干预：

> 浙福二省巡按官，查海舡但双桅者即捕之，所载虽非番物，以番物论，俱发戍边卫。官吏军民知而故纵者，俱调发烟瘴。旨沿海居民所造捕鲜舡，毋得概毁。①

对于海洋贸易，虽然嘉靖朝前期总体是从严到更严，但是中间依旧有所波动，比如从该条规定的沿海居民制造的捕捉鱼虾的船舶，不能一概销毁来看，嘉靖朝还是有所松动。

除了嘉靖六年（公元 1527 年）九月对之前对日贡期、贡使的规定重申，到了嘉靖九年（公元 1530 年）十月丁巳朔辛酉，嘉靖九年（公元 1530 年）十月疏下都察院，现如今各个番邦上贡，应当依照期限到达，朝廷应通过认真比对勘合来验证番邦物货，且如旧抽分，“请以镇守太监兼摄，仍严禁民间不许僭用珠饰”②。这是对于“珠饰”的禁榷的重申，单独对该物品重申，原因在于珠宝饰品本身比较贵重，且体积较小、便于携带，在之前番邦贡使的进贡过程中有夹带之嫌。同时，珠饰代表了等级差别，不允许民间随意使用，所以该条诏令特地重申。

嘉靖八年（公元 1529 年）十二月，盘石卫指挥梅毕等收受牙行贿赂，纵容私人海舟入海成寇并劫掠沿海地方，同时贩卖番夷之货，对此法司原本拟定让其“戍边”③。但是嘉靖不允许，命令巡视都御史巡视勘察地方，然后对其从重拟定罪刑，同时颁行榜文：

---

① 《明世宗实录》卷五四。

② 《明世宗实录》卷一一八。

③ 《明世宗实录》卷一〇八。

……禁沿海军民勿得私充牙行,居积番货以为窝主。势豪违禁大船举报官拆毁以杜后患,违者一体重治。[①]

对于违式大船的销毁,还有嘉靖十二年(公元1533年)九月的诏令:

自后沿海军民私与贼市,其邻舍不举者连坐……一切违禁大船尽数毁之。[②]

此条还提到了关于连坐的规定,处罚更加严格。

嘉靖三十五年(公元1556年)十二月的诏令:

过严以致资生无策,相煽从盗。宜令督抚等官止禁通番大船,其余各听海道官编成排甲,稽察出入,照旧采捕。[③]

对于"夷船"的隔绝也与当时"倭患"日趋严重的形势有关。

另外对于浙江沿海"奸民"与倭寇的通货交流的惩处也进行了加强,嘉靖三十二年(公元1553年)四月丙子朔的诏令:

巡视浙福都御史王忬条上海防事宜……一、禁近海豪民通引倭夷,以绝祸本……八、滨海顽民接济夷寇,及走漏消息者,乞以正犯处之极刑,全家发边卫充军……部覆俱从之。[④]

该规定虽然是针对地方颁行的,但也具有普遍适用性。

---

① 《明世宗实录》卷一〇八。

② 《明世宗实录》卷一五四。

③ 《明世宗实录》卷四四二。

④ 《明世宗实录》卷三九七。

朝贡方面,嘉靖十八年(公元1539年)闰七月丙申朔甲辰,日本国王源义晴再次派遣使者前来进贡,“仍严禁所在居民无私与交通,以滋祸乱”①。嘉靖十九年(公元1540年)二月甲子朔丙戌,明廷再次重申了关于贡期、夷使人数、贡船数量的规定,“违者阻回”②。

另外,嘉靖三十九年(公元1560年)正月的诏令还要求朝鲜、琉球等国家协助执法:

> 沿海逋逃之徒为贼向导者甚众,宜严行守臣多方招徕,以消祸本……宜量为贯减,并开日本国通贡之徒,若抄犯如故,则命朝鲜、琉球二国承制转谕之。③

此项诏令是为了更好地将之前违反海洋贸易法律制度之人绳之以法而通谕其他国家协助。

二、“隆庆开海”前海洋贸易法律制度的特点

(一)立法内容上相比明代前期的《大明律》等有所增加

从上述海洋贸易法律制度的颁行可以看到,“隆庆开海”前的海洋贸易法律制度在体例上并没有形成一部系统性的法律,而是散见于不同时间颁行的许多单行法规和诏令。其内容既包括对此前明朝相关制度的沿用,也包括新颁布的法律制度。

这个时期的诏令随着时间的推移逐渐演变,需要快速适应变化的沿海局势,明廷必然要意识到立法须及时的重要性。为了更好地推行法律制度,明廷在总结前面施行海洋贸易管理的经验之后,结合某个时期的

① 《明世宗实录》卷二二七。
② 《明世宗实录》卷二三四。
③ 《明世宗实录》卷四八〇。

某些特殊情况，将从严从重的原则上升到法律层面，并要求地方严格贯彻。

《大明律》是明朝最基本、最重要的法律，其法律效力一直处于最高的地位，在嘉靖年间依旧适用[①]，但作为建国初期最基本的法律，其中有些原则性规定缺少直接体现相关特点或具体违法构成，从而缺乏针对性，具体措施的执行需要特别法加以规定。弘治年间的《问刑条例》的功能为“辅律而行”之“常法”[②]，到了嘉靖时期，随着社会经济之发展，旧例之规范尤显“过时”，不可避免地反复出现类似问题，而历史过程的适应性速度往往可能比环境变化的速度更缓慢，这导致规范相对滞后，比如嘉靖年间的“倭患”更胜于前面几朝，“倭患最烈、为害最巨者要算嘉靖一朝”[③]，不仅倭寇的船舶武器花样翻新，更胜以前，同时“倭患”规模大、目标广。嘉靖年间甚至还出现了混杂共谋的犯罪，犯罪数量激增，这就导致制度或规则与环境之间产生差距，急需新例加以规范。

由于《大明律》在时间维度上存在着一定的滞后性，不能满足日益增多的海洋贸易管理问题，不利于官民守法。因此为适应当下需求，嘉靖《重修问刑条例》等律例在引用和比较之前相应的规范的基础上，根据当下具体需要制定措施。

嘉靖《重修问刑条例》等律例重在避免与《大明律》过于激烈的冲

---

① 《剑桥中国明代史》这样评价《大明律》在后面几朝的适用：“以后的皇帝，特别是在永乐帝显然非法地取得皇位以后，需要通过坚持开国皇帝的合法秩序的门面，来支撑他们的合法地位……相反，他们必须支持一种神话，即《大明律》是王朝长期不变的法律基础。他们在这样行事时，却不必受此法典的束缚，因为他们与开国皇帝一样置身于法典之上。但另一方面，他们也不能像开国皇帝那样继续修订法典。这部法典必须保持长期不变，从而提供一块合法、公平、公正统治的神话赖以存在的坚实的基石。”参见［英］崔瑞德、［美］牟复礼编：《剑桥中国明代史》（下卷），张书生等译，中国社会科学出版社 1992 年版，第 155 页。

② 杨一凡：《明代立法研究》，中国社会科学出版社 2013 年版，第 143 页。

③ （明）郑若曾撰：《筹海图编》，李致忠点校，中华书局 2007 年版，第 1 页。

突,所以大多是在原有律文的框架下制定的,其出发点是更好地管理沿海地方社会。嘉靖时期颁行的《重修问刑条例》结合数十年司法经验,以求适应当时的社会需求。所以违反海洋贸易法律制度的这些条款,本身内容方面就比之前明初颁行的明律律文要更多、更丰富,最终在实际运用中,嘉靖《重修问刑条例》的实际适用效力更强。

《重修问刑条例》体现了嘉靖时期在海洋贸易法律制度的制定上“重刑轻民”的立法传统。为符合当时法典编纂时刑事或者行政管理之类的条款,相关民事立法必须让位刑事立法,“表现在明代海外贸易立法方面就是重海禁律法”[①]。这种立法方式自然也影响到了官员实施律法的方式。

《嘉靖新例》例文中有关海洋贸易法律制度的只有一条例文,可以看到该条例文与弘治《问刑条例》中的部分条款有所重合,如关于代替“夷人”去收购、买卖违禁货物的规定,二者的内容和刑罚基本无异。另外和“夷人”发生买卖或者借贷关系,发生诓骗行为,或引发边境寻衅滋事的,需要比照其他内陆边境地区的事例进行处罚。该条例文的刑罚内容是对弘治《问刑条例》中与“夷人”贸易的重申而已,只是若该犯罪发生在边境,需要参照其他内陆边境地区的相关事例处罚,由此也可以看到海洋贸易制度和边境贸易制度之间的必然联系。《嘉靖新例》新增加了如“夷人”贡船没有到官府那里盘查检验,就自行去接受买取夷人货物然后转手卖出的罪名,这条罪名需要比照之前弘治《问刑条例》中的事例处罚。弘治《问刑条例》中处罚违反海洋贸易法律制度私下出海的规定只有一条,但在嘉靖《重修问刑条例》中处罚该行为的规定增加到了两条。

同时,以嘉靖《重修问刑条例》颁布的嘉靖二十九年(公元1550

① 洪佳期:《试论明代海外贸易立法活动及其特点》,载《法商研究》2002年第5期。

年)作为一个节点:嘉靖二十九年(公元1550年)以前,对于海洋贸易的违法行为,基本上是以嘉靖时期颁布的诏令和榜例以及《嘉靖新例》为法律依据;嘉靖二十九年(公元1550年)之后,则是以嘉靖《重修问刑条例》的规定作为依据。另外,嘉靖《重修问刑条例》中关于海洋贸易的限定达到了自明初以来在海洋贸易管理方面最为严苛的程度。凡是大船都不能下海去番邦贩卖,即便有很多货物是番邦和境外非常急需的,也不被允许,"因此条例实际上取消了一切私人海上贸易"①。

(二)处罚力度上重于《大明律》等律例

"隆庆开海"前海洋贸易法律制度的立法非常严密,跟前代相比,其立法"详尽纷繁得多"②。这种立法方式必然破坏了正常的私人海洋贸易,对"私人海上贸易的控制和打击是十分严厉的"③。如此立法虽然是迫于当时特殊的形势,但从另一方面反映了当初对于海洋贸易的基调就是趋严为主,导致在矛盾发生之时,只能顺着这个严厉禁海的基调而愈加严厉,但这也势必造成立法失衡,所谓"王者之绳民,由自绳而得绳道。是以民怿就绳,卒归于理。怼赫以示奢,矫诬以张幻,则未犹之左尔"④。与之前的法典规定相比较,嘉靖《重修问刑条例》对民间海洋贸易的限制更重,处罚力度也更重,众多刑罚超过了《大明律》的相关规定。这一方面表明了嘉靖时期明廷加大了对海洋贸易法律制度的重视程度,另一方面也表明了嘉靖时期明廷对于海洋事务的管理能力下降,只能用"一刀切"的严厉处罚来隔绝海洋贸易。具体比较如表2－1所示:

---

① 怀效锋:《明清法制初探》,法律出版社1998年版,第72页。

② 洪佳期:《试论明代海外贸易立法活动及其特点》,载《法商研究》2002年第5期。

③ 张晋藩总主编:《中国法制通史—第七卷—明》,法律出版社1998年版,第377页。

④ (明)郑若曾撰:《筹海图编》,李致忠点校,中华书局2007年版,第996页。

表 2-1 嘉靖《重修问刑条例》与《大明律》关于海洋贸易的规定对比

有关海洋贸易的规定	《大明律》	嘉靖《重修问刑条例》
私出外境贩卖马牛、丝绵等一般货物	杖一百	发边卫充军
私出外境贩卖"人口、军器"等特殊违禁之物	绞刑	处斩并"枭首示众"
"官吏通同犯罪"[1]	除需要判处死罪外,杖一百,并且不需要祸及子孙	除需要判处死罪外,发配至边卫"永远充军",并且"子孙不许承袭"

〔1〕怀效锋:《明清法制初探》,法律出版社 1998 年版,第 71 页。

如表 2-1 所示,比如《大明律》"船商匿货"条①规定那些出海贸易的商人靠岸后,把贩卖的货物向官府尽数保实即可,假如其停靠的并不是官方的岸口继而匿税,要对其处以"杖一百"的刑罚;还有些报告并不符合实际,也要对其处以"杖一百"的刑罚,并且要将那些货物尽数没入官府;而负责帮忙停靠口岸、藏匿货物的与上述犯人同罪。另外"私出外禁及违禁下海"条②规定严禁私出外境贩卖马牛、丝绵等一般货物,其相应的处罚也是"杖一百";对负责运输这些货物的人,刑罚减一等,然后用以运输货物的交通工具并不用没入官府;同时《大明律》中规定下海贩卖"人口、军器"的要处以绞刑,而对"因而走泄事情者"判处斩刑,相关负责把守的官员也要受到相应的处罚。

但是嘉靖《重修问刑条例》,对于将那些一般违反海洋贸易法律制度的货物泛海买卖的,不是像《大明律》中处以"杖一百"的刑罚,而是要将其发配至边卫充军;将如"人口、武器"等比较特殊的违反海洋贸易法律制度的货物泛海贩卖的,《大明律》对其处以"绞刑",而嘉靖《重修问刑条例》则对其处斩并且"枭首示众"③;除了在一些贡使进贡的细节上加

① 参见《大明律》卷八《户律五・课程》,怀效锋点校,法律出版社 1999 年版,第 80~81 页。

② 参见《大明律》卷一五《兵律三・关津》,怀效锋点校,法律出版社 1999 年版,第 119~120 页。

③ 刘海年、杨一凡总主编:《中国珍稀法律典籍集成》(乙编第 3 册),科学出版社 1994 年版,第 481 页。

以规定,在处罚力度上也增加了相关负责把守的官员如果违反法律制度,除了要受到之前律文中发配至边卫充军的处罚,“子孙不许承袭”[①]的规定。同时,例文中对贩售“违式大船”等特殊物资的,也要处斩并且枭首示众。另外在诏令中,对于贩售“违式大船”等特殊物资的,除了正犯要受到处罚,甚至邻居发现而不举报的也要连坐,处罚严厉的程度登峰造极。

“连坐”需要承担连带责任,这和个人责任属于相对应的关系,“中国可能是有史以来的各个中国家中,连带责任实施的范围最广、时间最长、制裁最严厉、对这一工具的依赖性最强的国家”[②]。因此这种制度长期存在,有其所谓的“合理性”,必然与规则制度所依赖的社会环境结构有联系,比如出生浙东的王阳明之前推行的“十家牌法”,其中的“乡约”就带有明显的连坐性质。

在法律形式上可以看到,明廷对朝贡贸易中贡使的贡期等具体内容的规定,更倾向于用诏令的形式颁布。此番立法是为了适时地应对社会实际的变化而修改,但由于没有形成特定的程序,往往缺乏一定的法典化的意识,刑罚上也常重于明律,缺乏稳定性。

这种制度背后是国家强制赋予民众相互监视、相互告奸的一种法定义务,从秦朝开始一直没有实质性的改变,这种制度虽然在后世被贴上“野蛮落后”的反人道标签,但在一定程度上是基于理性构建的,通过三个方式来作用:“一是设定个人行为的规则(约束条件),二是改变人的偏好(效用函数),三是协调人们的预期,进而协调均衡结果。”[③]

---

① 刘海年、杨一凡总主编:《中国珍稀法律典籍集成》(乙编第3册),科学出版社1994年版,第481页。

② 张维迎:《信息、信任与法律》,生活·读书·新知三联书店2003年版,第184页。

③ 张维迎:《信息、信任与法律》,生活·读书·新知三联书店2003年版,第194页。

所以,法律倘若具有可实施性,那么必然要求个人“追求效用最大化”①。因此,法律通常采取的不是强迫个人行为的方式,而是类似于一种变相的“诱导”②。在当时监视手段还比较落后的情况下,实施奖赏来促进制度的推行相对较难,而通过惩罚的手段更容易控制民众,“法律对于行为特征的这种依赖性,决定了法律必须更多地采用惩罚而不是‘奖赏’”③。由于时间和空间的限制,以及朝廷对于地方的执法人员配置的稀少,因此在某些特殊时期,为了更好地推行法律制度,就必然要引入“连坐”这种制度。

这样才可以具有“可观测性和可验证性”④,归根结底还是信息成本所决定的。这也就可以解释为何到了嘉靖时期,为了推行海洋贸易法律制度,要施行“邻里连坐”的制度。

从嘉靖严厉的海洋贸易法律制度及政策出台开始,呼吁开海的声音此起彼伏。一些有识之士清楚地认识到,要想改变当时倭患不绝、赋税减少的局面,就必须废除海洋贸易法律制度,实现互通有无,恢复市舶制度。嘉靖后期,随着海寇渐渐被平定,对于开海的诉求也更加明显。

第三节 “隆庆开海”后海洋贸易法律制度调整

一、“开海”诉求不断,要求废除海洋贸易法律制度

明朝后期,随着违反海洋贸易法律制度的海寇渐渐被平定,对于开

---

① 张维迎:《信息、信任与法律》,生活·读书·新知三联书店2003年版,第194页。

② 这点张维迎教授在论著中解释道:“当一项法律规定对行为X实施惩罚时,当在该法律下X不构成个人的最优选择时,这项法律才是有效的。如果在该法律下选择X仍然是个人的最优行为,这项法律就是无效的。”同时把“连带责任”称为激励机制。参见张维迎:《信息、信任与法律》,生活·读书·新知三联书店2003年版,第194页。

③ 张维迎:《信息、信任与法律》,生活·读书·新知三联书店2003年版,第196页。

④ 张维迎:《信息、信任与法律》,生活·读书·新知三联书店2003年版,第198页。

海的诉求也更加明显。“沿海商民纷纷告通海禁……福建按察司巡视海道佥事馀懋中呈，据海澄县番商李福等，连名呈称本县僻处海滨田受咸水，多荒少熟，民业全在舟贩，赋役俯仰是资。”①其实从嘉靖朝开始，呼吁开海的声音便已此起彼伏。当时层出不穷的“开海论”认为，应当适当调整“片板不许下海”的祖宗之法，要想改变当时倭患不绝、赋税减少的局面，就必须废除海洋贸易法律制度，恢复市舶制度，确保海洋贸易互通有无。

明朝中叶的官员认为朝廷总是拒绝日本迫切朝贡和开放贸易的需求，其理由是当时的日本有暗通奸臣之嫌，因此不应当与他们联络。虽然确实应当注意国防安全，但不能因噎废食，需认识到当时的中国也需要日本的货物。宣德年间以后，日本就“自后求贡不绝，盖非贡则不能得所用之物，其意诚不在贡，而在商也”②。钱薇在《海上事宜议》中谈到满足日本的供应需求，可以达到消除倭患的目的，“其(倭奴)地无良田可耕，渔海自给，又乘舟南北市籴，其土坟垆，有金玉而无陶冶，屋覆不以瓦仰中国之润土，为陶为甗，其嗜中国物”③。

这就好比“西番之嗜茶也，西番不得茶，必寇掠”④，而日本“亦假寇通商，始得所欲，否则沿海为寇，势所必至也”⑤。因海患而阻隔交流，属于因噎废食，会使得劫掠的祸端一波未平一波又起，所以应该“复立市舶，以通沿海之商，使海道宪臣监督之，时当请贡”⑥，可以“照广东先朝旧规，亮抽一两”⑦。除了沿海民众出现私下沟通日本、投靠豪强，进而造成

---

① (明)许孚远:《疏通海禁疏》。

② (明)钱薇:《海上事宜议》。

③ (明)钱薇:《海上事宜议》。

④ (明)钱薇:《海上事宜议》。

⑤ (明)钱薇:《海上事宜议》。

⑥ (明)钱薇:《海上事宜议》。

⑦ (明)钱薇:《海上事宜议》。

事端的极端违法行为的,必须对其"罪坐不宥"[①],并不需要再继续禁止华人下海通番。总之,如钱薇所述,开海不但可以得到货物供给,收取税收利益,抑制奸商诱惑,还可以避免海贼焚烧抢劫,减少执法机构设立的成本,"是在持衡者审计其宜,庶异日有息肩之期耳"[②]。所以如果一味禁海,官员不明开海之益处,就容易被奸人所误导,"皆措置失宜以至溃决"[③]。

另外,东南沿海地区经济规模发展以后,某些官员认识到已经有一些别有用心的"声音",对海洋贸易的潜在规模和迫切需求进行歪曲。[④]这些"声音"无法准确地描绘现有的有利因素,却在不断扩大不利的因素。朝廷上层被这些错误的"声音"误导,作出了不必要的误判。所以这些官员针对已经出现的误判,认为采取比较"温和"的态度来慢慢推行"开海"比较稳妥,要及时言明开海的好处,比如开海既可以满足"常税"的经济需求,又可以起到"消弭倭患、维护稳定"的作用。如唐顺之在《条陈海防经略事疏》一文中虽不完全赞同开海,但也承认"度不能闭,则国收其利权而自操之,是为中策"[⑤],开海对国家发展有一定的用处。兵部尚书郑晓云也谈到,重新开放市舶,有助于慢慢消弭倭患带来的消极影响,"不复市舶,倭人必欲售货,奸民必欲牟利,为盗必不已,重臣无可召还之期。盖非设重臣,无以戡目前之棘祸,非复市舶,无以塞日后之乱源。开设市舶,会典中有之,诸巡抚奏疏及信国各志墓志、行状、传中,皆有之矣"[⑥]。唐枢谈到"浙东巨寇"[⑦],这些巨寇"入海门以为前

---

① (明)钱薇:《海上事宜议》。

② (明)钱薇:《海上事宜议》。

③ (明)钱薇:《海上事宜议》。

④ 参见苏惠苹:《试析明清时期闽籍士绅关于"开海"、"禁海"问题之态度》,载《中国社会经济史研究》2015年第3期。

⑤ (明)唐顺之:《条陈海防经略事疏》。

⑥ (明)郑若曾撰:《筹海图编》,李致忠点校,中华书局2007年版,第854页。

⑦ (明)唐枢:《简分守公》。

泊,事急出洋"[①],同时阐述当时沿海作乱的巨寇多是华人,"许栋、李光头之乱皆系我人,……无所归巢而发,彼虽勾合佛郎机船"[②],原因是"以不通商为迫"[③]。

这些在民间从事走私的"海寇"从不按部就班地遵守海洋贸易法律制度,对禁令熟视无睹,甚至有些"海寇"以频繁"违法"而闻名,就是"无法通商"的潜在压力迫使其频繁地触犯规则。唐枢在《复胡梅林论处王直》中又谈到,日渐强大的地方利益集团由于不甘愿在地方的严格监管下束手待毙,势必想方设法地寻找机会走规则的漏洞,"切念华夷同体,有无相通,实理势之所必然"[④]。所以,明廷过度地干涉浙东地区的海洋贸易,只会导致其行政管理方式无法适应利益集团日益迅速发展的节奏。这种滞后性亦会使得朝廷制定的海洋贸易法律制度的推行受阻,其原因是缺乏前瞻性,"中国与夷,各擅土产,故贸易难绝,利之所在,人必趋之"[⑤]。因此,这种顽疾一旦根深蒂固,海洋贸易法律制度之后就会丧失灵活性,从而影响经济发展和边境安定。"本朝立法,许其贡而禁其为市。夫贡必持货与市兼行,盖非所以绝之,律款通番之禁,下海之禁,止以自治,吾民恐其远出以生衅端"[⑥]。

因此必须积极推行海洋贸易,"例观广福通商行税"[⑦],属于"同仁之政"[⑧],"开市必有常税,向来海上市货暗通,而费归私室,若立官收料,倍于广福多甚"[⑨]。总之,开放海洋贸易便可使沿海边境从此安定,之前弊

---

① (明)唐枢:《简分守公》。
② (明)唐枢:《简分守公》。
③ (明)唐枢:《简分守公》。
④ (明)唐枢:《简分守公》。
⑤ (明)唐枢:《简分守公》。
⑥ (明)唐枢:《简分守公》。
⑦ (明)唐枢:《简分守公》。
⑧ (明)唐枢:《简分守公》。
⑨ (明)唐枢:《简分守公》。

端重重有损公法的市舶制度也能得到改良，从而有助于实现海上晏宁。“市舶权重，市者私行。虽公法荡然，而海上晏然百年，此乃通商明验。今之议者，若谓王直不当宥，则可，若以市法永不当开，则恐非细思而详考也”①。因此“开海”需要立足长远，发挥地方主动性，这样才可能预料到出现繁荣和萧条的周期，从而更好地规划经济规模的变革，以便消除法律制度对正常海洋贸易的不利影响，满足国家和民众的不同需求。

二、海洋贸易在闽广等地局部合法化

隆庆年间的开海，对当时已经持续施行了长达两个世纪的海洋贸易法律制度的明朝来说，无疑既对其政治观念和立法宗旨造成了巨大的冲击，也表露出社会已经到了迫切需要开海的地步，这种社会诉求的背后蕴含着深刻的历史背景。在明代的大部分时间里，东南沿海的商人的存在都是“非法的”，出海做生意的人被称为“海寇”或者“海盗”。

明朝与周边某些国家保留了一些官方的朝贡关系，维持了一定的朝贡贸易活动，这种只允许官方朝贡贸易的行为，本身就是对海洋贸易的一个沉重打击，与之前的海洋贸易价值观完全相反。这使得很多商人转而成为盗贼，实施完盗窃之后又转为商人，商人和盗贼的界限变得不是那么明确。当时海商多请贫穷的倭人提供防卫。找这些乌合之众并不困难，因为沿海豪绅一直与倭人保持着贸易关系。明廷加强海禁以后，一些“奸商”的利益受损，往往拖欠倭人的雇佣费而不偿还，这更加激化了矛盾。这些“真倭”“假倭”为了自身的利益，慢慢形成了团伙，比如陈东、徐海之辈，久而久之便引发了更大规模的“海患”。这不可避免地给东南沿海地区的早期居民带来了灾难和痛苦。

所以隆庆年间的开海是官方意识和民间博弈的结果，是为了挽救日益严重的民生凋敝，让民间不再于这种恶性循环的惯性中日渐沉沦。除

---

① （明）唐枢：《简分守公》。

了面对社会民生的问题，明王朝也面临着严峻的边境危机，浙闽广等地区的沿海边患加深，灾患此起彼伏，长久积累的政治上的“不稳定”导致了社会动荡，明王朝陷入越来越严重的危机。但国家政策、经济运行的实践经验缺乏，边境军事防御、人才选拔等鲜有成效，阶级矛盾、民族危机和边境危机笼罩着整个明王朝，这种社会动荡必然酝酿着历史转折点。

所以为了缓解社会矛盾，缓解执政危机，隆庆皇帝和内阁认为改革迫在眉睫。针对之前对海洋贸易的执法管理不善，如今必须采取相应的举措，使海洋贸易执法管理有明显的积极变化，这样方能进一步缓和社会矛盾。海洋贸易制度能在隆庆时期发生转变，还和隆庆本人有关。隆庆即位后，与内阁互动互补、相互影响。当然，隆庆年间内阁大臣反复更换，也表明至关重要的决定权依旧掌握在皇帝手中。只是在隆庆以前内阁成员之间的政治斗争此起彼伏，门生故吏相互弹劾，到了隆庆年间则相对趋于缓和。同时，随着商品经济发展，“开海”势在必行，嘉靖时期全面禁止的海洋贸易法律制度让所需要的产品无法畅通，禁海终究弊大于利，所以到了隆庆时期，开放禁令已经刻不容缓，“通彼我之情，立可久之法，除盗而不除商，禁私贩而通官市。可不费一镪，不损一人，海上帖然至今耳”①。

隆庆年间的开海也非一帆风顺，仍然有臣僚要求厉行嘉靖时期的海洋贸易法律制度，“申严海禁，并御倭未尽事宜，以弭隐患事，内开凡有贩番诸商，告给文引者，尽行禁绝，敢有故违者，照例处以极刑……着该抚按官，严加禁缉，犯者依律究治”②。嘉隆交替之间，依旧存在各种不衔接的问题。最终，在隆庆初年，臣僚涂泽民上疏应当“因势利导”开放市舶，

① （明）徐光启：《海防迂说》。

② （明）许孚远：《疏通海禁疏》。

而后“易私贩而为公贩,议止通东西二洋”[①],明廷方于福建漳州月港开放海禁,史称“隆庆开海”。

之后万历朝承接了隆庆时期基本的立法趋势,以有限度的开放为主,遇到特殊情况也会采取禁海,但是总体而言还是延续了隆庆时期的基调。

当时主要的律例主要分为两种,一是关于税收、船引的律例,二是关于管理私人的律例。关于税收的律例又分为关于一般物品的税收律例和关于特殊物品的税收律例,主要内容有:

隆庆六年,“于是议征商税,以及贾舶。贾舶以防海大夫为政”。[②]

万历三年,“请税舶以充兵饷,岁额六千……条海禁便宜十七事,著为令。于时商引俱海防官管给,每引征税有差,名曰引税……每请引百张为率,尽即请继,原未定其他而限其船”。[③]

万历十七年,“议将东西洋贾舶题定额,数岁限船八十有八,给引如之。后以自变量有限,而愿贩者多,增至百一十引矣。其征税之规有水饷,有陆饷,有加增饷。水饷者,以船广狭为准,其饷出于船商。陆饷者,以货多寡计值征输,其饷出于铺商。又虑间有藏匿,禁船商无先起货,以铺商接买货物,应税之数给号票,令就船完饷,而后听其转运焉。(西洋船面阔一丈六尺以上者,征饷五两,每多一尺加银五钱。东洋船颇小量,减西洋十分之三。陆饷胡椒、苏木等货,计值一两者,徵饷二分……)加增饷者,东洋吕宋,地无他产,夷人悉用银钱易货,

① (明)许孚远:《疏通海禁疏》。

② (明)张燮:《东西洋考》卷七《饷税考》,谢方点校,中华书局2000年版,第132页。

③ (明)张燮:《东西洋考》卷七《饷税考》,谢方点校,中华书局2000年版,第132页。

故归船自银钱外，无他携来，即有货亦无几，故商人回澳，徵水陆二饷外，属吕宋船者，每船更追银百五十两，谓之加征”。[①]

万历十八年，“量减至百二十两。每岁夏仲至秋中，风汛届期，贾客扬帆归抵海外，经过南澳、浯铜诸寨及岛尾濠门、海门各巡司，随报饷馆，逐程遣舟护送，以防寇掠，实欲稽察隐匿宝货云”。[②]

万历二十一年，“倭寇朝鲜，闽以震邻，禁止通贩海上，人辄违禁私下海，或假借县给买谷、鱼之引，竟走远夷……凡留贩人船，不论从前有引无引，日远日近，俱许驾回诣官轮饷如故事。凡私通及压冬情罪，一切宥免”。[③]

从上述律例可以看到，明廷于隆庆六年（公元1572年）开始征收商税，于万历三年（公元1575年）开始将船舶税用来充当兵饷，并规定了定额以及海防官负责征收。万历七年（公元1579年）的相关律例规定得比较详细，既规定了船舶的数量，又规定了征税的种类。此条律例不但有对一般货物的饷税的规定，还有对如苏木胡椒的特殊物品的饷税的规定，属于开海中的“禁榷制度”。万历十八年（公元1590年）的相关律例既规定了饷税数量的减少，又规定了与客商进行海洋贸易时，需为客商保驾护航，防止海寇侵犯劫掠。万历二十一年（公元1593年），因为海寇问题，明廷又一次禁止通番贸易。

上述律例依旧并非完全开放，“给引”的规定很严格，“如所报有差错，船没官；物货斤数不同，货没官”[④]，处罚也很严格；同时轮流委托各府征收，但外面州府官员来往不方便，需增设供应，人力花费加倍，因此要

① （明）张燮：《东西洋考》卷七《饷税考》，谢方点校，中华书局2000年版，第132页。
② （明）张燮：《东西洋考》卷七《饷税考》，谢方点校，中华书局2000年版，第132～133页。
③ （明）张燮：《东西洋考》卷七《饷税考》，谢方点校，中华书局2000年版，第133页。
④ （明）张燮：《东西洋考》卷七《饷税考》，谢方点校，中华书局2000年版，第137页。

做到不违背原来规定又要合宜，其实并不容易。而且，“洋船多以百计，少亦不下六七十只，列艘云集，且高且深。委官二员，竭力莫胜”[①]，这增加了行政执法成本。这表明原先管理市舶的宦官虽然被罢黜，但是毒害还存在，税收表面上看起来减少了，其实实质上依旧没有减少，税务负担依旧很重，“惟是上下，相维美意，行其良法，使害马既去，鲛泣长收，纵蠲少犹多也”[②]。

另外徒增了“官害”“吏害”“奸商之害”[③]，官吏差役百般欺诈勒索，衙役们“上以尝官，下以蚀商”，自己私藏一半，只上缴一半。甚至有时候，衙役们比某些官员还贪婪。官员们因为贪污受刑，底下的衙役们依旧中饱私囊，而“奸商”们欺负零散的宾客，颐指气使，互相呼应，鱼肉钱财，官员即便发现了，也大多隐匿不报。三害不除，“将见吏书以积包者为市，包棍以船主为市，船主又以商梢为市”[④]。因此，必须严格禁止这些官吏私自到海外载送货物，并命令官吏在看守时，只可在海边观望，不允许靠近停泊，必须“商人宽一分则受一分之惠，诸蠹减一分则省一分之害，厘弊拯急，……酌为规条”[⑤]。

总之，船舶税制度是官方与民间共同努力的结晶，是一个缓慢而渐进的过程。实际上，这一过程不仅反映了官方与民间之间的默契，更是沿海地方官员多年对实际船舶征税经验的总结，是官员与民众互动的结果，旨在共同抵制不良官员的行为。早在嘉靖年间，为了打击违反海洋贸易法律的海盗，政府实施了严格的海禁政策，彻底禁止互通商贸，这对国家财政造成了重大影响，以往的禁令亟须改变。此外，特殊的地理环境使得沿海地区的地形相对封闭，这导致海洋贸易法律在浙闽沿海具体

---

① (明)张燮:《东西洋考》卷七《饷税考》,谢方点校,中华书局 2000 年版,第 137 页。

② (明)张燮:《东西洋考》卷七《饷税考》,谢方点校,中华书局 2000 年版,第 135 页。

③ (明)张燮:《东西洋考》卷七《饷税考》,谢方点校,中华书局 2000 年版,第 136 页。

④ (明)张燮:《东西洋考》卷七《饷税考》,谢方点校,中华书局 2000 年版,第 136 页。

⑤ (明)张燮:《东西洋考》卷七《饷税考》,谢方点校,中华书局 2000 年版,第 136 页。

执行时常半推半就。

这种现象不仅是因为地方官员为应对上级对情况的不熟悉而采取的策略，也与执法力量的配置不对称密切相关。然而，隆万时期相关税收政策，不仅能够完善财政，亦能减轻民众的负担。因此，开放海禁将有助于使沿海地区居民稳定下来，解决东南部地区在海防管理和执法力量不足的问题。倘若仍如隆庆年间那般，仅仅依靠长期动员军队去打击海盗，这无疑只是权宜之计，难以根本解决问题。

第三章

海洋史视野下明代中后期海洋贸易法律制度的具体实施

第一节　市舶司的废设与贸易制度调整

一、市舶司的废设

明代中后期对朝贡贸易开始严格限制，其导火索是嘉靖二年（公元 1523 年）的“宁波争贡”事件。早在正德五年（公元 1510 年）四月，日本国使臣宋素卿“充”正使进贡，宋素卿本来是浙东鄞县人，于弘治年间逃到了日本，此番来贡被当地族人认出并告发。礼部据此认为宋素卿本是中国人，私自逃到日本国，本来是要被追究责任的，但既然是作为夷国使臣，为显示明朝“德威”将其遣送回国，假如宋素卿再生事端，必将“族诛之”[①]。借此也敦促负责执法备倭镇巡的官员，以后要对来华进贡的外夷严加盘查，不要再产生此类弊端。所以到了嘉靖二年（公元 1523 年）六月，终究酿成“宁波争贡”事件：

① 《明武宗实录》卷六二。

日本国夷人宗设、谦导等赍方物来，已而瑞佐、宋素卿等后至，俱泊浙之宁波，互争真伪，佐被设等杀死。素卿窜慈溪，纵火大掠；杀指挥刘锦、袁琎，蹂躏宁、绍间，遂夺舡出海去，巡按御史以闻。得旨："切责巡视、守巡等官，先是不能预防，临事不能擒剿，姑夺俸。令镇巡官即督所属调兵追抚，并核失事情罪以闻，其入贡当否事，宜下礼部议报。"①

造成这次"宁波争贡"事件的直接原因就是贡使、贡期不明，而市舶司太监乘机受贿更加激化了矛盾。永乐二年(公元1404年)明廷与日本建立"勘合"②，并且将贸易港口定为东南沿海地区的宁波。该行为的初衷是把日本纳入明廷的朝贡体系，这样可以规范与日本原先混乱的"交易"模式。

当然，这也和当时室町幕府暂时控制和稳定住了南北朝之混乱有关。后来室町幕府开始丧失权威，大内、细川两位大名互相争夺对明的"贡权"，细川氏得到堺商人支持，大内氏得到博多商人支持，二者本身的矛盾就很激烈。之后加上宋素卿的搅和，其贿赂市舶司太监赖恩，导致了走朝贡程序的大内氏反而陷于次级待遇，这才爆发了"宁波争贡"事件。"访问宗设倭舡先到，而盘货在后。素卿倭舡后到，而盘货获不。宗设内已不平，及舶市太监置酒命坐。又以宗设席次，抑置素卿之下，其心愈加怀愤。搆此祸端，实为戎首。若不明正典刑，枭首海滨，则将来射利効尤之徒，习为谋叛，靡可遏绝。"③

因此，当时明廷鉴于宋素卿的行径，认为必须严惩"重行诛赏，大明

① 《明世宗实录》卷二八。

② 所谓"勘合"，即明廷为贯彻朝贡贸易方针，向对方发送盖有骑缝章之文书，以证明贡船之身份。对方来贡，必须持该证书，明廷核对原先留在底簿上之印章，洪武十六年(公元1383年)与占城等国贸易时开始执行。

③ (明)李承勋：《勘处倭寇事情以伸国威疏》。

陟罚,庶人心以定,国威以伸”[①],尤其是宋素卿本是宁波人,背弃中国。“法所必诛……若不明正典刑,枭首海滨,则将来射利效尤之徒,习为谋叛,靡可遏绝”。[②] 于是该事件送都察院详细查明,朝廷仍然将这几人押至浙江,等到查明真伪来历再一同处治,甚至对但凡与其有所联系的人一并惩处。“其宋素卿、宗设党与见在监候者,中间审有中国从叛之人,俱各一体枭首示众,仍要拘审乡邻里老人等……知情与交通贸易,或为乡导奸细之人,鞫问情真,照依律例问拟,奏闻从重严禁以杜后患,其余审无他情。”[③]

可以看到“宁波争贡”事件中充分暴露了负责执行管理海洋贸易的相关官员的疏忽处置导致了混乱的恶果。

二、朝贡贸易严格限制

“宁波争贡”事件发生后,虽然朝贡贸易开始受到严格限制,但并未被完全隔绝。嘉靖十八年(公元 1539 年),日本策彦周良等进贡明朝,“策彦周良天文十六年(1547 年)以正使身份访问明朝,7 月 2 日到嵜山登陆,等到第二年 3 月 10 日才得入宁波府(之后的日程是 4 月 18 日入北京,其间数次进宫。八月九日辞别北京)。等候期间动用各种公私渠道以求早日进入宁波。从县令的晓谕中能看出使节团的焦躁”[④]。其间策彦周良将见闻写成《策彦和尚初渡集》,到了嘉靖二十七、二十八年(公元 1548、1549 年),策彦周良又进贡明朝,再编《策彦和尚再渡集》,该书详细介绍了位于东南沿海地区的宁绍等地的商贸。[⑤]

---

① (明)李承勋:《勘处倭寇事情以伸国威疏》。

② 参见(明)李承勋:《勘处倭寇事情以伸国威疏》。

③ (明)李承勋:《勘处倭寇事情以伸国威疏》。

④ 金国平、贝武权主编:《双屿港史料选编 · 日文卷》,海洋出版社 2018 年版,第 821 页。

⑤ 参见范金民:《明代嘉靖年间日本贡使的经营活动——以策彦周良〈初渡集〉、〈再渡集〉为中心的考察》,载《中国经济史研究》2012 年第 4 期。

一方面随着“海患”形势的越发严峻，另一方面因为日本国来华朝贡依旧时常不遵循规定，经常不按照对日朝贡贸易制度的十年一贡、船不过三、人不过百的规定，所以日本国来华朝贡却被“阻回”的现象时有发生。

嘉靖二十三年（公元1544年）八月，日本国派遣使臣释寿光再次前来进贡，由于日本国已经在嘉靖十八年（公元1539年）入贡朝觐过，根据日本国贡期为十年之例，礼部认为贡期未至，应阻回；对此明廷亦下诏认为：

> 如例阻回，方物仍令本夷带还；各该所司省发起程。①

嘉靖二十六年（公元1547年）十一月，日本国王源义晴派遣使臣策彦周良等求贡，策彦周良使团的贡船有四艘，并且共有六百人先期而至。其被把守的官员阻拦，并被上报到朝廷，明廷回复：

> 倭夷不守贡期，又挟带人船越数，三司巡海等官不遵例阻回，乃容潜住港外，引起事端。且往年宗设之叛尚未正法，其令新巡抚官亟为处分，及宋素卿曾决否一并查奏。②

嘉靖二十七年（公元1548年）六月，日本国贡使策彦周良等六百余人驾驶着海船一百多艘前来朝贡，进入浙江边界。时任浙江巡抚朱纨上报至朝廷请求如何处理。礼部回复道：

> 宜令纨循十八年例，起送五十人赴京，余者留嘉宾馆，量加

---

① 《明世宗实录》卷二八九。

② 《明世宗实录》卷三三〇。

> 赏犒，省令回国。至于互市、防守事宜，俱听斟酌处置，务期上遵国法，下得夷情，以永弭边衅。[①]

嘉靖三十四年(公元1555年)四月，巡按浙江御史胡宗宪也上奏到，如今日本国派遣使臣来朝贡，经常不按照贡期随性而来，而且恐怕有“岛夷入寇之状”[②]，所以应要求他们在半年内“立法钤制”[③]，假如做不到，那就是“阳为入贡，阴蓄异谋，仍禁遵例，径自阻绝”[④]，明廷同意了胡宗宪的奏议。胡宗宪为此还建议“备行宁波府卫市舶提举司”[⑤]，这样的话，假如有日本国的贡船前来朝贡，可以“合行遵照题准事例”[⑥]。

日本国来朝贡，经常不按照朝贡贸易制度的十年一贡、船不过三、人不过百的规定，这有一定的原因。比如，为了保驾护航，确保航道上的安全，“贡舟高大，势须五百人，中国商舶入夷中，往往岁匿海岛为寇，故增一艘者护贡舟也，非敢故违明制”[⑦]。

当然，最重要的是为了满足贸易的需求。当时明初成立了三个市舶司，“浙江者专为日本入贡”[⑧]，其成立的目的之一就是方便贸易。而后来所谓的海贼“公然擅番舶之利，而中土之民，交通接济”[⑨]，是本末倒置的堵塞之法，因为利益而无法禁止，同时改疏为堵，也破坏了“国初设立市舶之意”[⑩]。另外，这些所谓的“违例”现象，在嘉靖朝之前和嘉靖朝前期也普遍存在，但未像嘉靖朝后期这般严厉禁止。由此可以看出，到了嘉

---

① 《明世宗实录》卷三三七。

② 《明世宗实录》卷四二一。

③ 《明世宗实录》卷四二一。

④ 《明世宗实录》卷四二一。

⑤ (明)胡宗宪:《题为献愚忠以图安壤事疏》。

⑥ (明)胡宗宪:《题为献愚忠以图安壤事疏》。

⑦ 《明世宗实录》卷三四九。

⑧ (明)唐顺之:《条陈海防经略事疏》。

⑨ (明)唐顺之:《条陈海防经略事疏》。

⑩ (明)唐顺之:《条陈海防经略事疏》。

靖朝尤其是后期,明廷对于朝贡贸易的限制越发严格了。

第二节　地方通过行政手段打击民间贸易,形式灵活多样

自宋代以来,东南沿海地区的海洋贸易异常繁荣,民间私人贸易更是蓬勃发展,且在数百年间几乎没有引发过麻烦与冲突。然而,自明初以来,随着参与海洋贸易的人员构成愈加复杂、规模不断扩大,中央和地方的许多官员开始认为嘉靖年间倭患的根源在于民间海洋贸易,因而要求"禁止"一切海洋通商。

在某些禁令颁布后,宣德时期逐渐兴起的几种海上贸易形式也随之沉寂。这些私人贸易的形式包括:一是私自建造或租用海船前往其他地区贩卖商品;二是招揽外地商船来浙东沿海进行交易;三是与朝贡使臣私下进行非法交易,委托使臣携带和运输货物等。这些贸易形式的渐渐断绝,反而加剧了不稳定性。除了在朝贡贸易方面实施严格限制,明廷对于民间私人贸易的打击也毫不手软。禁令具体落实到地方时,虽然存在一定的变通,但总体而言,地方政府在执行禁令时的力度往往超过中央的立法要求。

一、严保甲连坐之法

嘉靖时期的诏令特别规定了"邻舍不举者连坐"[①],直接将处罚的范围增大,将法律责任扩大到了邻舍。基于沿海的私人海洋贸易屡禁不止的情况,明廷欠缺配套的管理机制和控制方式,所以需使用"连坐"的刑罚手段。这一方面反映了统治者将律例推向另一个严酷的极端,另一方面也暴露了统治者在管理地方事务上的无力。否则,明廷没必要违背自

① 《明世宗实录》卷一五四。

古以来在表面上标榜的“慎刑”姿态,而一再将处罚力度和广度扩大,以致用上了“连坐”。

东南沿海地区的地方官员除了严格执行中央颁布的海洋贸易法律制度,还要结合当地的实际情况,制定如“保甲法”之类的制度。地方官员适用“保甲法”,是因其认为浙东沿海地区的“海寇”常与沿海居民有“联系”,时常出现沿海民众做“向导奸细”、内外接济窝藏的现象,所以“若非申严保甲之法,以谨讥察,恐无以弭盗合行”①。当时受到信息滞后等客观条件的限制,“海上之寇,某为首乱,某为佐,某为胁从”②,根本无从分辨。同时,又由于以往行政管理的混乱,对于当年的黄册内的民数有多少,谁人在册均无从知晓。

逃走了多少贼寇,藏匿了多少奸民,更是无从谈起,“太祖立黄册欲知民数也,今逃去为贼者动云几万,试问县官本县,某人作贼去讫?则县官必无以应然。则每年黄册岂非虚设乎?”③。

所以,地方官员为了贯彻中央对于海禁的立法,只得“当行有司严为保甲之法”④,同时钩考户籍名册,要求当时的“守巡兵海等道,通查各府、州、县、城市、乡村,每十家编为一甲,选一甲长,每十甲编为一保,选一保长平居责令,互相讥察”⑤。

严禁东南沿海地区的居民外出为非作歹,不许其容留违反海洋贸易法律制度的倭寇,“并有窝隐不举者,一家犯罪,九家连坐。甲长犯罪,保长连坐”⑥。同时每家需要配备相应防御工具,这样“一家有警,甲长鸣锣,九家齐应,如贼势重大,保长鸣锣,九甲齐应,一保鸣锣。各保齐应”⑦。

---

① (明)赵炳然:《海防兵粮疏》。
② (明)茅坤:《条上李汲泉中丞海寇事宜》。
③ (明)茅坤:《条上李汲泉中丞海寇事宜》。
④ (明)茅坤:《条上李汲泉中丞海寇事宜》。
⑤ (明)赵炳然:《海防兵粮疏》。
⑥ (明)赵炳然:《海防兵粮疏》。
⑦ (明)赵炳然:《海防兵粮疏》。

假如有人不出来相助,“许被盗之家,告官或访出,通行治罪”[①]。同时出于行政执法成本的考量,这些“海寇”的“父母、妻子、兄弟、朋友、隣右”,假如“有能自行首鸣者勿连坐,不能首鸣而他人告发验实,则以其罪罪之,仍量以所犯之赀充赏”[②],另外倘若上述人员“有能私缚所犯来归者,并亦得免死赏如之”[③]。但若有人搬弄是非、藏匿罪犯,“曲为设法,如此其故行匿党而不以告者,并得论罪如律”[④]。

当时推行“保甲法”的浙江官员为数不少,如浙江按察司副使谭纶就曾在浙江地方推行此法,又如浙东巡抚朱纨也适用了此法,其适用此法的目的是“严其保甲,令民沿海运籴,则广浙有无相通,而福民不患于无食矣”[⑤]。推行“保甲法”的浙江官员中比较突出的是浙江巡抚王忬。王忬在担任浙江巡抚时也要求“严保甲连坐之法”,一再强调要“申明律以正刑诛”[⑥],要严格执行海洋贸易法律制度,并且要将当时违反禁令的海贼进行分类,“海贼之种有二,有劫掠而不通番者,有通番而兼行劫掠者”[⑦]。

王忬认为这些“海贼”潜逃番邦,进而骚扰中国,如此“嚣张”的原因就在于其有渔民接济,“奈何滨海顽民,图贼厚利,从而贩取柴米酒肉以餽之,打造枪刀铅铳以助之,收买违禁货物以资之,饰送娼优戏子以悦之”[⑧]。于是严格命令下属的参将等官员,若遇到前面所说的这些海贼和接济之徒,必须一同处理,“遇有前项番船突入为患,于法不许互市通贡者,实时会兵驱勦,生擒人犯鞫问明白,听遵照谋叛强盗之律。奏请处决

---

① (明)赵炳然:《海防兵粮疏》。

② (明)茅坤:《条上李汲泉中丞海寇事宜》。

③ (明)茅坤:《条上李汲泉中丞海寇事宜》。

④ (明)茅坤:《条上李汲泉中丞海寇事宜》。

⑤ (明)郑若曾撰:《筹海图编》,李致忠点校,中华书局2007年版,第269页。

⑥ (明)王忬:《条处海防事宜仰祈速赐施行疏》。

⑦ (明)王忬:《条处海防事宜仰祈速赐施行疏》。

⑧ (明)王忬:《条处海防事宜仰祈速赐施行疏》。

枭示沿海，庶几内奸寒心，外寇屏迹，而将士亦无反坐之虑矣”[①]。

另外王忬认为还要“惩首恶以绝祸本”[②]，对于首要分子、“势家大姓”要严加打击，“仍前勾引倭夷，查究明实，一面先行拘系，一面具由奏闻，即遣官拿解京师，明正典刑，以警其余……亦得仰窃余威禁伏奸宄矣”[③]。对于一些胁从犯要相对宽宥，给予改过自新的机会，“遵照敕谕已遍示胁从贼犯，准令投首。及擒获疑似之徒，悉从末减，冀离贼党……其捕盗不法之人，酌量情罪，暂听臣收取立功，如无劳效，仍照原拟处置”[④]。同时他在执法过程中提出了建议，指出缺少“严接济”的“新例”，明廷对东南沿海地区的民众接济海寇的处罚不够严明，“但查历年明例，止严通番之条，而不及于接济。盖彼时此风尚少，未便奏闻，即今接济之奸。已遍于漳泉、宁波矣，而可不严定法制乎？”[⑤]。其认为必须规定“新例”严加处罚，同时要求“行都察院榜示沿海地方，以杜接济”[⑥]。

所以上述“保甲法”的确立和实施，表明明廷从中央到地方，在执行力和控制力方面出现了一定的问题，体现了明廷对于控制力减弱的无奈，其无法有效管理海洋贸易。所以必须要借助违背“慎刑”法理的“保甲法”，这表明“法司以事已经乱，货应入官，且无从索之”[⑦]。

二、利用东南沿海的区域优势以加强执法能力

明廷对于海洋贸易法律制度实施情况的监察一直没有放松，时常派遣官员认真勘察。嘉靖十四年(公元1535年)四月，工科给事中潘九龄

---

① (明)王忬:《条处海防事宜仰祈速赐施行疏》。

② (明)王忬:《条处海防事宜仰祈速赐施行疏》。

③ (明)王忬:《条处海防事宜仰祈速赐施行疏》。

④ (明)王忬:《条处海防事宜仰祈速赐施行疏》。

⑤ (明)王忬:《条处海防事宜仰祈速赐施行疏》。

⑥ (明)王忬:《条处海防事宜仰祈速赐施行疏》。

⑦ (明)郑若曾撰:《筹海图编》，李致忠点校，中华书局2007年版，第173页。

奉命去查勘沿海失事,向上级申报了地方的海洋贸易法律制度实施情况:“滨海贼舡流劫,互相隐蔽,及事发又不深究,是以日益怠弛,宜申明律令,有犯者必重惩之……浙、福二省海洋,相接中间,盗贼出没,官军彼此推调。宜令协力驱剿,若或福贼入浙,或浙民下海,许各巡按互参其海道等官罪之。”①

地方官员为了更好地贯彻明廷关于海洋贸易的禁令,除了推行“保甲法”,还利用东南沿海地区的区域优势加强执法能力。地方官员为加大执法力度,会联合东南沿海地区的乡里共同执法,利用渔民去对付违反海洋贸易法律制度的海寇。因为要想达到“速剿”的目的,必须要有万全之策,而速剿的最好方法,“莫如因其乡间,而用海人,以攻海贼”②。

因为当时沿海地区的海寇数量往往不过千,而且其船只也小,来去自如,不好控制,所以要发挥浙东的区域优势,“亦以长于舟楫者制之简其精锐”③,来辅助海洋贸易执法。所以地方执法部门联合乡里共同执法的最重要原因就是众多海贼本身就出自沿海民众,甚至有些海贼还与民众保持着私下来往,所以浙东沿海民众对于海贼的熟悉程度,恐怕要超过某些地方官员自身。同时,当遇到“缉捕无术”“抚绥失宜”④之时,应对方式较为灵活,往往抚和剿并用,防止“州县之权益轻,所卫之司徒设”⑤现象发生。

地方官员在征用沿海民众时,方法也比较灵活。如要和“滨海大家”处理好关系,“若郡县肯留心,就大家中访求豪杰,深结而厚劳之,使通其佃户家人以为我用”。⑥ 同时,还要敦促东南沿海地区筑城以防御。在嘉

① 《明世宗实录》卷一七四。
② (明)袁袠:《诘盗议》。
③ (明)袁袠:《诘盗议》。
④ (明)袁袠:《诘盗议》。
⑤ (明)袁袠:《诘盗议》。
⑥ 参见(明)徐阶:《复张半洲总督》。

靖海患最为激烈时，“筑城是重要的对策之一”[①]“查沿海宁波府属慈谿、奉化、象山三县，台州府属宁海、黄岩、太平三县原无城垣，即今应否筑砌，作速议处停当……则海寇庶绝窥伺，而地方获保久安矣”[②]。

然而，地方官员征用沿海民众的效果并不理想。虽然这些沿海民众常年在海边生存，对抗违反海洋贸易法律制度的海寇的能力并不逊色，“沿海如沙民塩徒，打生手及村庄悍夫，皆勇敢可用”。[③] 但是这些民众对于“私室”和“公家”的态度往往为宁可效用于私家，也不愿意为公家效力，“多乐效用于私室，而不乐报名于公家……以公家势远而文繁也”。[④] 足见此前明廷对于东南沿海地区长期的盘剥，再加上其原本行政效率的低下，使得东南沿海民众对于官府的信任度不高。这使得地方官员试图征用沿海民众，便于执行海洋贸易法律制度的效果大打折扣。

三、搜捕“奸民”，严厉打击民间海洋贸易

嘉靖时期东南沿海地区的甬道，是所谓的通贡互易之地，“夷人番舶，俱绝往来”[⑤]，这导致了“奸民倚结势族，私造双桅大船，广带违禁军器，收买奇货”[⑥]，“诱博诸夷，日引月滋，倭舟联集”[⑦]。当时在东南沿海地区的“外夷”除了日本人，还有佛郎机（现称葡萄牙）诸国的民众，“相继煽其凶威，入港则佯言贸易，登岸则杀掳男妇，驱逐则公行拒敌，出洋则劫掠商财”[⑧]。而内地的奸豪，与这些“外夷”遥相呼应，“所过一空，声

---

① 龐新平『嘉靖倭寇活躍期における築城』東洋學報 75 卷 1、2 号(1993 年)31～62 頁以下。

② （明）王忬：《议建城垣疏》。

③ 参见（明）屠仲律：《御倭五事疏》。

④ 参见（明）屠仲律：《御倭五事疏》。

⑤ （明）王忬：《条处海防事宜仰祈速赐施行疏》。

⑥ （明）王忬：《条处海防事宜仰祈速赐施行疏》。

⑦ （明）王忬：《条处海防事宜仰祈速赐施行疏》。

⑧ （明）王忬：《条处海防事宜仰祈速赐施行疏》。

震城邑”[①]“奸宿盘踞之久,法制未易袪除”[②]。

地方官员对于东南沿海地区违反海洋贸易法律制度的“海寇”和西北的游牧贼寇作过一个比较,认为海寇的“不可测性”更大,更不好把控,“海贼首约有百人,其雄狡著名者,徽州王五峰、徐碧溪、徐明山,宁波毛海峰、徐元亮……皆广布奸细,包藏祸心,计算则未能就擒,捕急则遁逃无迹”[③]。对此,地方官员认为必须“严通番下海之禁,明十年一贡之规”[④],否则没法避免“番商海寇,俱至浙洋,宁、绍、苏、杭奸宄射利之徒,接济交通,勾引贸易”。[⑤]

所以,在国家强化海洋贸易法律制度的大环境下,地方政府不得不刻意表现出其积极作为的一面,甚至出现地方执法力度强于中央立法力度的现象,这在浙江尤其是东南沿海地区的执法中尤为明显,如下述追捕和处罚在东南沿海地区违反海洋贸易法律制度的所谓“奸民”的案例:

> 嘉靖十三年八月七(疑:己)未朔癸丑初,“直隶、闽、浙并海诸群奸民,往往冒禁入海越境回见……官民追赃至海上,会奸民林昱等舟五十余艘,前后至松门(今属台州市温岭市)海洋等处,因与官兵拒敌,多少杀伤,寻执之验其舟所载,皆违禁物。指挥杨淮等遂以擒贼报后审之为奸。然多拷毙狱中,按臣论其拒敌者,四人罪以余,以越度边关谪发戍边。上论海贼私驾巨舟通市番货,以致杀人数多,贻害地方,何乃止拟重刑四人,却以监故者抵罪。法度宽弛,将来必致多事,其遣给事及法司官各一人,会所在按臣,逮各犯备加审鞫,奏请处分事干职官,俱

① (明)王忬:《条处海防事宜仰祈速赐施行疏》。

② (明)王忬:《条处海防事宜仰祈速赐施行疏》。

③ (明)王忬:《倭夷容留叛逆纠结入寇疏》。

④ (明)王忬:《倭夷容留叛逆纠结入寇疏》。

⑤ 参见(明)王忬:《倭夷容留叛逆纠结入寇疏》。

俟事宁奏夺”[①]。

从上述案件可以看到，在浙江等地区时常有所谓“奸民”成群勾结，不顾海洋贸易的禁令入海越境。当时官兵追捕赃物到海上，遇到了“奸民”林昱等驾驶的船舶五十多艘，前后来到松门沿海一带。“奸民”林昱和官兵发生争执与冲突，且伴有死伤。后官兵对其货物检验时，发现其所携带的货物确实皆是违禁物。对此，指挥杨准等擒获这些“海贼”并向上报告，这些“海贼”中的部分已经在监狱中被拷问至死，其中主要有四个人要被处以重罪。

后地方根据律文处罚以后，上报至嘉靖皇帝处。由于特殊时期的特殊对待，嘉靖认为“以越度边关谪发戍边”的处罚太轻了，以至于另外派遣“给事”和“法司官”各一人，针对各个要犯“备加审鞫”，并且处分了“事干职官”。由此可以判断，当东南沿海地区的海洋贸易形势逐渐严峻之时，对违反禁令规定“冒禁入海越境”的“奸民”的量刑处罚也越来越严格，甚至超过立法规定。

这种对“奸民”的严厉的量刑处罚，绝非偶然。朱纨在任浙江巡抚时，采取措施比较果断，严格执行海洋贸易法律制度，认为对于一些海上走私集团和海寇长期放肆的现象，必须调兵船剿灭这些船只，不能再允许其停泊，“以明典刑以消祸患事”[②]。朱纨认为当年东南沿海地区主要违反海洋贸易法律制度的所谓“奸商”，“皆主于余姚谢氏”[③]，于是在嘉靖二十八年(公元1549年)七月下令捕获这些贼寇，“又令并海居民有素与番人通者，皆得自首及相告言”。[④]

朱纨曾主动带兵对双屿岛的“奸民”进行执法打击，并且达到了“相

① 《明世宗实录》卷一六六。

② (明)朱纨:《哨报夷船事》。

③ 《明世宗实录》卷三五〇。

④ 参见《明世宗实录》卷三五〇。

胁迫”[①]的程度。朱纨如此严厉地执行海洋贸易法律制度，迫使浙东海商以及葡萄牙等地的海商转至他处，东南沿海地区的“海患”问题一度有所“缓解”。另外，朱纨对于某些在“搜捕奸民”中不称职的官员也严厉查处，“将宁波奸人投书夷馆扇惑夷心……务使怀柔有制，驯扰不苛，则上不违朝廷之法守，下不失远人之懽心，边衅永消而海防有赖矣”。[②]

同时，朱纨为了更好地搜捕“奸民”，要求放宽地方执法自主权，“臣节该今奉敕命，地方未尽事宜……臣谨以便宜处置”。[③] 很明显，嘉靖朝既然已经下令恢复所谓的“海禁”之“祖制”，就必然想要在短时间内达到预期的效果。因此，在初次派遣时必然选择像朱纨这样比较遵循“祖制”的官员，防止“渐消沮久弛法纪”[④]。

到了嘉靖三十一年（公元1552年），东南沿海地区的“海寇”依旧私下与日本国人进行海洋贸易，“互市之地夷人番舶俱绝往来。以故海滨之民，安生乐业，亦赖无内奸以勾引之也”。[⑤] 而葡萄牙等西方殖民者也来东南沿海地区商贸，“彭亨佛郎机诸国相继煽其凶威，入港则佯言贸易，登岸则杀掳男妇，驱逐则公行拒敌，出洋则劫掠商财”[⑥]。王忬作为新一任浙江巡抚，严格禁止近海“奸民”通引日本和西方殖民者，以断绝祸害根本，“欲严内应之律，宽损伤之条”[⑦]，对想要投降的“胁从犯”放宽禁令。另外，对于接济倭寇或者走漏消息的东南沿海地区顽民，“奸民倚结势族，私造双桅大船，广带违禁军器，收买奇货，诱博诸夷”[⑧]，对正犯处以

---

① 黄仁宇：《中国大历史》，生活·读书·新知三联书店1997年版，第205页。

② 参见（明）朱纨：《哨报夷船事》。

③ 参见（明）朱纨：《哨报夷船事》。

④ （明）朱纨：《议处夷贼以明典刑以消祸患事》。

⑤ 参见（明）王忬：《条处海防事宜仰祈速赐施行疏》。

⑥ （明）王忬：《条处海防事宜仰祈速赐施行疏》。

⑦ （清）谷应泰撰：《明史纪事本末》卷五五，中华书局1977年版，第847～848页。

⑧ （清）谷应泰撰：《明史纪事本末》卷五五，中华书局1977年版，第847～848页。

极刑，“凡沿海大猾为倭内主者，悉系之，按覆其家”。[①]

嘉靖三十四年（公元1555年）正月，浙江沿海居民的走私贸易非但没有减少，反而更多，明廷要求张经限期剿灭，督促李天宠配合张经执行海洋贸易法律制度。张经此人性格刚毅，曾经担任过浙江嘉兴知县，算是对浙江的区域情况有所了解，并且不怕权贵，颇有魄力。当时“闽、浙势豪私造巨舟，与贼交易，稍一厉禁，怨讟朋兴”[②]，违背了“通番下海律有明条”[③]的规定。于是明廷敦促张经，“克期荡平，若复怠缓，重罪不宥……有司漫不修举，其令浙直巡按御史稽实以闻”。[④]

但是同时，嘉靖帝又派赵文华监督，赵文华乃严嵩之党羽，不懂具体政务却指手画脚，“文华至浙，凌轹官吏，公私告扰，益无宁日”。[⑤] 其实，当时督抚权职的划分不清，也影响到了海洋贸易法律制度的推行。尤其是张经、李天宠二人职权划分不清，主客不协调，容易引起不必要的误会，造成“威不立”而政令不行。

在李天宠之后，胡宗宪出任浙江巡抚，胡宗宪亦严格执行海洋贸易法律制度，同样对“搜捕奸民”十分上心，认为“法不可谓不密矣……平居则法纪尽废”[⑥]“须申明祖宗之意，止禁双桅船只私通番货，以启边衅。所谓寸板不许下海者，乃下大洋入倭境也，非绝民采捕于内海，贩籴于邻省也”。[⑦]

明廷对胡宗宪给予了较大的自由裁量权，“要在随宜济变，不从中制。今宗宪所请，当假以便宜，使之自择利害而行，事宁奏请”[⑧]。另外，

① 参见（清）谷应泰撰：《明史纪事本末》卷五五，中华书局1977年版，第850页。
② 《明世宗实录》卷四一七。
③ 《明世宗实录》卷四一七。
④ 参见《明世宗实录》卷四一七。
⑤ 参见（清）谷应泰撰：《明史纪事本末》卷五五，中华书局1977年版，第851页。
⑥ （明）胡宗宪：《为海贼突入腹里题参各官疏》。
⑦ 参见（明）郑若曾撰：《筹海图编》，李致忠点校，中华书局2007年版，第269页。
⑧ 《明世宗实录》卷四三七。

在“搜捕奸民、严禁民间私人贸易”方面，明廷还和他国通力合作，如嘉靖三十五年(公元1556年)四月，浙江巡抚胡宗宪派遣使臣前去日本国，要求日本国“招还通商番犯，许立功免罪”①。同时，明廷在对“奸民”诏安的过程中，依旧不放松对“民间私人贸易”的限制，针对当时“奸商”王直、毛海峰等的开市通贡的要求暂时不作考虑，只是命令胡宗宪“严加堤备……其互市通贡……然后议之”②。

同时虽然立法日趋严格，地方官的执法力度也宽严不一，但是出现了地方大员殚精竭虑，州县等从属官员并不那么积极的现象。随着“海患”的时显时隐，这些“海寇”变得愈加精明，相反执法部门却显得迟钝，“射利日增，居流不一，致添地方警备，不追咎始事乎？然事局日换，法立弊生，亦是常情常理，虽大智不能先必”③。“海寇”大多是迫于形势而表面归顺和安定，一旦有机可乘则会重新开始作案，“剧于犯顺……今则内外通连，公私扰甚，处以穷诘以示将来，深为本法，只事机未值，姑徐图之，或亦施行之序耳”④。

可见明廷虽然有详细严明的立法，但是没有良好的执法管理与之配合，民众则会习惯性地向寻租或者暴力的方向倾斜。当时形成了一种只要出海，鲜有不触及法律的观念，所以往往出现省级总督巡抚殚精竭虑，地方州县却“不得要领”甚至虚与委蛇的现象：

其异货之行于他境也，甚至有藉其关文明贴封条，役官夫以送出境至京者。及其海船回番，而劫掠于远近，地方则又佯为之辞曰：“此非此伙也。乃彼一艅也。”讹言以惑人听。比及上司比责水寨巡司人等，间有一二官军捕获寇盗人船，解送到

---

① 《明世宗实录》卷四三四。

② 《明世宗实录》卷四三四。

③ (明)唐枢：《复胡梅林论处王直》。

④ (明)唐枢：《复胡梅林论处王直》。

> 官。彼为巨盗大驵，屯住外洋者，反役智用幸，致使着姓宦族之人又出官明认之，曰是某月日，某使家人某姓某处籴稻也，或买杉也，或治装买疋帛也。家人有银若干在身，捕者利之。今虽送官报赃，尚有不尽法，合追给。或者有司惧祸，而误行追惩，但据赃证与所言之相对。不料所言与原情实不同。其官军之毙于狱而破其家者，不知其几也。彼巧于谗而计行，此屈于威而难辨，奈之何哉！以致出海官军不敢捕获，不若得货纵贼无后患也。概以下海之律，彼独无可罪乎？①

从上述可以看到，地方豪族会同地方官员“勾结”，即便立法如此严苛，执法到了地方却多少会受阻，而这些因素传到上层，会让上层以为立法不够严厉，然后敦促地方，最终形成恶性循环。导致这种现象的主要原因就在于明廷对于海洋贸易法律制度的实施缺乏完全清醒以及系统的认识。在海禁初期，明廷一度缺少负责统一调度指挥的官员，浙江巡抚直到嘉靖朝中期才设立，而且长时间处于督、抚权职不明的状态。

不过由于中央的一再督促，浙东沿海执法的整体态势日趋严厉，“督巡司下海捕缉之条，方番舶之至，必报官阅视，方得议估，既入其货，立限以偿凡势要之家，不得投托。务选谨厚之人，自顾家身者，乃得与之交易，则狡猾失势，当自敛戢。如此则无永乐以前之患，且舶舡不许入港，令彼不得觇我虚实，市易之际，差官检押，不得乘机亏负”②。但也存在着隐患，对于海洋贸易法律制度的推行尚需众人之智慧，集众司之所长，堵不如疏，日常的贸易需求依旧存在，一味地堵只能起到反作用。

---

① （明）郑若曾撰：《筹海图编》，李致忠点校，中华书局2007年版，第281～282页。

② （明）钱薇：《海上事宜议》。

第三节　州县通过司法手段规范正常海洋贸易

明代自建国伊始，就对海事活动保持着较为“暧昧”的态度。这一方面表现在官方出台各种所谓有关海事的“禁令”，另一方面则表现在民间此起彼伏、延绵不绝的私人海洋贸易。经历了“嘉靖大倭乱”，隆庆年间的开海运动使得海洋贸易有了“名正言顺”的地位，海洋贸易迎来了新的机遇，同时也迎来了新的挑战。层出不穷的海事案件不仅象征着海事活动的频繁，也代表着矛盾和纠纷的加剧，其背后的产生根源也值得深思。

一、明代中后期海事案件处理方式多样化

关于明代中后期海事案件的处理，史料中记载较为集中的是两部判牍。一部是《莆阳谳牍》，由明代曲剧品评家祁彪佳，在天启四年（公元1624年）至崇祯元年（公元1628年）任福建兴化府推官时所作；另一部是《盟水斋存牍》，由明代颜俊彦在崇祯元年（公元1628年）至崇祯四年（公元1631年）任内三年间做广州府推官时，整理经手案件的谳词和公文所得。这两部经典判牍包含了众多海事案件，内容丰富翔实，判词精彩绝伦，涵盖了海事案件处理等不少方面。此处就以几则较为典型的案例作为切入点，深入探究明代后期的地方司法官员如何处理此类案件。

（一）灵活处理海盗行为，打击与宽宥并举

海盗行为危害边疆安宁，扰乱正常的社会生活，一向是明廷严厉打击的对象。所以一般遇到海盗行为，地方官府会对主犯处以极刑。但在明代后期，亦商亦盗、被迫胁从等情形时有发生，所以司法官员也采取了灵活处理的方式，以期在严格处理暴力犯罪的同时又兼顾情与理。

首先对于那种穷凶极恶的“江洋大盗”，朝廷绝不姑息，《莆阳谳牍》

记载的“一起追擒海寇救回被掳事”中写道：

> 看得蔡德等出没海滨，流劫二省，一劫于竹竿屿，再劫与东弓屿，三劫于湄州洋，且掳船縶人，纵横无忌，天殛之矣。风雨漂泊，而官兵擒巨首如探囊。陈有耀之糖货与凌福等之被掳，何莫非强徒定案哉？若蔡德者何可一日容于圜中也？伏候裁夺。①

对于这种危害海滨、多次劫掠的大盗，朝廷花费心思抓捕，从判词的字里行间可以看到司法官员对于这类罪犯的深恶痛绝，之后处理的结果也是“律斩罪不待时犯人蔡德”，立刻处决，决不待时。

其次是里通外国，危害国家安全的海盗，如《莆阳谳牍》中的“一起出巡事”：

> 前件看得钟心亭、黄萃锋饱私囊之溪壑，决天限之华夷，今日以倭质华，异日并华化倭矣。堂堂天朝，而奸民以为市，二犯之肉其足食乎……身为向导，是引寇入门庭，万一骚然焚劫，海滨有宁土哉？遣戍之罚犹有余辜，伏候裁夺。②

该案的处理结果是对犯人钟心亭等依“私出外境货卖下海者”律，“减等杖九十，照例免杖发边卫永远充军”。隆庆年间开海之后，因明朝刚经历了“嘉靖大倭乱”，朝野内外对当时的倭国还是颇为敌视，导致开埠没有选在宁波，而是选在月港等地。所以对于此类勾结倭国的行径，

---

① （明）祁彪佳：《莆阳谳牍》，载杨一凡、徐立志主编：《历代判例判牍》第5册，中国社会科学出版社2005年版。

② （明）祁彪佳：《莆阳谳牍》，载杨一凡、徐立志主编：《历代判例判牍》第5册，中国社会科学出版社2005年版。

地方官府更要严厉查处。

像上述两种案件一样的案件在各部判牍中并不少见，但存在特殊情形的海盗案件也不在少数，以《莆阳谳牍》中的"一起缉拿海寇事"为例：

> 前件看得丘君宇与陈相仔驾舟海洋，劫掠陈宇之棉花。其同恶行凶，君宇不得以未曾过船肆办也。至分花，君宇之室蔡六、蔡朝采，因君宇之仆之亲而染指焉。君宇之厚得可知矣。凶器藏于沙中，君宇不得以拾遗道傍为辞也。及李守廉首呈而图焚毁灭迹，其未经焚毁者迹尚未灭，君宇不得以花付一炬抵赖也。赃证之真，无逾此案，斩实难宽，伏候裁夺。[①]

该案的处理结果是"依强盗已行得财律斩犯人一名丘君宇"。可以看到该案中丘君宇虽然在前期有可矜的情形，但后期却有焚毁和抵赖的行为，"斩实难宽"，明廷不得不对其处以极刑。

这种具有特殊情形的海盗案件也在颜俊彦的《盟水斋存牍》中有所记载：

> 审得滨海奸徒，满载私货，走澳觅利，罪不容诛。有如梁绍存者先已就擒，业经毙犴。许广泰等见在严缉，当悬刃以待。若孟如积、许一广二犯，虽同在船，实系贫佣糊口，受主雇工之误。概置骈戮，不无过苛，律议徒配，原不为纵。招成案定，系狱有年，当此疫疠流行，若再俟犯齐以决此案，难免瘐死，合无具招请详，先将见在已结证二犯发配发落，庶监牢与案牍两清

① （明）祁彪佳：《莆阳谳牍》，载杨一凡、徐立志主编：《历代判例判牍》第5册，中国社会科学出版社2005年版。

也。候夺贝招解详。[①]

此案中明廷最终对走澳棍徒孟如积、许一广处以徒刑,原因是孟如积、许一广二犯虽然上了贼船,但“实系贫佣糊口”,另外考虑到当时“疫疠流行”,为了防止出现不必要的伤亡,就予以相应地宽宥。

可以看到,明廷从保境安民的角度出发,运用刑事手段对危害边境安全的行为加以规范。单纯从事件本身看争议不大,但事实上这背后牵扯到多种社会势力的交融以及复杂的社会矛盾。而严厉打击这类犯罪行为,也充分表明明廷通过某种特定模式约束沿海民众的日常行为,不能随意超越某个界限,沿海民众如果做不到就会受到相应的刑事制裁。

(二)民商事案件处理力求公正,并辅之以教化

海盗行为这类恶劣的刑事案件固然需要严刑峻法的制裁,但一般的如诈骗类的刑事案件和民商事案件,需要更为多样的处理方式。首先是记载在《莆阳谳牍》中的“一起倦杀事”:

> 审得魏寿以船户揽林献之杉,因算账不明,致献来告。据寿称覆舟漂杉,情亦可原,但早不与杉主算明,以致讦讼,姑笞之。[②]

该案其实涉及海损赔偿,明廷的处理方式体现了传统法律文化的特色。被告魏寿以船主的身份承揽了杉木主人林献的工作,因为算账不明,林献上官府告状。根据被告魏寿所称,当时船发生倾覆,船上的杉木就飘走了,推官认为发生这等意外情有可原,但是被告魏寿没有在第一

① (明)颜俊彦:《盟水斋存牍》,中国政法大学出版社2002年版,第76页。

② (明)祁彪佳:《莆阳谳牍》,载杨一凡、徐立志主编:《历代判例判牍》第5册,中国社会科学出版社2005年版。

时间同杉木主人林献说明情况与缘由,导致诉讼的无端发生,于是对被告魏寿处以笞刑。所以发生海损意外时是有可矜的情节的,但前提是要及时地同另一方当事人沟通,以减少不必要的摩擦。

像此类的海损案件在《盟水斋存牍》中也有相关案例:

> 审得张进吾贩槟榔于琼南,附搭船户林念真装载回广。行至锦囊海面,石尤为祟,覆舟失货,不独进吾一人所有也。雇渔捞获,十不存一。①

其实这类案件的处理结果大多是从减少滥讼问题出发的,州县官员作为"牧民之官",认为如果两造双方私底下能将权责划分清楚,就没必要诉诸法律,无端增加司法成本。而就该案而言,地方官员在海难发生之后,能及时地让两造双方达成赔偿约定,具有积极的定分止争的作用。

二、明代中后期海事案件产生的社会根源

中国古代历来以农业为重,但这并不意味着对商业的不重视,"明清的商品生产和商业贸易已在一定程度上成为当时世界市场的组成部分,它对中国的经济发展产生了积极的作用"②。农业的良好循环必然依赖于商业的发展,同样商业的蓬勃发展也同农业生产密切相关,需要农业源源不断地提供商品资源。一旦这种相互供给的循环被破坏,各种矛盾就会日益凸现,冲突和纠纷也随之而来,甚至直接影响社会的安定秩序。

到了明代,商业贸易已经颇具规模。而明代随着新航路的开辟,美洲的玉米等作物被引入中国,这就导致了不少荒地被开垦,人口数量也

---

① (明)颜俊彦:《盟水斋存牍》,中国政法大学出版社 2002 年版,第 136 页。

② 沈定平:《"伟大相遇"与"对等较量"——明清之际中西贸易和文化交流研究》,商务印书馆 2015 年版,第 9 页。

继续增长，贸易的壁垒逐渐打破，“随着西方人的到来，海洋形势的转变，对外贸易的转型，广东官府率先调整贸易管理体制，正德初年形成具有先行意义的‘广中事例’，福建则在隆庆改元后仿照南赣‘桥税事例’，制订‘月港税制’”①。

面对错综复杂的贸易环境，明朝不得不进一步转变海事管理的思路，运用相应的行政和法律手段加以调整，时而紧时而松，“开海意味着官方能够掌控海洋秩序，保障官方许可的船只安全通商以及发放的洋引得到回报，而禁海往往是海上出现威胁明朝的军事力量时，为保障内陆的安全与稳定，官方以禁海为权宜之计被动地防守，暂时放弃海上利益”②。明廷对待海事活动从立法到行政，既严密又复杂，将经济领域与政治领域密切关联起来，其直接原因是海事活动关系到了封建社会的政权稳固与长治久安。

明代地方官员在处理此类海事案件时，充分考虑到了东南沿海地区特殊的地理环境。这种地理环境使得东南沿海地区的民众不纯粹以农业生产为主业，民众们逐渐积累了丰富的海洋贸易与航行的经验，积极地投身于海洋贸易中，将其作为扩大收入、提高生活水平的重要手段，“有的中国人为了谋生，偷偷坐这些中国船到海外去做买卖，而且偷偷返回，不让人知道，哪怕亲友也不让，免得外传出去，要受到为此而施的刑罚”③。不过明廷也知道一味地禁止是毫无意义的，所以在起初推行“海禁”政策之时有所保留，如对“双桅船”的限制，变相地默许了小船的航行，“《大明律》对双桅船只规定某些限制，对较小的船只则没有，其目的在于限制海上贸易的大商贾所能积聚的财富。对不遵守这些限制的惩

---

① 李庆新：《地方主导与制度转型——明中后期海外贸易管理体制演变及其区域特色》，载《学术月刊》2016 年第 1 期。

② 刘璐璐：《晚明东南海洋政策频繁变更与海域秩序》，载《厦门大学学报（哲学社会科学版）》2018 年第 4 期。

③ ［英］C. R. 博克舍编注：《十六世纪中国南部行纪》，何高济译，中华书局 1990 年版，第 132 页。

罚,远比违反境内贸易规则的后果严重”[①]。

“隆庆开海”后在局部地方实行了有限的开放海禁,“月港的开放仍极大地释放了中国商民的活力,使晚明时期的中国市场与世界市场顺利衔接而相互促进,它无疑是明朝海外贸易政策的重大变革”[②]。地方官员也因此陷入了两难的境地,如果严厉压制必然引发更大的反弹,但如果不处理或放任,则会滋生事端,也会危害国家和法律的权威。同时由于海外贸易的利润过于巨大,不少官员也铤而走险参与其中,有乘机敲诈勒索的,有为走私行为保驾护航、暗通款曲的,“海岸的小老爷也从这种贸易获得大利,因为他们接受这个和那个的重贿,许人交易,让商人携带和转运货物。因此这种贸易在他们当中长期瞒过了皇帝和省的大老爷”[③]。

所以表面上虽然有像祁彪佳、颜俊彦等的司法官员兢兢业业,但他们却时常感叹有心无力。如果将其缘由归结在明代行政管理效率低下、组织机构设置冗余上,显然只看到了表层含义。其真正的原因在于法律制度的制定和运行脱离了实际,未能从保障民生和因地制宜的角度出发去有序地管理和引导海洋贸易。

面对当时普遍存在的问题,朝廷空有革除之心,只运用惯常的行政或者法律手法干预,所谓的监管流于形式且无效,并没有解决“上有政策下有对策”的问题,许多律例无法到达地方管理层,“举例来说,任何人购买或贮存未经批核的外国货品,会面临比逃避本地商税者更重的罚款。根据《大明律》的一项注释,这些惩罚措施之间的差异,原意为了使政府能够在利润丰厚的贸易中分得一杯羹,但这后来转变为积极地阻挠与海外的贸易”[④]。

---

① ［加］卜正民:《纵乐的困惑:明代的商业与文化》,方骏、王秀丽、罗天佑译,方骏校,广西师范大学出版社 2016 年版,第 136 页。

② 陈尚胜:《隆庆开海:明朝海外贸易政策的重大变革》,载《人民论坛》2018 年第 30 期。

③ ［英］C. R. 博克舍编注:《十六世纪中国南部行纪》,何高济译,中华书局 1990 年版,第 133 页。

④ ［加］卜正民:《纵乐的困惑:明代的商业与文化》,方骏、王秀丽、罗天佑译,方骏校,广西师范大学出版社 2016 年版,第 136 页。

在这种弊端与便利同时存在的前提下,祁彪佳、颜俊彦等地方司法官员殚精竭虑,力图通过司法手段去调和和管理这层层的矛盾。从《莆阳谳牍》可以看到,对于侵犯海商与渔民的日常贸易生活的海盗行为,地方官员采取了严厉打击的手段,以强盗罪处以斩、绞等极刑,对个别胁从犯予以宽宥。在处理方式上,明代地方司法官员也采取了较为灵活的手段,一方面看海盗是否有改过自新的可能,另一方面又不能放虎归山,养虎为患,所以具体从受害者的层面考察了海盗罪行的严重程度,继而对海盗归类并加以区分。

所以明代后期对于海事案件的灵活处理方式产生的根本原因在于其实用性,这些有责任心的司法官员基于特定时期和特定地域的需要,顺应历史发展的规律,努力从司法实践中找寻合适的处理手段,也会综合考虑运用情理法等各种因素。这推动了海事司法制度的进步,促进司法官员职业素养的提升,一定程度上推动了法律乃至社会的进步,维护了明代统治的基础和社会秩序的稳定。

| 第四章 |

海洋史视野下明代中后期海洋贸易法律制度实施后的影响

第一节 海洋贸易相关法律制度推行后激化了矛盾

一、海上走私逐渐组织化、武装化

随着明代中后期尤其是如嘉靖年间海洋贸易相关禁令的强制推行，海上走私集团为了应对海洋贸易法律制度，也为了在弱肉强食的海洋中自我保护，不得不武装起来，他们既对外贸易，又武装抢劫。这些海盗商人聚集在一起，具有商业和盗窃的特点。明廷力图以有限的朝贡贸易来对外夷进行严格控制，这种不顺应时代潮流的制度的实施效果不尽如人意。明廷为了贯彻海洋贸易法律制度，频繁任命官员，投入很多成本却收效甚微，“海患”问题有增无减。

而东南沿海地区的海寇，在经历了数十年的发展后，逐渐呈现出“组织化、武装化”的态势，往往占据海岛作为根据地，配备先进的武器船舶。著名的海寇有上文所述的王直，其据点甚至有些不在中国，同时雇佣倭人以自卫，"浙东巨寇，以台为善巢穴，倚山以为后扆，入海门以为前泊，事急出洋"①，经常攻击东南沿海地区的黄岩。当时前有许栋、李光头等勾结西方殖民者并形成团伙，"近来许栋、李光头之乱，皆系我人……屿、澳既失，无所归巢而发，彼虽勾合佛郎机船，揔不余三十只。又志在鼠偷，乃不旋踵以殄，其始也以不通商为迫"②；后有汪直、徐海、陈东等占岛为主，"大奸若汪直、徐海、陈东等，遂窟其中，以内地不得逞，悉逸海岛为主谋。倭听指挥，相煽入寇，而海中巨盗，亦袭倭服饰旗号，分艘掠内地"③。

当时这些海寇力量强大，海商集团之间存在着激烈的竞争和冲突，这些海商集团往往拥有雄厚的资本。比如王直就拥有舰队和基地，还有专门的贩卖渠道，逐渐吞并了其他海商集团，成为浙东沿海地区的海上首领，控制了浙东乃至整个东南海域的走私贸易。"王直行商海上，结合内地居民，始最亲信，其于海上诸商伴，亦各推服……深藏三窟，实非笼中之鸟，及当防禁愈严，内地人因生骗，赖其数不下几万。"④

当时呼应王直之人众多，王直作为大海寇的力量不断增强，随着少数群体被消灭和兼并，逐渐有了与国家竞争的力量。王直之徒发展到后来，成了具有掠夺优势的团体，逐渐具有管理海上事务组织的特点，成为保护民间海洋贸易能顺利执行的第三方。王直之徒在建立了集团内部秩序的情况下，用暴力去管制其他不同集团之间混乱的关系，通过暴力等方式迫使所有集团对王直和以他为代表的秩序认可。

> 海贼称乱，起于负海奸民通番互市，夷人十一、流人十二、宁绍十五……虽槩称倭夷，其实多编户之齐民也……海上豪

① （明）唐枢：《简分守公》。

② （明）唐枢：《简分守公》。

③ （清）夏燮撰：《明通鉴》（下册），王日根、李一平等校点，岳麓书社1999年版，第1623页。

④ （明）唐枢：《简分守公》。

势，为贼腹心，标立旗帜，勾引深入，阴相窝藏，展转贸易，此所谓乱源也……滨海居民，各造巨舟，人谓明春倭必大至臣初未信，既乃果然，故御盗之标，在腹里防守，弭盗之本，当边海制之边海诸处……宁绍次之。其一禁放洋巨舰，其二禁窝藏巨家，其三禁下海奸民，三法者立，而乱源塞矣。倭寇之扰，以土人为之窝主浙直亦然……即使旧贼未尽殄灭，然而后无所继其势，自孤退无所止……与今日往来自若者必不同矣。[①]

所以正如刑部主事唐枢所言，“驱其立功，许其自全，以至仁待之，其肯自效，乃理势所必有。失此机会，或直恶贯而毙，则在系者不为奇货……若谓王直不当宥，则可。若以市法永不当开，则恐非细思而详考也”[②]。对待王直这种“组织化、武装化”的海寇，要采取特殊的方式，对症下药，改变之前一味剿灭的方式。

海洋贸易禁令本身不但违背了互通有无的市场规律，还忽视了东南沿海地区的经济环境，使得唐宋以来贸易向外拓展的趋势被阻塞。由于正常的海洋贸易受阻，东南沿海地区的人们或迫于生计，或在利益的诱惑下，铤而走险从事海洋贸易的大有人在。根据供求关系的规律，海洋贸易法律制度越严厉，海洋贸易的商品利润越丰厚。东南沿海地区的百姓受到土壤等环境因素的影响，迫于生计不得不出海贸易，所以明代中后期，沿海地区私贩盛行，尤以东南沿海等地较为突出，“率中国并海居民为之前后勾引”[③]。

在实践中，海洋贸易禁令主要打击了原先比较弱势的东南沿海地区居民，而地方势力集团的违法走私反而愈演愈烈，强行推行海洋贸易禁

---

① （明）屠仲律：《御倭五事疏》。

② （明）唐枢：《简分守公》。

③ 《明世宗实录》卷三五〇。

令反而刺激了海洋贸易利益的倍增,“按郑晓今言,谓国初设官市舶正,以通华夷之情,行者获倍蓰之利,居者得牙侩之息,故常相安。后因禁绝海市,遂使势豪得专其利,始则欺官府而通海贼,继又借官府以欺海贼,并其货价干没之,以至于乱。郎瑛七修类稿亦谓,汪直私通番舶,往来宁波有日矣。自朱纨严海禁,直不得逞,招日本倭叩关索负,突入定海劫掠云”①。参与海洋贸易的人员成分日益复杂,规模越发扩大,这些人既有从事对外贸易的商人,也有进行武装抢劫的海盗,成为一个兼具商业与盗窃特征的群体,东南沿海地区的海寇逐渐出现内外勾结的趋势。面对严厉的海洋贸易法律制度所引发的新问题,明廷未能及时认识并调整相关政策,反而进一步扩大禁令,禁止一切民间海洋通商。负责海洋贸易法律执行的地方官员因执法不力,屡屡遭到罢免和处罚。

东南沿海地区的百姓把下海视为生计,把船舶当作家园。如果连一块板都不被允许下海,这无疑断绝了他们的生路。然而,一旦触犯禁令,往往面临严厉的惩罚,个人和家庭难免受到牵连。“江南富而豪者,利与贼通。与贼合者,利于抢掠,流害乡曲;与贼通者,賫粮漏师,奸诡百出,尤可畏也。”②根据供求关系的变化,越是严格的禁令,货物的利润反而越丰厚,这也刺激了私人贸易的日益猖獗,“时沿海诸奸民乘势流劫,真倭不过十之二三”③;私人贸易的组织规模也越发成建制,并配备武装,“至于根极弊源,则又有不专于外者,盖海寇鶃边患不同,北边所患者胡也,若海寇则十九皆我中华之人,倭奴特所勾引驱率者耳”④。其间东南沿海地区的势家大姓多染指通贩,相互之间存在利害冲突,渐渐形成庞大的海商团队。除了东南沿海地区的一般小民参与其中,一些所谓的“豪族”和读书人也参与其中,郑晓在《与彭草亭都宪》一文中谈到国人通倭,“闽

---

① (清)赵翼:《廿二史札记校证》(2 版),王树民校证,中华书局 2013 年版,第 821 页。

② (明)郑晓:《与荆川唐都宪》。

③ (清)谷应泰撰:《明史纪事本末》卷五五,中华书局 1977 年版,第 850 页。

④ 《明世宗实录》卷四二六。

浙大官豪杰寔为祸首”[①]。近年“官邪政乱”，小民迫于官府的贪婪残酷，苦在役税，困于饥寒，相继进入海为盗的不只是宁、绍等地奸商，甚至“衣冠失职，书生不得志群不逞者皆从之……为乡道，为奸细”[②]。

东南沿海境内的民众有“向外勾结”的趋势，境外势力本身也需要境内民众配合向导。东南沿海地区的私贩大抵可以分为“中国之私贩”和“日本之私贩”，“日本之私贩”对贸易无论合法或非法都很感兴趣，当时日本全国政治分裂复发之后，越来越多的日本人被驱使去寻求生计和冒险。这些日本海盗最多只是他们无数中国同行的伙伴，他们因为对中国的局势和当地地形的无知，必须依赖当地民众的支持，以便取得更好的进展。

同时，东南沿海的地形并不简单，尤其是某些关隘，需由一些断文识字之人引导才可顺利到达，“今日之事，亦由中国豪族、奸裔、败吏及衣冠失职书生，不得志群不逞者，为之祸首。而小民苦于贪酷，困于徭赋，迫于饥寒者，一闻倭至，又乐从之，故其势益猖獗”[③]。明廷之前执法的懈怠导致沿海边境地区对禁令视若无睹，以至于慢慢地形成了一个以海洋贸易和渔业生活为基础的“联合体”，甚至出现了民众与“海贼”联姻的现象，其中亦不乏“衣冠士族”，“今海有盗，若之何捕之请……夫海盗之为患久矣……海之利莫大乎鱼盐，故滨海而居者，多业鱼盐而习剽劫，且其地多沙渚洲港，浮海而后能达。故土著者，凭险以弄兵而群不逞之人，亡命避辠，咸窜匿其中，缓则鬻贩鱼塩以自业，急则剽寇商贾，劫掠村聚，以为利。赋役之弗共，禁令之弗及，非一日也……衣冠之族与贼为婚姻，则未之前闻乃至衣冠之族。世与贼为婚姻，而甚者则豪奴佃仆，往往干没寇攘，而主弗禁也”[④]。“内外勾结”态势能达到这般地步，实在令人

---

① (明)郑晓:《与彭草亭都宪》。

② (明)郑晓:《与彭草亭都宪》。

③ (明)郑晓:《答雷古和》。

④ (明)袁袠:《诘盗议》。

深思。

对此，大多数官员提倡更为严厉的措施，阻止当地人和倭寇之间的接触，如郑晓在《答荆川唐银台》中谈到了内外勾结的问题，江南贼情猖獗，要想去除根本堵塞源头，“一至法司，则有律在”[①]，要区分“真倭”“假倭”，“真倭获而尽杀之”[②]，同时告诫民众“勿从华人相诱入寇送死”[③]，指出“直恐祸不在海岛，而在萧墙也”[④]。否则这种“内外勾结”的态势持续增长，必然不利于边境安定。

二、对东南沿海地区民生的影响

浙东地区的民众自古以来便在海边繁衍生息，全靠渔业和海洋贸易为生，除此以外少有生计，“近查闽、浙地方，少有遗利在民……国初立法，寸版片帆，不许下海。百八十年以来，海滨之民，生齿蕃息，全靠渔樵为活。每遇捕黄鱼之月，巨艘数千，俱属犯禁。议者每欲绝之，而势有难行，情亦不忍也，与其绝之为难，孰若资之为用”[⑤]。

但禁令的严酷镇压，影响到了一般民众的日常生活。从当时禁令的实施效果来看，海洋贸易法律制度限制太多，以至于影响了民众生计，这才屡有民众起来反抗，继而勾结海贼或者直接成为海贼。当时就有官员提出要宽松禁令的限制以减少朝廷与民众之间的冲突，如徐献忠在《与郡守论守备事宜》中谈到，“朱倭制驭徐倭之说也，夫备寇所以安民若因而扰之，非自治之长策也……以权宜用之，万不可扰及里甲细民”[⑥]。对民众要适当包容，防止逼迫太紧而徒生事端。由此可见，对于海洋贸易

① (明)郑晓:《答荆川唐银台》。

② (明)郑晓:《答荆川唐银台》。

③ (明)郑晓:《答荆川唐银台》。

④ (明)郑晓:《答荆川唐银台》。

⑤ (明)王忬:《条处海防事宜仰祈速赐施行疏》。

⑥ (明)徐献忠:《与郡守论守备事宜》。

等海上事务，倘若官府可以襄助引导，甚至只要不多加干涉，便可以促进海上贸易。元代曾收纳部分海寇（商），建立了一支强大的海上运输团队，给海疆安宁和国家收入都带来了益处。到了嘉靖时期，东南沿海地区屡屡出现走私贸易，海商进出之时只要张挂所倚重的乡绅的旗号，就可以逃过官府的取缔，这就造成了选择性执法。

另外帮助海商运销番货、采集土货的也有不少陆商，著名的陆商有余姚的谢迁家族和慈溪豪族柴德美，“海上之事，初起于内地奸商汪直、徐海等，常阑出中国财物，与番客市易，皆主于余姚谢氏。久之，谢氏颇抑其直。诸奸索之急，谢氏度负多不能偿，则以言吓之曰：‘吾将首汝于官。’诸奸既恨且惧，乃纠合徒党及番客，夜劫谢氏，火其居，杀男女数十人，大掠而去。县官仓皇申闻上司，辄云倭人入寇……谢氏即所称‘贵官家’者，始也商负其直，及移之豪贵，则并倭与商而吞噬之。故倭寇之来，以商始，以商终，汪直、徐海之等，皆奸商也，并附识之”[①]。东南沿海的势家大姓很多跟海商有关联，朱纨等人的政策显然使得不少势家大姓受到了影响，他们要求在朝的浙江籍官员联合起来反对朱纨等。

同时，国家对民众征收费用的能力，包括执行财产和获取税收的能力，以及国家界定贸易合法抑或非法的方式也能对经济运行产生影响。当时税收不但要供给上层消费，还要用以筹措军饷，何况当时钱粮等不是由专业的部门收取，这使得“东南之民赋役繁重……小民困苦之极”[②]“江南财赋渊薮，民多散居田里……今近海无城县治……乡居富室，亦不以为意”[③]。越来越多的人在浙东沿海从事海洋贸易，政策的禁止使他们失去了谋生手段，为了谋生他们总是利用州县官府监察的漏洞，千方百计出海。

---

① （清）夏燮撰：《明通鉴》（下册），王日根、李一平等校点，岳麓书社 1999 年版，第 1623 ~ 1624 页。

② （明）唐枢：《复潘笠江姜蒙泉守巡二公》。

③ （明）康太和：《拟应诏陈言以备安攘大计疏》。

明代中期以后东南沿海的经济繁荣离不开海洋贸易的刺激,“国家财赋,仰给东南……故溺今海运不行,海人犹商贩往来无患,独无粮船耳,予闻而三叹,夫不求弊之所在,而徒因噎废食,纵他日必有行时,然又劳费一番矣”①。所以嘉靖朝之前地方州县执行海洋贸易法律制度“懈怠”,其实不少是有意为之。因为默许这种非法贸易活动,会有利于地方经济发展,间接增加税收。

所以海洋贸易禁令下民众与国家之间的博弈,最终将国家和社会同时拖入了灾难之中,因此东南沿海地区海贼兴起,四处抢劫而官府不敢纠问,“三吴之民困,而国家之元气伤……(赋役)其半仰给于江之东……故三吴之困,天下之忧也,此非吴人之私忧过计也。然则为今之计者,莫利于速剿,而又必出于万全之计。莫如因其乡间,而用海人,以攻海贼”②。海洋贸易禁令实施的结果已然表明,禁止正常的贸易无法实现经济的潜在增长。虽然民众可以通过例如“走私”等方式避开监督去贸易,但这种自我调适缺乏正式的配套制度,而且长期处于“非法”状态,不利于贸易的正常发展。从长远来看,如果正式制度不能满足个体贸易的需要,就会导致严重的社会危机。在没有认可贸易合法性的前提下,民众会相互争夺资源,或进行权力寻租,或付诸暴力活动。这不仅会造成人口和财富的损失,而且会导致国家权力的丧失,威胁国家安全和社会稳定。

三、对东南沿海社会的影响

明代中后期,海洋贸易法律制度的实施也影响了社会结构的变化,东南沿海地区不同阶层的人纷纷投入商贸活动中。袁袠在《诘盗议》中谈到地方豪绅、底层民众等不同阶层的人勾结海盗,为害一方,“亡命避

---

① (明)高拱:《论海运漕河》。

② (明)袁袠:《诘盗议》。

皋，咸窜匿其中，缓则鬻贩鱼塩以自业，急则剽寇商贾，劫掠村聚，以为利，赋役之弗共，禁令之弗及，非一日也”[①]，其中不乏一些地方精英阶层，继而影响了东南沿海地区的社会结构。

原本这些地方精英阶层就并不完全独立，依附于整个皇权，但是这些精英阶层又来源于当地的社会，其利益诉求和地方息息相关。如黄仁宇所说，到了明朝，“缙绅成了社会的中坚”[②]。统治者要想管理各个地方，必然会在一定程度上与这些精英阶层相妥协。然而精英阶层并不是铁板一块，也分为了不同的阵营，这就会导致基于不同诉求的阵营发生激烈的冲突。所以当不同阵营的精英阶层进行博弈的时候，其原本对于下层民众的剥削攫取暂时性放松，使得下层民众有机会摆脱原有的钳制和过渡性管理。

乡绅因其名气和地位被认为是本地区的权威，并获得了某些特殊的权力，如一定程度的处理民事纠纷的权力，在传统社会治理中发挥着主导作用。受制于生产力和地域特征，乡绅们所能影响的区域比较固定，以熟人社会居多。这些乡绅掌控着相对稳定的经济来源，并定期主持举办一些仪式性的祭祀活动，在普通民众心目中享有的声望甚高。所以，当发生邻里纠纷时，便需要有相当权威的人来“主持公道”。

而所谓的“公道”，“在差序格局里，公和私是相对而言的，站在任何一圈里，向内看也可以说是公的”[③]，并且只能由有相当权威的人来管理和引导这些“私”，并形成相关的秩序加以规范，那么“人们各为其私的行为就能在客观上起到‘成公’的作用”[④]。所以，乡绅可以充当“公”和“私”之间的润滑剂，而这种功能性的作用，被历代统治者所关注。如洪

① （明）袁袠：《诘盗议》。

② 黄仁宇：《中国大历史》，生活·读书·新知三联书店 1997 年版，第 191 页。

③ 费孝通：《乡土中国·乡土重建》，群言出版社 2016 年版，第 31 页。

④ 周可真：《明清之际新仁学——顾炎武思想研究》，中国大百科全书出版社 2006 年版，第 99 页。

武三十年(公元 1397 年),明太祖朱元璋命户部制定了《教民榜文》,赋予了乡绅治理基层地方事务的权力。①

其实,落实到具体环境里,比如最底层的村落宗族,依旧是“社会性的道德”占据主导,“乡土社会是靠亲密和长期的共同生活来配合各个人的相互行为,社会的联系是长成的,是熟习的,到某种程度使人感觉到是自动的”②。因此,东南沿海地区的精英阶层也不例外,具有地方性利益诉求,甚至会利用或联合下层民众,向最上层统治者和其他精英阶层诉求自身利益。精英阶层会在利益链上向下和向外寻找所谓的“盟友”,为此东南沿海地区下层民众有了出海贸易的机会,外番也有了在中国经商的机会。在东南沿海地区的海禁问题上,不同阵营的精英阶层围绕着如何对待“祖制”的问题进行博弈。同样,虽然地方施行严格的保甲制度,但由于生产力的限制,信息并不一定可以完全传递到君主那里,地方精英阶层可以选择性地控制信息的传递。

统治者试图设法绕过地方精英阶层,比如,直接委派官员到地方等,其结果是依旧无法完全规避地方精英阶层的干涉。毕竟地方精英阶层的利益诉求往往和该区域的地域特色相联系,地方精英阶层生于斯长于斯,与底层民众有千丝万缕的关系。在传统中国国家统治力度相对薄弱的广大乡村,乡绅的地位、影响在某种意义上已经远远超越了有着合法身份的地方官吏,地方官吏也不得不倚仗当地乡绅的势力。乡绅作为官

---

① 《教民榜文》规定:“民间户婚、田土、斗打、相争一切小事,不许辄便告官,务要经由本管里甲老人理断。若不经由者,不问虚实,先将告人杖断六十,仍发回里甲、老人理断……老人、里甲与邻里人民,住居相接,田土相邻,平日是非善恶,无不知晓。凡民有陈诉者,即须会议,从公剖段。许用竹蓖荆条,量情决打……老人理词讼,不问曾朝觐、未曾朝觐,但年五十之上,平日在乡有德行、有见识、众所敬服者,俱令剖决事务,辨别是非。有年虽高大,见识短浅,不能辨别是非者,亦置老人之列,但不剖决事务……乡里有等顽民,平日因被老人责罚,怀挟私恨,以告状为由,朦胧将老人排捏妄告者,事发,顽民以重罪……凡理讼老人有事闻奏,凭此赴京,不须文引。所在关隘去处,毋得阻挡。余人不许。如有假作老人名目,赍此赴京言事者,治以重罪。”参见刘海年、杨一凡总主编:《中国珍稀法律典籍集成》(乙编第 1 册),科学出版社 1994 年版,第 365 ~ 645 页。

② 费孝通:《乡土中国 · 乡土重建》,群言出版社 2016 年版,第 49 页。

与民的中间环节,替代官府部分的职权,成为地方的实际统治者。所以虽然乡绅没有司法之形,却有司法之实,按照寓“私”于“仁”的行为逻辑,加之自身“以身作则”,使得规则更加人性化。

在遇到民事纠纷时,乡绅对家庭伦理也可以有权威的诠释,可以教导争端的双方,使他们为自己的“鲁莽”行为感到“羞耻”,从内心上教化双方,在一定程度上治“标”又治“本”,最终实现“通过‘间接管制’将各项‘民规习俗’延续下去”①。宗族必然要求进行联合,以抵御外部势力的市场竞争,“无论生死,祖先(主要是氏族首领的祖先)都在保护着‘家园’——本氏族、部落、部族(酋邦)、国家的生存和延续”②。同时,担任联宗的族长之类的乡绅,必须要起到凝聚宗族力量的作用,“其主观目的是沟通天人,和合祖先,降幅氏族;其客观效果则是凝聚氏族,保持秩序,巩固群体,维系生存”③。

从传统文化中的儒家思想也可以看出本意是求“和”。“儒家极其重视人类的‘能群’,也就是说善于团结、善于组织”④,即儒家把人生意义、生活价值放置在人际关系而非自我个体中。⑤ 践行儒家思想之精髓要求互动的表现不能单独作用,“个人首先是与‘大家’一起活着”⑥。这中间就需要大量的联合的过程,比如构建单属于一个族群内部的话语体系。费孝通先生曾言,社群内部会生成某种特殊的语言,“必然会因个人间的需要而发生许多少数人间的特殊语言,所谓‘行话’”⑦。

所以往往会出现两种极端,一是地方精英阶层对于该区域民众盘剥

---

① 刘伶俐、吴江龙:《浅论明朝政治制度中的困境——以黄仁宇〈万历十五年〉为范本》,载《东南大学学报(哲学社会科学版)》2015 年 S1 期。

② 李泽厚:《由巫到礼 释礼归仁》,生活·读书·新知三联书店 2015 年版,第 5 页。

③ 李泽厚:《由巫到礼 释礼归仁》,生活·读书·新知三联书店 2015 年版,第 11 页。

④ 苏亦工:《天下归仁:儒家文化与法》,人民出版社 2015 年版,第 70 页。

⑤ 参见李泽厚:《由巫到礼 释礼归仁》,生活·读书·新知三联书店 2015 年版,第 133 页。

⑥ 李泽厚:《人类学历史本体论》,天津社会科学院出版社 2008 年版,第 12 页。

⑦ 费孝通:《乡土中国·乡土重建》,群言出版社 2016 年版,第 14 页。

过多，导致民众更倾向于朝廷委派的官员，即联合其他精英阶层来抵抗本土精英阶层；二是地方精英阶层对于该区域经营较好，民众愿意和本土精英阶层联合起来共同对抗外来精英阶层。总之无论是哪一种，都无法直接越过地方精英阶层。朱纨就曾说，“臣整顿海防，稍有次第，而御史周亮欲侵臣权，致属吏莫肯用命”①。朱纨面对的是第二种情况，“中朝士大夫先入浙、闽入言，亦有不悦纨者”②，地方精英阶层和民众比较贴近，导致其与朝廷派来的重臣之间的矛盾非常激烈。朱纨想要“鞫论明确，宜正典刑”③的主张也得不到完全贯彻落实，反而御史周亮等弹劾朱纨“举措乖方，专杀启衅”④：

> 因及福建防海副使柯乔、都指挥使卢镗“党纨擅杀，宜置于理”。帝遂夺纨官，命还籍听理。遣给事中杜汝祯往福建，会巡按御史陈宗夔讯乔等，并核纨事。汝祯、宗夔勘纨“听信奸回，柯乔、卢镗擅杀无罪，皆当死”。奏下兵部，尚书丁汝夔如其议上。帝从之，命乔、镗系福建按察司待决。纨恚自杀，士论惜之。遂罢巡抚御史，不复设。⑤

在明代中后期的东南地区的村落中，还有所谓“联宗”的现象出现。蕴含在“联宗”现象中的“名正言顺”的意义，本身也是符合“历史唯物主义”理论的。“君子生非异也，善假于物也”，这是因为君子的本能就是“谋发展”，“这也正是马克思的贡献所在：指出以生产工具为核心和标志

---

① (清)夏燮撰：《明通鉴》(下册)，王日根、李一平等校点，岳麓书社1999年版，第1621页。

② (清)夏燮撰：《明通鉴》(下册)，王日根、李一平等校点，岳麓书社1999年版，第1621页。

③ (清)谷应泰撰：《明史纪事本末》卷五五，中华书局1977年版，第846页。

④ (清)谷应泰撰：《明史纪事本末》卷五五，中华书局1977年版，第847页。

⑤ (清)谷应泰撰：《明史纪事本末》卷五五，中华书局1977年版，第847页。

的生产力的发展是社会存在的根本柱石"[①]。明代中后期的东南地区的"联宗"现象，正是乡绅们"善假于物"的具体表现，对于整个社会而言，这种治理的成本相对降低。因为单个个体具有很大流动性，不容易管控，基层社会治理成本较高。但是倘若此个体是包含在某个村落氏族里面的，假如该个体作出了违反社会秩序的行为，那么想要追求该个体的相关责任会相对容易；同时这个村落氏族也会主动去约束某个违法犯罪的个体，因为这关乎这个村落氏族在市场中的生存，约束规则"是民众依据法律条款以及民间认同的道德守则制定而成……若有违反者，家庭或家族则施以鞭笞，或者死后不许葬入家族墓地，从族谱中出名等属于'荣誉刑'的处置办法"[②]。

明代中后期的东南地区"联宗"的出现也符合现代经济学的理论："除了在生产（production）上合作之外，在消费（consumption）和储蓄（savings）上，也都有共存共荣、休戚与共……一般人会觉得，这是民风淳朴使然……手足之情不是凭空而来，而是事出有因、具有功能性的内涵（functional purposes）。"[③]能够使民众遵守规则的根源，并不是单纯的所谓"血缘性"，更多依旧是"社会性"。事实上到了明清时期，血缘纽带只是一个名义上的"前提"，并不是长久的"核心凝聚力"。因为在这个相对固定的生活区域内，这些个体为私人利益谋取发展，谋求该族群的"庇护"，以便以更小的成本获得更大的收益，这才是"联宗"的本质所在，实实在在体现"仁"的本义[④]，这是一种契约性质的互惠关系。只要是社会

---

① 李泽厚：《人类学历史本体论》，天津社会科学院出版社 2008 年版，第 12 页。

② 彭林：《"礼治"背景下的中华"软法"》，载沈岿、彭林、丁鼎主编：《传统礼治与当代软法》，北京大学出版社 2017 年版。

③ 熊秉元：《正义的成本：当法律遇上经济学》，东方出版社 2014 年版，第 32 页。

④ "仁是两人以上的关系，是两人之间及两人以上之间的非亲属性的亲爱关系，是两人或两人以上相互尊重、关怀的关系。故从仁的存在论或仁的本体论角度看，人的存在本质不是个体的独自生存，人的存在本质必定是人与人的关系，由此亦可见仁学本体论或仁学形上学的人伦基点。"参见陈来：《仁学本体论》，生活·读书·新知三联书店 2014 年版，第 82 页。

关系，其结构必然“受到共同价值的影响”[①]，我们不但要关注这种结构所承载的规范，更要注意分析其背后所指向的价值以及这种社会关系与其他社会关系之间的联系。

一般而言，“个体在社会交往中获得的报酬往往会使其他个体付出一定的代价”[②]，在村落氏族与村落氏族之间博弈时，确实会存在这种现象；但是反观村落氏族内部，“更多的”则是会出现一种“共赢”的状态（其实村落氏族和村落氏族之间也会出现这种状态），“这并不意味着大部分社会交往都是零和博弈，在这种零和博弈中，某些人的所得依赖于其他人的所失。恰恰相反，个体们之所以相互交往，是因为他们都会从交往中获益。但他们不一定都获得同样的好处，他们也不一定同等地分担提供收益所需的成本”[③]。这也是为何会出现明代中后期的东南地区“联宗”现象。

不同于宋以前的门阀世族，宋元以后尤其到了明代中后期，地方宗族或是仕途上有了一定的作为，或是积攒了丰厚的家产，这些村落氏族发展更加平民化，从某种意义上来说，也经过了市场的优胜劣汰。同时，正是因为此，对族内成员的管理出现了变化，宗族的组织化、乡约化开始不断规范，族规的效力不断加强，宗族形成了严格的内部规则，“夫礼，天之经也，地之义也，民之行也”[④]。所谓“礼数”中的“数”，是指“规范化了的各种秩序、过程、行为、规矩等种种细节”[⑤]。

因为自宋以后，乡村宗族人员越来越多，成分越来越复杂，所以仅仅想要通过形式上的所谓宗族观念以及原本就很薄弱的血缘纽带，实在难以长久维系宗族，因此必然要通过一定的内部规则去规制，“传统中国社

① [美]彼得·M. 布劳：《社会生活中的交换与权力》，李国武译，商务印书馆 2008 年版，第 47 页。
② [美]彼得·M. 布劳：《社会生活中的交换与权力》，李国武译，商务印书馆 2008 年版，第 50 页。
③ [美]彼得·M. 布劳：《社会生活中的交换与权力》，李国武译，商务印书馆 2008 年版，第 50 页。
④ 《左传·昭公二十五年》。
⑤ 李泽厚：《由巫到礼 释礼归仁》，生活·读书·新知三联书店 2015 年版，第 25 页。

会的家训与族规是最典型的'软法'……内核不外乎两点:一是作为家族成员行为规范的底线;二是鼓励向上的格言,将人格教育生活化"[①]。宗族管理机构对族人施行辖制的依据被称为族规,"族规就是宗族内部的法律"[②],事实上,族规的"很多条款也具备行为模式与法律后果这一法律规范特有的逻辑结构"[③]。这些基层领域虽然名义上以"私"为主,民众之间多少会"沾亲带故",但是矛盾和纠纷同样存在,甚至有时候这些矛盾和纠纷处理起来比陌生人社会的矛盾和纠纷更加棘手。因此也需要一定的"秩序"来规范,"以伦理为轴心的'宗教、伦理、政治三合一'的'礼'……渗入形式性、规定性较强的'法'中来延续和维系这个'三合一'"[④]。

在古代,官方律法一直被广泛关注,在调节整个社会秩序过程中起着至关重要的作用。但是,古代的官方律法往往带有一定的局限性,就是没有办法让人们心甘情愿地去"守约"。这种强制力无法直达人的内心,构成人内心的"谨守规矩","过分倚重于国家法律的控制手段,轻视宗族的作用,社会控制机制就会失衡,不利于从根本上圆满解决问题"[⑤]。人选择不去"守约",是因为"不守约"带来的好处要大于"守约"带来的好处;而一旦"守约"带来的好处大于"不守约"带来的好处时,人便会主动积极地选择"守约"。

但凡有乡民族人不遵守族规,其他民众对其反感程度就会非常深,甚至远超对其不遵守国家律法的反感程度,"众人的谴责(如怒目视之),

---

① 彭林:《"礼治"背景下的中华"软法"》,载沈岿、彭林、丁鼎主编:《传统礼治与当代软法》,北京大学出版社 2017 年版。

② 陈江:《明代中后期的江南社会与社会生活》,上海社会科学院出版社 2006 年版,第 76 页。

③ 张中秋:《乡约的诸属性及其文化原理认识》,载《南京大学学报(哲学·人文科学·社会科学版)》2004 年第 5 期。

④ 李泽厚:《由巫到礼 释礼归仁》,生活·读书·新知三联书店 2015 年版,第 61 页。

⑤ 刘作翔:《转型时期的中国社会秩序结构及其模式选择——兼对当代中国社会秩序结构论点的学术介评》,载沈岿、彭林、丁鼎主编:《传统礼治与当代软法》,北京大学出版社 2017 年版。

而众人的谴责之所以常能奏效，除了因为它自身带有的‘集体强制力’之外，还因为它与某种恐惧感联系在一起”[①]。这种“恐惧感”就源自集体对自己“不认可”的“不安全感”，“人类社会经过长期的演化，已经摸索出一些人同此心、心同此理的取舍尺度”[②]。

这里并不是在否定正式律法的重要性，而只是在强调，在最基层的村落乡里，事物发展瞬息万变，区域的特殊性更为明显，这时候“乡约族规”作为“软法”的重要性会越发突出，“法条成为参考坐标（reference framework），而且是直觉反应，这是优点。可是，对于比较困难的案例，尤其是一些新生事物，法律通常没有规定；一旦没有法条为依恃，思考上似乎就茫然不知所从。因此，以法条为因应，并不十分可靠……就一般人而言，无论学的是自然科学或社会科学，通常是以‘风俗习惯’为参考坐标”[③]。

此外，民众主动“守约”的社会治理成本比因官方律法的强制规定而被动“守约”的社会治理成本低。由于生产力的局限以及古代基层官员分配的缺少，在一些非重大的刑事案件或民事纠纷中，官员不可能事无巨细地监督和管理。如果这么做的话，基层社会治理成本将无限拔高，“尤其是在处理那些地区范围比较小，人们之间的关系比较亲密，争执时间较长，争执的性质和后果不大的纠纷时，运用具有‘私’法性质或礼俗规范机制的宗族制度就非常有效”[④]。

像朱纨等人，都是禁令的坚持者，公开批评东南沿海地区地方精英阶层的欺骗和背叛，对地方政府日益减小的影响力感到不满。地方精英阶层的虚与委蛇让朱纨这种地方大员在推行海洋贸易法律制度时捉襟

---

① 朱晓阳、侯猛编：《法律与人类学：中国读本》，北京大学出版社 2008 年版，第 176 页。

② 熊秉元：《正义的成本：当法律遇上经济学》，东方出版社 2014 年版，第 28 页。

③ 熊秉元：《正义的成本：当法律遇上经济学》，东方出版社 2014 年版，第 24 页。

④ 刘作翔：《转型时期的中国社会秩序结构及其模式选择——兼对当代中国社会秩序结构论点的学术介评》，载沈岿、彭林、丁鼎主编：《传统礼治与当代软法》，北京大学出版社 2017 年版。

见肘，无法作出准确分辨和判断，“室家族戚，可保无虞，曰今兹之寇，是倭也，我无预也，人亦曰是倭也，彼无预也”①。朱纨的悲剧，正如茅坤在《与赵玉泉大巡书》中谈到的“敌国外夷，得权厚贿以深入行间，间有小挫，亦唯责其成功，而往往宽其文法，故得以缓急如意”②。

所以在传统中国的乡村中，官方律法没有办法完全让民众遵照执行，在约束民众方面效果不佳，反倒是“乡约”起到了关键性的作用，这也得益于其形成的原因。这种“乡约族规”与其说是用于规范乡民、族民的章程制度，倒不如说是众乡民、族民在本地域特殊的社会经济环境下，约定俗成、需要共同遵守的具有“合同性”的契约，“客观的公平正义并不存在，而特定时空下的公平正义，是由环境里的相关条件所烘托而出的！清官难断家务事，所以更需要找到好的基准点，作为参考坐标”③。所以，这种“乡约族规”因“商谈沟通而具规范性”④，因为“无论强制性规范还是非强制性规范，都需要藉由沟通、也有可能主要藉由沟通实现其效果”⑤。

倘若让官府作为第三方介入进行治理和管理，效率将非常低下，官府甚至无法做到具体了解事态的真实面貌。但是“乡约族规”不仅可以让当事人相互监督管理，而且可以形成有效的惩戒机制，“这种指责本身表明回报是人们所期望的，并且，它作为一种社会制裁，使个体不要忘记他们对伙伴的义务”⑥。例如某族内的某甲做了有损族规的事，在不久的

---

① (明)薛应旂：《御寇论》。

② (明)茅坤：《与赵玉泉大巡书》。

③ 熊秉元：《正义的成本：当法律遇上经济学》，东方出版社 2014 年版，第 84 页。

④ 沈岿：《“软法”概念正当性之新辩——以法律沟通论为视角》，载沈岿、彭林、丁鼎主编：《传统礼治与当代软法》，北京大学出版社 2017 年版，第 41 页。

⑤ 沈岿：《“软法”概念正当性之新辩——以法律沟通论为视角》，载沈岿、彭林、丁鼎主编：《传统礼治与当代软法》，北京大学出版社 2017 年版，第 41 页。

⑥ [美]彼得·M. 布劳：《社会生活中的交换与权力》，李国武译，商务印书馆 2008 年版，第 51 页。

将来,该事件必然会被族人甚至同村的人知晓,那么这时候他将无法在这个地方生存。因为在传统中国的乡村社会,一个人若是脱离了家族或者乡里,是很难生存的,他非常依赖这个族群、这个相对固定的环境。因此,某甲可能会一定程度地无视官方律法的相关规范,但是却不敢违背“乡约族规”的任何规定。他不怕被官府追究责任(有时会无疾而终),但是却不愿被族人乡民所唾弃,“乡约族规”的这种无形的约束力,甚至超过了严刑峻法的约束力,“一种更为深刻的道德必须不仅仅以群体压力和长期利益为基础,而且必须主要以内化的规范标准为基础”①。

万历三十五年(公元1607年),明朝兵部移文朝鲜官方:“凡视汛之时,遇有船舰,若系漂流商民,不操器械者送还中朝,若系劫贼,不论是否中国人民,概行剿截,其两阵交击格杀,自宜相当。如有就执者,审系中国人民,即告致阙下,于以置之典刑,使贼民晓然,知该国之不易与,而天朝之不纵奸。”②原本海洋贸易执法管理就属于管理比较松散的领域,地方精英势力一直在慢慢介入,并建立了一种潜在的契约关系,这种契约关系已经渐渐取代了原有的管理关系。这种状况的存在是由政治本身发展不成熟造成的,同时东南沿海地区的边境局势只要稍有安定之相,相关政策就会松懈,“三十年夏四月,浙江巡按御史董威、宿应参前后请宽海禁,下兵部尚书赵锦复议,从之。自是舶主土豪益自喜,为奸日甚,官司莫敢禁”③。同时可以看出,“有耻且格”作为“乡约族规”在传统中国乡村社会治理中的礼法价值,充分体现了传统法文化背后的精神,“这个‘阳儒阴法’远不只是以‘儒’为装饰为欺骗的浅薄含义,而更是以儒家的伦理道德立场……追求在历史与伦理二律背反中尽可能争取到适当的度……创立了一整套的宗祠、义塾、乡规、族约、家礼,使这‘三合一’

---

① [美]彼得·M.布劳:《社会生活中的交换与权力》,李国武译,商务印书馆2008年版,第53页。

② 《明神宗实录》卷四四〇。

③ (清)谷应泰撰:《明史纪事本末》卷五五,中华书局1977年版,第847页。

(宗教、伦理、政治)更为牢固"[①]。

最后,个体遵守"乡约族规"有明显的好处,就是获得家族的认可,从而使村落氏族的优越性加持在己身。在传统中国社会中,市场主体往往以村落氏族为单位参与竞争,本身也存在着优胜劣汰的现象。某些村落氏族能够生存繁衍下来,并能制定出详细而行之有效的"乡约族规",显然具有一定的族群优势和地域优势。所以,某族人或某村民一方面虽然受到"乡约族规"的约束,但另一方面也享受着这个村落氏族带来的各种庇护和优惠,村落氏族奖惩结合,以增加族人"守约"的积极性。起到约束作用的原因就是同一社群内的"同质性"。同质性包含在"乡谊""血亲"之间,可以减少在社群内部交流的压力,减轻交流时的信息障碍,而且这种亲密的关系具有稳定性;由于同质性的关系,族人或乡民在发生摩擦时,相互之间的容忍度也会相对较高。这种约束力由"权威性权力"和"弥散性权力"[②]相结合而成,且以"权威性权力"(血亲)为表现形式,事实上,它真正的权力依托和根源是"弥散性权力"(市场),更为确切地说,应当是二者的杂糅。

所以,即便是在嘉靖朝海洋贸易法律制度总体趋严的情况下,双方或多方之间的博弈时不时影响着权力的对比,从而影响禁令的具体变化。从"朱纨被罢"一事上就可以看出,地方精英阶层联合朝中臣僚左右地方大员任免的事例时有发生。在此之前,舟山双屿岛作为基地负责商业交易,一些有影响力的势家给予他们支持和保护。即便势家为了满足航运需要,建造了大船并用它们携带禁榷之物,当地官员也不敢多加干涉。

另外,明朝东南沿海地区的士绅虽然不属于世袭贵族,但具有贵族

① 李泽厚:《由巫到礼 释礼归仁》,生活·读书·新知三联书店 2015 年版,第 63 页。

② [英]迈克尔·曼:《社会权力的来源》(第 1 卷),刘北成、李少军译,上海人民出版社 2002 年版,第 10 页。

文化基因特点,这种特点既融合了先前的精英文化,又适应了当下的时代变迁。这种贵族文化基因特点,使得虽然没有明确的规则去保障地方精英阶层的权益,但是长久以来的“习惯”已经使他们为保持区域优势地位,在战略上熟练运用他们家族的经济和人力资源。同时这种熟练运用融入基因中,构成了“连续性”,并作为一种恒定优势,更好地保障将来的利益。地方精英阶层长期与地方社会接触,所以能适时地根据最新的地区特征,提供一种管理公共领域的新兴手段,以确保社会再生产。

从形式上讲,这种手段是在国家的政治权力范围内实施的,士绅们通常会与朝廷或朝廷派遣的代表合作。但毕竟“天高皇帝远”,明廷即便想管理地方政权,也会被时间和空间所消耗,所以出现了对海洋贸易管制不那么严格的时期,某种程度上地方精英阶层填补了管理空白,在地方发挥着举足轻重的作用。当时政治本身发展的长期不成熟,导致了朝廷代表的话语权的衰落。所以东南沿海地区海洋贸易法律制度的推行,必须要依靠地方精英阶层的力量,“通谕豪家大族,及里巷豪杰,各为身家,并力拒守,其有能团结乡民,保固村镇者……审其果能保障一方”[①]。但这么一来,又必须要向地方精英阶层作出事实上的权力让步,导致越想推行好禁令,地方精英阶层对地方的实质管理权力越多。

第二节　“隆庆开海”前倭患的阶段性平定

一、耗费巨大财力,代价重大

明代中后期的边患问题主要来自“南倭北虏”,二者交相为患。东南诸省饱受侵略,朝廷亦花费大量人力财力以平定边患。“四夷不庭,固王法所当诛。然成祖竭天下之力,三犁其庭,而竟不能贻数十年之安,则其

① (明)屠仲律:《御倭五事疏》。

难可知矣……乃顷者倭寇内侵，数年奔命，竭东南之力，而驱之出境，且不可得矣”①。常年的祸患导致朝廷没办法在江南之地获取稳定的税收，“夫以天下之大，其半仰给于江之东、浙之西，无事尚不支。而况祸生于肘腋之下，难作于枕席之间者乎？故三吴之困，天下之忧也。此非吴人之私忧过计也”②。

胡宗宪也在《为议处紧急海寇以救生灵以安根本事疏》中谈到“臣等切惟南都乃祖宗根本之地，吴越为天下财赋之源”③，整个“吴越”地区是中央朝廷的财富的来源地。东南沿海地区的海洋贸易是吴越地区的商品经济不可分割的一部分，“牵一发而动全身”，倘若难以确保海洋贸易的正常运作，就难以保证自然生长的市场秩序有序运行，从而影响整个赋税体系，“然以海内大势较之，国家财赋尽仰给于东南，而西北所供，不足以当东南之半”④。

在对外贸易上，西北的边境互市所带来的利润远远不如“东南海市”所带来的利润，“至西北互市与东南海市，其于国计民生损益利病，试两持而并较之，不啻天壤易判、黑白易分也”⑤。所以通过海洋贸易来增加税收，有利于减轻农民的沉重赋税，可以减轻人口增加与耕地减少之间的矛盾，减少愈演愈烈的土地兼并现象，“东南之民方困，而派常赋之外，海防未已，而继之以提编，均徭提编未已，而又加以民兵工食……但东南自嘉靖三十二年兴师以来，劳费不备，致廑宵旰之忧者，凡以为生民也”⑥。因此明代中后期海洋贸易法律制度的强制推行，直接影响了沿海百姓的生存以及国家税收，“国家财赋，大半仰给东南”⑦，而“东南之民

① （明）谈迁：《国榷》，中华书局1958年版，第3609页。

② （明）袁袠：《诘盗议》。

③ （明）胡宗宪：《为议处紧急海寇以救生灵以安根本事疏》。

④ （明）张瀚撰：《松窗梦语》卷四《三农纪》，萧国亮校点，上海古籍出版社1986年版，第65页。

⑤ （明）张瀚撰：《松窗梦语》卷四《商贾纪》，萧国亮校点，上海古籍出版社1986年版，第77页。

⑥ （明）郑若曾撰：《筹海图编》，李致忠点校，中华书局2007年版，第710页。

⑦ 《明世宗实录》卷四一七。

赋役繁重……小民困苦之极”[①]。如唐枢就建议适度开放海洋贸易然后收税，“内地人赍货出海，先于定海关开递报单验过取，照随赴提举司起票起收税。衙门纳税，纔往列港成交，其买回夷货，亦先于定海关开递报单，验过取照，复赴提举司赴票，赴收税衙门纳税”[②]。并且设立收税官员，“收税专设布政司官一员，往札定海关税物随送定海县贮解，一赍货往来定限，定海港一路，不得别由他道违者即同私自通番”[③]。如此一来必可增加东南沿海的财赋，有利国计民生，“而财赋之入，皆自东南而来……而以浙西东濒海一带，而繇海通运，使人习知海道，一旦漕渠少有滞塞，此不来而彼来，是亦思患预防之先计也……颇知海舟之便，舟行海洋，不畏深而畏浅，不虑风而虑礁……一如番船之制，夫海运之利，以其放洋，而其险亦以其放洋。今欲免放洋之害，宜预遣习知海道者……傍海居民、捕鱼渔民、煎塩竈丁逐一次第踏视，海涯有无行舟横道”[④]。但很可惜，唐枢提出适度开放海洋贸易然后收税的建议，并未在东南沿海地区具体实施。

庞大的财政支出会加重社会税收负担，资源的紧张也会逐渐侵蚀国家有效统治的范围，无法为执法管制所需要的费用提供财政保障，“夫何近日内帑空虚，国计困乏，边储多者无二年之积，州县贫者无十金之藏，一议出兵，便忧缺用，甚者贱鬻散官，已行古衰乱苟且之法矣，不知有事之时，更将何处。且在祖宗朝，同此土地，同此税粮，岁常蠲免，而又外讨戎夷，内营城阙，财常有余。今则上无前数者之费，下未尝得免一年之租，而已财用困竭如此”[⑤]。再加上天灾，使得原本已经入不敷出的财政

① （明）唐枢：《复潘笠江姜蒙泉守巡二公》。

② （明）唐枢：《上督府开市事宜》。

③ （明）唐枢：《上督府开市事宜》。

④ （明）丘濬：《漕运之宜》。

⑤ （明）胡世宁：《备边千策疏》。

更是雪上加霜，“一以两浙三吴之地，自用兵以来，连岁荒旱。民多艰食而军需百务，皆取足焉”①。当时分配给东南沿海地区的财赋有限，“以有限之财赋”②去执行海洋贸易法律制度捉襟见肘，往往“动经日月而饷给十倍，尚犹不足”③，导致民生凋零：

> 照得倭寇连年侵犯中国，盖南自闽浙……皆被其害，而江南……田赋甲于天下……今皆屡经劫掠焚烧之祸，农人释耒，盐丁罢竈……亏损钱粮……此非特东南数郡之忧，关系国家大计。及今不捐银数十万急为整备，恐他日所失，要不止于数百万而已。此臣为财赋而言，至于人民荼毒，闾井萧条，就使生养休息，不十余年，未得复旧。兴言及此，实切忧惧。再照倭寇侵犯，倭之入犯，皆以内地奸民，勾引其中类，多福建、浙江并江南、江北、直隶之人。或奸豪射利之徒，或勇悍无聊之众，赍粮漏师，肆无忌惮，结党效尤，苟活旦夕，若不早为区处。日甚一日，其祸不啻烈于戎狄而已……将福建、浙江并江南、江北地方通番从贼者，作何处治。庶几外有爪牙之卫，内无腹心之忧。田赋盐课，要紧地方。得保无虞矣。④

这些执法费用大多还是由地方摊派，“乃自现有各种税收内统添上一种‘兵饷’的附加税，所征收限于为倭寇侵扰的地区，只因为附加率低，收集时尚不发生太大的困难。只是有些县份之内原有税额已近于最高限度，再经过此番之附加，则所有可以征收的税源至此用罄，以后再想增

---

① （明）胡宗宪：《题为献愚忠以图安壤事疏》。
② （明）严从简：《殊域周咨录》（卷三），余思黎点校，中华书局 1993 年版，第 89 ~ 98 页。
③ （明）徐献忠：《与总督梅林胡公》。
④ （明）郑晓：《重大倭寇乞处钱粮疏》。

税，即无能为力矣”[①]。连年执行禁令，导致“今兵事方殷，米价腾贵”[②]“每年总该若干，应于何处处给。南方地无遗利，闲田甚少，若议清查，未免反滋侵扰之弊”[③]。为了筹集推行海洋贸易法律制度的执法经费，明廷加重了民众的税收，这为明朝最后的崩溃埋下了隐患。尽管明朝的灭亡最终归因于明末农民起义以及满清入关，但实际上它是一个长期积累的过程。

民众和国家的冲突消耗着国家财富，并降低了国家履行相关职能的能力。同时，这一进程伴随着社会秩序的崩溃和财富的毁灭，看似早期私人海上贸易能促进经济增长，但这是建立在明廷“懈怠”执法管理的基础上的；一旦政府试图限制或禁止，东南沿海地区的区域性特色经济的正常运作便会受到严重影响，这也导致各地出现亏空巨大和拖欠费用的现象。

> 照得东南水陆兵粮往往有缺，至有一月不给者，军士万里捐生，日望数升之米而已，而又不时给之……浙江军饷银四十七万两，江南五十余万两，江北一十六万两，其初皆算兵而赋民。原无赢余，若民间拖欠十数两，则缺却一军之食，万军不能一军空腹，而万两不能铢两无欠，加之民赋有灾伤减免，而军饷无赢余处补，宜其不能时给而主怨……古者军兴之费，不尽仰于民，今民力之困有倍，当时用兵之期，未知结局，而朝廷毫无变通之法，不知何所底止。多取之山泽、鼓铸、筦榷、商贾之利，故前史称不加赋而用足。今民间搜括已尽，无可处补。而军门亦无所谓山泽、筦榷之利。[④]

---

① 黄仁宇：《中国大历史》，生活 · 读书 · 新知三联书店 1997 年版，第 205 页。

② （明）徐阶：《答孙联泉按院》。

③ （明）杨博：《覆督察军务侍郎赵文华条陈海防疏》。

④ （明）唐顺之：《条陈海防经略事疏》。

明代中后期在对违反海洋贸易法律制度执法管理时，地方负责行政执法的官员频频被罢免，这表明了这些临时补救的制度措施，并不能很好地解决积蓄已久的问题。尤其是在执法管理中投入的人力物力加大，民众的赋税负担越来越重，地方的财政压力也越发加大，民众苦不堪言，“问题愈严重化，明政府愈暴露了本身之弱点。有的卫所早已在历史之中被疏忽遗忘，此事无从动员……更缺乏款项足以供非常状态之开销”[①]。

因此，明廷所面临的问题越发严重和复杂。一方面，地方州县为了自身利益，进行权钱交易的现象屡见不鲜，以致海洋贸易的法律制度形同虚设，无法得到有效实施；另一方面，尽管民间的海洋贸易在畸形中逐渐发展，却未能获得官方的正式认可与保障，这使得民间的海洋贸易中潜藏着巨大的冲突与矛盾。这些因素导致了东南沿海地区的民众“铤而走险”，而官吏则借此机会敲诈民众，寻租权力，致使法律在实施过程中频频被违背，损害了法律的权威，也削弱了民众对正常法规的遵守意愿。明代中后期，有关海禁的严厉律例层出不穷，管理海洋贸易的机构频繁撤设，相关政策反复无常，执法管理中投入的人力物力不断加大，民众的赋税负担日益沉重，地方的财政压力愈加加剧，民众苦不堪言。

尽管明代后期的倭患经历了阶段性的平息，但明廷为此付出了巨大的财力和人力，几乎倾尽全国之力对倭患进行镇压，严重损害了东南沿海地区人们对法律权威的认同与遵从，也削弱了国家的向心力，实乃代价惨重。这一现象的根源在于明朝的整个制度建立在农业经济的基础之上，“所谓兴利者，利农事也”[②]“国待农战而安，主待农战而尊”[③]，因此赋税的稳定来源主要是农业，而来自手工业或商业贸易的税收相对而言

---

① 黄仁宇:《中国大历史》,生活·读书·新知三联书店 1997 年版,第 204 页。

② 《管子·治国》。

③ 《商君书·农战第三》。

则显得不够稳固。

这种以农民为主体的“内向和非竞争性的国家”，在其政治取向和法律制度的制定上采取内向紧缩政策。以乡村为最基础的部门，在此基础上建立了专制政体，“则预先制造一种平衡的局面，使各地区勉强地凑合一致，因此他们背世界的潮流而行，与宋朝变法的人士立场相左，而整个地表现内向”①。这种政体结构，不主张发展多元化的经济模式以增加整个国家的财富，而是以平衡的方式维护王朝的安全。

因此整个王朝似乎是一个大村庄而不是一个国家，“可能”不需要商业，在海洋贸易问题上以“遏制”经济的多样化立法和执法模式作为基调。这种现象导致商人的法律地位并不高，大多得不到法律制度的支持。这不仅不利于实现法律的预定目的和节约法律的成本，而且极大地复杂化了社会关系。这点从郑若曾认为番邦缺少对自己国家国民的控制上可以看出，“今尔倭劫掠居民，念惟王国律例严明，部民盗一鸡一犬者，必杀无赦，岂有纵民侵劫之理。必是欺蔽国王，私出为非……王若能守祖宗之大法，思圣朝之厚恩，愤部民之横行，分投遣人严加约束，不许私出没海洋，侵扰中国，使边境宁静，衅隙不生，共享和平之福”②。黄仁宇也对明代这种“内向”的发展态势作出解释：“官僚阶级既将他们心目中的政府当作一种文化上的凝聚力作用，其目光有离不开小自耕农用精密耕作的方式去维持生计，自是不能欣赏现代经济的蓬勃力量。”③

这种政体结构导致了针对手工业以及商业的赋税缺乏稳定的依据，也导致了各省之间的实质不平等，这种不平等除了影响贸易的正常进行，也最终影响了赋税的正常收取，朝廷也就无法应对违反海洋贸易法

---

① 黄仁宇：《中国大历史》，生活·读书·新知三联书店1997年版，第193页。

② （明）郑若曾撰：《筹海图编》，李致忠点校，中华书局2007年版，第156～157页。

③ 黄仁宇：《中国大历史》，生活·读书·新知三联书店1997年版，第193页。

律制度的海寇的侵袭,但是海洋贸易在当时相对于农业生产方式,属于一种新型经济模式,“从不平衡的情形而产生动力”[①],冲击着原有的经济模式。

其实之后“一条鞭法”的实施,很大程度上和之前东南沿海地区实施的海洋贸易法律制度有密切联系,因为推行禁令就必须要招募乡民,而这些费用几乎都由当地地方政府来承担,这就使得浙、闽、广等地方的税收趋向于“货币化”,虽然一方面导致了税收问题更加严重,但另一方面使“一条鞭法”酝酿产生。所以客观上,明朝后期赋税制度的实质性改革很大程度上和政治法律制度的重大变动有关。

二、东南沿海地区海患倭乱阶段性平定

嘉靖三十八年(公元1559年)十一月,“海寇汪直伏诛”[②],宣告着这次大倭乱的基本平定。当时的“海寇”头目王直,就是被重点打击的对象。其实王直不但有心归顺,还主动提供了日本国的确切情报,称“日本虽统于一君,近来君弱臣强,不过徒存名号”[③]。当时,海洋贸易逐渐全球化,能够有准确的情报信息来源,对发展国力和拓展海外交流都有积极的影响。王直能够提供相对准确的情报,越发显得弥足珍贵。这得益于像他一样的海寇(商)拥有长期航海的经验积累,这种经验具有非常强的不可替代性。因此若将王直等这类海寇(商)处死,则损失不可估量。

另外,王直的诉求除了请求赦免其罪,再效犬马之劳,就是希望“浙江定海外长涂等港仍如广中事例通关纳税,又使不失贡期”[④]。但是王直的诉求并没有被同意,王直反而因此送了命。嘉靖三十八年(公元1559年)十一月,胡宗宪将王直、叶宗满、王汝贤谳狱,并上奏道:“直等勾引倭

① 黄仁宇:《中国大历史》,生活·读书·新知三联书店1997年版,第193页。

② (清)谷应泰撰:《明史纪事本末》卷五五,中华书局1977年版,第861~862页。

③ 中国历史研究社编:《倭变事略》,上海书店1982年版,第114页。

④ 中国历史研究社编:《倭变事略》,上海书店1982年版,第114页。

夷,肆行攻劫,东南绎骚,海宇震动。臣等用间遣谍,始能诱获。乞将直明正典刑,以惩于后。宗满、汝贤虽罪在不赦,然往复归顺,曾立战功,姑贷一死,以开来者自新之路。"[①]此事到达兵部,兵部会同三法司覆议:"三犯俱不可原,仍将妻子、财产没入,庶尽法律。"[②]对于覆议,嘉靖回复:"直背华勾夷,罪逆深重,命就彼枭示。宗满、汝贤既称归顺报功,姑待以不死,发边卫永远充军。余如议。"[③]叶宗满、王汝贤免除一死,只是被发配至边卫充军,而王直却被处以极刑。

有学者评价到,王直的结局属于"个人在政治环境中的悲剧"[④]。王直也在《自明疏》中说到,自己的目的初衷是"直觅利商海,卖货浙福,与人同利"[⑤],绝对没有"勾引党贼侵扰事情"[⑥],而且掷地有声地宣称"此天地神人所共知者"[⑦]。以上虽是王直的辩解之词,但也能看出其理直气壮之意,而且从动机和违法成本方面看,王直存在"谋利"强过"图财害命"的可能。同时王直还坚称"屡立微功"[⑧],但是其请愿未被上层知道,"蒙蔽不能上达"[⑨],最后"反擢籍没家产"且"举家竟坐"[⑩],实属"无辜"。从王直被斩一事可以看出,明廷的财富主要依赖于国内的农业税收,明廷并无争夺海上贸易的垄断权或实施殖民地的海外扩张的意图。因此,像王直这样从事海商或劫掠活动的人,不仅对王朝没有任何利用价值,反而对国家稳定构成了威胁,必须予以剿灭。

---

① 《明世宗实录》卷四七八。

② 《明世宗实录》卷四七八。

③ 《明世宗实录》卷四七八。

④ 李献璋「嘉靖年間における浙海の私商及び舶主王直行蹟考[下]——海禁下に自由を求める一私商の生涯」史學 34 卷 2 号(1961 年)163～203 頁以下。

⑤ 中国历史研究社编:《倭变事略》,上海书店 1982 年版,第 113 页。

⑥ 中国历史研究社编:《倭变事略》,上海书店 1982 年版,第 113 页。

⑦ 中国历史研究社编:《倭变事略》,上海书店 1982 年版,第 113 页。

⑧ 中国历史研究社编:《倭变事略》,上海书店 1982 年版,第 113 页。

⑨ 中国历史研究社编:《倭变事略》,上海书店 1982 年版,第 113 页。

⑩ 中国历史研究社编:《倭变事略》,上海书店 1982 年版,第 113 页。

王直的问斩也反映出明朝海洋贸易法律制度的实施并非严格按照所谓的司法程序进行。地方执法官员往往不遵循常规的审判流程，而是以“灭寇”的名义直接将海寇“就地正法”。一方面，由于客观因素的限制，如执法官员人数不足和海上抓捕难度极高，明廷无法对海寇依法审判；另一方面，地方官员面对海寇的肆虐骚扰，认为采取“先斩后奏”的方式更能迅速有效地应对日益严重的海患。因此，除了朝廷认定的“罪大恶极”的“大海寇”如王直这类首脑，明廷通常采取“抓捕归案后送审问斩”的司法程序，其他海寇则多以就地处决了事。王直被送审问斩的目的主要是“杀一儆百”，以彰显明廷对违反海洋贸易法律制度的海寇严厉惩处的决心与成效。

随着王直这一海寇首领被诛，东南地区的海寇们陷入了“群龙无首”的混乱局面，原本微妙的海上贸易平衡被彻底打破，局势陷入一片无序。同时，王直被斩杀也使这些海寇对朝廷的招安政策失去了信任，“三千人皆直死士无所归，益恚恨，复大乱”[①]。这为之后浙东边境的安定埋下了隐患。但总的来说，嘉靖时期对违反海洋贸易法律制度严格推行，几乎断绝了民间私人海洋贸易，同时也对东南沿海地区的海贼、倭寇实施了严厉的执法打击。最终，在倾全国之力、耗费无数人力物力，以及对东南沿海尤其是东南沿海地区造成巨大破坏的前提下，浙东倭患终于获得“阶段性”平定。

回顾明代中后期海洋贸易法律制度的实施，可以看到这次执法的结果并不理想，明廷付出的代价巨大。除了本身制度上存在的局限性，对打击对象的过度扩大，也是造成巨大代价的一个原因。据日本学者秀城哲认为，所谓的倭寇分为“前期倭寇”和“后期倭寇”，[②] 16 世纪也就是嘉

---

① （清）谷应泰撰：《明史纪事本末》卷五五，中华书局 1977 年版，第 862 页。

② 秀城哲「16 世紀“嘉靖大倭寇”を構成する諸勢力について」千葉大学社会文化科学研究卷 8 (2004 年)203 ~ 209 頁以下参照。

靖年间活跃在中国东南部的倭寇可以定义为“后期倭寇”。这些“后期倭寇”的一个重要组成部分，就是明朝民间从事走私贸易业者。[①] 虽然这个评价还有待商榷，但除了日本倭寇对我国边境的侵袭，还应当从内部视角审视自身原因。可以看到，浙东沿海民众试图展开海洋贸易的诉求，同明朝的海禁政策存在激烈的矛盾冲突。

这种冲击的影响之深远，使得远在北方的统治者逐渐认识到东南地区的“玄关”之重要性。正因推行政策时面临重重阻力，明朝后期的统治者在海防和领海观念等方面也有所进步，其目光从大陆逐步向海洋延展。东南沿海作为屏障，直接面对整个东亚，尤其是日本，若稍有不慎，必将引发边患。

除加强对海防问题的认识外，统治者也开始调整与地方的关系。以往，统治者掌握着主要的权力和财物资源，地方若想获取这些利益，必须表现出“忠诚”或“合规”，方能从统治者那里分享一部分利益。这种“部分利益的共享”反馈至地方，具体体现在其对民众权力的支配和地方税赋的分配上。在海洋贸易方面，尽管其发展并未打破原有的权力和财富分配平衡，但由于其特殊性，地方精英阶层因具有掌握区域特点的经验优势，逐渐获得了与统治者讨价还价的资本。地方精英阶层长期扎根于地方，因更“贴近”民众而易于被理解和接纳。统治者综合考虑这些因素，嘉靖之后“隆庆开海”成为必然趋势。

明代后期，伴随着商品经济不断渗透到社会的各个层面，海洋贸易的发展逐渐成为补给内部市场、拉动内需的重要因素。针对海洋贸易管理，尤其是海事案件的处理，技术性的调整与进步显著。面对纷繁复杂的海事案件，地方官府必须保障相关处理的准确无误，以实现海事活动的顺利有序。因此，推官等司法官员依照市场运行规律，结合国家意志

---

① 秀城哲「16 世紀“嘉靖大倭寇”を構成する諸勢力について」千葉大学社会文化科学研究卷 8(2004 年)203～209 頁以下参照。

与社会公共利益,运用自身的逻辑,熟练地综合运用律例与习惯等多元依据,规范不同主体之间的权利与义务关系。海事案件处理方式的多样化,体现了地方对经济运行的协调,反映出深远的社会根源,也在一定程度上展示了明代后期地方官员在司法层面上对海洋贸易及海事活动的积极努力。

第三节　“隆庆开海”后东南沿海地区贸易环境宽松

一、闽广等地局部合法化海洋贸易后缓解了整个海洋贸易矛盾

隆庆之前的海禁政策将海洋贸易的通道完全封闭,而浙、闽、广三地的沿海民众对海洋贸易又极度依赖。在缺乏“合法”出路的情况下,他们只能铤而走险,“夫沿海居民,凭借海滨,易与为乱,往者商舶之开,正以安反侧杜乱萌也,乃今一禁,彼强悍之徒,俯仰无赖,势必私通,继以追捕。急则聚党遁海,据险流突”[①]。隆庆之前的明廷对于贸易限制越来越严格,不断设置各种贸易壁垒,“凡走东西二洋者,制其船只之多寡,严其往来之程限,定其贸易之货物,峻其夹带之典刑,重官兵之督责,行保甲之连坐。慎出海之盘诘,禁番夷之留止,厚举首之赏格,蠲反诬之罪累”[②]。浙、闽、广三地的海洋贸易一度陷入萧条,供需失衡反而推高了货物利润,进一步刺激了走私贸易的兴盛。然而,这种非正常的海洋贸易不可避免地引发了大规模的海寇暴乱。为此,在隆万年间,闽广地区局部合法化海洋贸易后,一定程度上缓解了海洋贸易的矛盾。

隆庆时期,重点开放的月港逐渐繁荣起来。位于偏远的福建南部,远离政治中心的月港仅对东南沿海的有限范围产生影响,辐射区域相

① (明)许孚远:《疏通海禁疏》。

② (明)许孚远:《疏通海禁疏》。

对固定。隆庆之前，月港是沿海地区走私的重要港口，私人海上贸易在灰色地带悄然开展。早期的月港居民除了从事渔业，还为船舶行业提供基本服务。因此，早在嘉靖时期，月港的走私贸易异常频繁，尽管明廷采取了各种执法措施，却仍难以完全遏制。凭借得天独厚的地理位置，月港已然成为明朝航运路线的枢纽，众多船舶在此停靠并寻求贸易，长期以来被视为国内外航线的中转港口，具备优越的自然条件。然而，这种地理位置也存在不足，月港这样的港口仅适合小型民间贸易。面对海外市场对中国商品的巨大需求，小规模的贸易显然无法满足。

因此，明廷依然考虑将月港作为局部开放的口岸，“愚意县治设于月港，总兵亦宜驻月港，俟内贼渐归，外寇渐息。即将浙、广市舶并而为一移置月港，修复先朝故事……今不考之故实，而辄求近效。加以衣冠士夫上下游说，比之国初更难展布，朝议倚赖明公甚重幸，熟思而决行之，不但八闽蒙福，浙水东西，长江南北，皆有息肩之望伏”①。从社会与政治环境的角度来看，明廷对海洋贸易政策的首要考量是王朝统治的安全，政治利益始终高于经济利益。正因月港无法承载大宗货物的通商需求，明廷才选择了这一港口。这不仅有助于维护东南海岸的平静，而且明廷试图通过垄断民间贸易限制海洋贸易。

月港被确立为通商口岸后，逐渐改善了之前治理结构混乱的局面。这一转变得益于中国东南地区经济的持续发展，尤其是海洋贸易的活跃，推动了区域产业技术与市场经济的迅速进步。毫无疑问，开放月港最重要的意义在于其促进了明代海运的发展，增强了明朝晚期统治的稳定，客观上延长了明朝的统治时间。同时，通过开放月港，明廷也加强了地方的行政管辖权，提升了对地方社会的控制力，“沿海地方人趋重利，接济之人在处皆有，但漳、泉为甚。余多小民，勾诱番徒，窝匿异货，其事

---

① (明)郑晓:《答方湖王都宪》。

易露,而法亦可加。漳、泉多倚着姓宦族主之。方其番船之泊近郊也。张挂旗号,人亦不可谁何?"①。在府县治理方面,明代福建地区曾盗窃频发而导致的社会秩序混乱,逐渐得到了有效的治理与改善。

到了隆庆之后,出于行政运行成本的考量,明朝对地方县治依旧持消极态度,像这种"被迫"的尝试,也是对东南沿海地区过去十年动乱的反思和调整,理顺了地方海事贸易秩序,之前混乱、几近崩溃的社会秩序稳定了下来。

此外,月港的开通可以说是明朝政府对所谓"走私中心"的被迫承认,至少月港民众不必像过去那样违背海禁条例,冒着风险为商人提供基础服务。之前这种基础服务和贸易不但不受明廷的鼓励,而且遭到了明廷出于政治、军事和海防的考虑的严厉镇压和攻击。即便是这种被迫承认,也使得东南沿海地区的海洋贸易快速发展,星星之火逐渐形成燎原之势。

更为可贵的是,虽然明廷当时对于特殊的违禁之物依旧限制严格,但是却有质疑声认为,不能因为存在违禁之物,就因噎废食,把正常的民间海洋贸易重新禁绝,"不过以硝黄之故,今欲革此弊端,必须严申禁约,每遇商舶将开,责取里邻保结。委官盘验,如有作奸犯科置之重刑。其民间亦不许私相买卖,如是则衅端自杜矣,若缘此而禁绝商路,不几于因噎而废食乎?"②。这种论调在嘉靖年间绝对不会被支持,甚至鲜有人敢当面提出。到了隆庆年间,情况却反了过来,因贩售"硝黄"等违禁物而"禁绝商路"之论调被反驳。且对于硝黄之物,也用"不过"二字来描述,可见通商的基调,已经达到了朝廷相当认可的境地。

所以,明廷开放了局部海洋贸易以后,即便想再推行海禁政策,阻力也会比以前更大。一旦因出现了海洋贸易违法事件或者大规模的海患,

① (明)郑若曾撰:《筹海图编》,李致忠点校,中华书局2007年版,第281~282页。

② (明)许孚远:《疏通海禁疏》。

而地方省府州县想要再度禁海，民众的反弹也会更加剧烈：

> 往年海禁严绝，人民倡乱，幸蒙院道题请建县通商……庙堂防闲奸人接济硝黄，通行各省禁绝商贩，贻祸澄商，引船百馀只，货物亿万计，生路阻塞，商者倾家荡产，佣者束手断餐，阖地呻嗟，坐以待毙等情……地临滨海，半系斥卤之区，多赖海市为业……曾一禁之，民靡所措，渐生邪谋，遂致煽乱，贻祸地方……迨隆庆年间，奉军门涂右佥都御史议开禁例，题准通行，许贩东西诸番，二十馀载，民生安乐，岁征税饷二万有奇，漳南兵食，借以充裕……近奉文禁绝番商，民心汹汹告扰……东南滨海之地，以贩海为生，其来已久，而闽为甚，闽之福兴泉漳，襟山带海，田不足耕作市舶无以助衣食其，民恬波涛而轻生死，亦其习使然……然民情趋利如水，赴壑决之甚易，塞之甚难。今使远近豪黠，潜住海滨日夜思逞，佣夫贩子，千百为群，谋生无路，瀹瀹詉詉其势将有所叵测。而又有压冬未回之船，有越贩惧罪之夫，其在吕宋诸番者，不可以数计，岂能永弃骨肉，没身岛夷。一旦内外勾连，煽乱海上，萧墙之忧，真有不可胜言者。①

总体而言，"隆庆开海"是对嘉靖年间过于严厉的海洋贸易禁令进行的适时调整。这些禁令的颁布显然违背了当时日益兴起的全球海洋贸易潮流，尤其是在新大陆的发现和新航线的开辟背景下，欧洲早期资本主义通过海运将世界逐渐纳入全球市场体系。同时，古代中国凭借四大发明，尤其是指南针和卓越的造船航海技术，在科技上处于领先地位，这些优势为古代中国的海运和海洋贸易的发展提供了良好基础。此外，这

① (明)许孚远：《疏通海禁疏》。

些禁令也与东南沿海地区民众对海洋贸易的强烈诉求相悖。东南沿海的居民以海为生，或捕鱼，或经商，这些活动构成了该地区经济的传统模式。因此，强制推行海洋贸易禁令无疑是“断其生活”[①]。

在此之前，海洋贸易几乎仅限制在朝贡贸易范围之内，而且奉行的是“厚往薄来”的方式。这种贸易方式是对市场经济和贸易法则的背离，“如此一来，再昂贵的东西在天朝的巨额赏赐下都会变得无足轻重，这正是老外难以理解的‘面子’在起作用”[②]，那些进贡之人“早已揣摩到利用面子的好处，动起了和皇帝做生意的心思”[③]，于是他们“千里迢迢赶来皇城，效忠其实是幌子，暗暗搭建走私获利的通道才是真企图，堂而皇之地和皇家掌控下的商家做起了生意”[④]。

因此，这种背离经济规律的朝贡贸易不可能长久，长期的逆差也是对国力的消耗。到了隆庆时期，出于社会发展的客观要求，明廷必须顺应经济发展规律开放民间海洋贸易，“明朝的海外贸易可以划分为两个刚好相等的时期。在该王朝的前半期，朝贡贸易占主导地位；在后半期，地方上的商人和日本商人与西方武装商人在中国海面的竞争与合作成为贸易的常规”[⑤]。

此外，隆庆时期的开海政策为整个东南沿海地区的发展带来了积极影响，特别是促进了手工业的繁荣。为了适应日益增长的海外贸易需求，许多生产部门开始依据商品在国际市场的交换价值，生产新型产品。至万历年间，海洋贸易的独特地位逐渐确立，涉外税收也被纳入国家收入体系。尽管隆庆时期的开海政策的初衷带有“权宜之计”的成分，而且

---

① （明）张燮：《东西洋考》卷七《饷税考》，谢方点校，中华书局2000年版，第131页。

② 杨念群：《生活在哪个朝代最郁闷》，广西师范大学出版社2013年版，第8页。

③ 杨念群：《生活在哪个朝代最郁闷》，广西师范大学出版社2013年版，第8页。

④ 杨念群：《生活在哪个朝代最郁闷》，广西师范大学出版社2013年版，第8页。

⑤ ［英］崔瑞德、［美］牟复礼编：《剑桥中国明代史》（下卷），张书生等译，中国社会科学出版社1992年版，第297页。

明廷并未立即采取实质性的立法措施保障海洋贸易,但随着形势的发展,这一政策未对统治秩序造成负面影响,最终演变为常规做法。正如许孚远所言的“民情趋利如水”,一旦开启海洋贸易的先例,朝廷再想封堵便十分困难。因此,与其追求恢复往日的“禁海”状态,不如顺应民意,维持开放的局面。更为重要的是,明廷对沿海地方社会的控制进一步加强,专门设立了管理海外贸易的机构。在这一背景下,日本生产的白银伴随海洋贸易大量涌入中国,极大地影响了中国社会的经济生活。这不仅是商品经济发展的结果,也是推动其发展的重要动力。白银的广泛流通使得张居正于万历年间推广的“一条鞭法”的实施成为可能。

然而,在嘉靖时期,倭患给浙东沿海乃至整个东部地区造成了严重破坏,许多官员因此反对在东南沿海地区开放海禁。他们普遍认为,闽广地区受到的倭寇侵扰远不及浙江受到的倭寇侵扰,而浙江临近日本,受倭患影响最为严重,因此不宜在浙东沿海开市。在嘉靖四十四年(公元1565年),就曾有官员试图奏请在宁波开放海禁,但是遭到了当时浙江巡抚都御史刘畿的反对,“宁波旧设市舶司,听其贸易,征其舶税。行之未畿,以近海奸民侵利启衅,故议裁革”①。此外,宁波籍官员沈一贯也对在东南沿海地区“复可以议贡市”②表示疑虑,表示一旦“贡市一成……恐数十年后无宁波矣”③。沈一贯主要还是从供需不平衡上去考量,“贡市则吾之于倭,方贡市时未必便为盗,但市易曲折易生忿,争若有奸人导之,则不能靖矣当客之也,苟吾方客之,而彼实以盗自为”④。另外在执法的规模、范围和力度上,沈一贯也表示担忧,认为之前奸民与倭寇私通,勾结倭寇作乱,朝廷用兵四十年,消耗太甚,恐怕至少要用几十年的时间方可将祸乱的根本拔除。

---

① 《明世宗实录》卷五五〇。

② (明)沈一贯:《论倭贡市不可许疏》。

③ (明)沈一贯:《论倭贡市不可许疏》。

④ (明)沈一贯:《论倭贡市不可许疏》。

因此,与其在东南沿海地区开放贡市,不如在朝鲜这种外番那里开放贡市,免得将祸乱引至王土,“若贡市之不可许,此不待诘关白之情,履朝鲜之境。而昭然具见者也。以朝鲜故而开市于宁波,是引寇入内地也,关白之求贡市,何不于朝鲜?而于宁波,朝鲜无可欲,而宁波有可欲也,夫朝鲜虽属国,外臣也。宁波虽裔郡,王土也”[①]。开放贡市只会刺激外夷贪得无厌的品性,所以沈一贯对经略顾养谦力主应该许可封贡,假如宁波开市,老幼妇孺会“如兵在颈,失色相吊”[②],顾养谦认为不可取。

此外,归有光在《论御倭书》中认为不宜再开放海禁,尤其吴越之地一方面濒于大海,“吃紧着数尽此二端海口之可入者,数路而已,既不能把扼,而使之突入三江五湖之间”[③]。同时,“要害之可守者数处而已,又不能按据而使之横溃,则将何为而可也”[④],地势非常特殊,所以不宜开海。

由此可见,官员们不支持在宁波开海的一个重要原因,就是明朝宁波港主要负责对日贸易交流。而日本国地域的特殊性,导致其非常需要海洋贸易。“其(倭奴)地无良田可耕,渔海自给,又乘舟南北市籴,其土坟垆,有金玉而无陶冶,屋覆不以瓦仰中国之润土,为陶为鼋,其嗜中国物”[⑤]。洪武年间断绝了日本国的进贡,永乐以后允许日本国进贡,默许贸易。但是贡期的规定完全不能满足日本国一整个国家的用度,“于是多有先期入贡,人船踰数者,我又禁止之,则有私通市舶者”[⑥]。所以在朝贡贸易时期,东南沿海地区与日本国就处于贸易极度不对等的

① (明)沈一贯:《论倭贡市不可许疏》。
② (明)沈一贯:《论倭贡市不可许疏》。
③ (明)归有光:《论御倭书》。
④ (明)归有光:《论御倭书》。
⑤ (明)钱薇:《海上事宜议》。
⑥ (明)徐光启:《海防迂说》。

状态,日本国因为贸易需求时时刻刻冲击着我国的东南沿海地区。“倭人服饰器用,多资于中国。有不容一日缺者,安能待十年一贡之期,而限以三船所载之数哉!若禁其贸易,则入寇劫夺,一定之势也”①。日本国之后一直前来朝贡,其目的还是在于商业贸易。“自后求贡不绝,盖非贡则不能得所用之物,其意诚不在贡,而在商也”②。在海洋贸易法律制度施行比较严厉之时,明廷不但严禁对日贸易,同时也严禁违禁之物入海贩卖,“不得往日本倭国,亦禁不得以硝黄铜铁违禁之物夹带出海”③。严禁违禁之物入海贩卖尚可理解,严禁对日贸易就是因为当时“倭患”的影响,明廷对日本国一直存在芥蒂,因此明廷自然不会对日开放贸易。明廷既然不会对日开放贸易,那么也必然不会开放宁波港。

其实宁波港的区域优势非常明显,宁波港拥有不逊于月港的贸易条件和浙东经济腹地的支持,即便隆庆之后明廷限制了宁波港的海洋贸易,仍然有为数不少闽、广、浙的私商,选择取道月港买取“船引”后把货物卖到日本国,或者直接从宁波港将货物卖到日本等地。④ 而且,“隆庆开海”只开放了福建月港,手续非常复杂,这种限制反而导致权力寻租,明朝出现了类似“寓禁于通”的现象。海洋贸易的合法性门槛依旧很高,导致走私现象依旧严重,不少海寇在这种环境中成长起来。即便明廷不开私市,也不能阻止走私买卖自然发展的趋势。总之,宁波港优越的地理位置,在特定的历史环境中曾展现了它的魅力,双屿岛曾成为私人贸易的“走私中心”,这些人与生活构成了明代海洋贸易的沧桑巨变。当然,这都是昙花一现,并不属于经济发展的正常状态。

---

① (明)郑若曾撰:《筹海图编》,李致忠点校,中华书局 2007 年版,第 854 ~ 855 页。

② (明)钱薇:《海上事宜议》。

③ (明)许孚远:《疏通海禁疏》。

④ 参见王慕民:《明代宁波在中日经济交往中的地位——兼论官、民贸易方式的转变与嘉靖“大倭乱”的起因》,载《宁波大学学报(人文科学版)》2004 年第 5 期。

二、东南沿海地区的海洋贸易不完全开放存在着隐患

嘉靖年间胡宗宪平定“倭患”后，加之隆庆开海后“准贩东西二洋”[①]，各地开始削减当时做推行海洋贸易法律制度之用的水兵等兵勇的数量。早年为执行海洋贸易禁令，明廷大量雇佣民兵，这给地方的赋税带来很大压力，需要大量粮饷来维持。明廷在大量招募兵勇后，就存在着潜在的隐患，管理稍有不慎这些兵勇便会失控，“夫法之不行，自上犯之也。今总兵官之头目动以若干，彼其诚以武勇而收録之也，则亦何不可之有。然而，此辈非势家之子弟，即豪右之夤缘，皆以权力而强委之也”[②]。因此，随着大规模的海寇骚乱的平息，裁撤这些兵勇就势在必行。可是，朝廷对局势过于乐观。企图通过“隆庆开海”这种局限性非常大的开放模式，就消弭所有海患，显然是不可能的。虽然大规模的海寇骚乱已经平息，但小规模的海盗骚扰依旧存在，沿海地区依旧隐患重重。沿海地区一旦发生大规模的“海患”，明廷根本无法形成有效的执法力量，因此浙东海境安全存在隐患。

这些小规模的海寇骚扰依旧存在，其原因要追溯到嘉靖年间胡宗宪诱骗招降王直并将其处死。明廷由于没有处理好王直事件，也就没有很好地瓦解祸根，“倭之患东南，非倭也，东南人自为之。如王直、徐海，开祸浙直者数年。头颅枕籍，孙恩卢循有加焉。胡宗宪以战国捭阖之术，百计而始一中之。鱼虽潜不能舍其芳饵，兔虽狡不能出其重罗。非宗宪之智，而徒以兵力相胜。堂堂之阵，正正之师，浙直其安所抵哉”[③]。此等假诏安之行径，使得海寇们对明廷失去信心，明廷再欲通过招降方式解决海患问题，便难上加难。

---

① (明)张燮:《东西洋考》卷七《饷税考》，谢方点校，中华书局2000年版，第131页。

② (明)郑若曾撰:《筹海图编》，李致忠点校，中华书局2007年版，第744页。

③ (明)谈迁:《国榷》，中华书局1958年版，第3882页。

果不其然，隆庆三年（公元1569年）海贼曾一本就勾结倭寇再度侵犯沿海地区，刑科给事中魏体明针对曾一本之"猖獗"上奏，认为曾一本等海贼倘若长时间得不到处置，便会后患无穷。当下明廷应当不拘一格选拔人才，并指出不可再招募"客家兵"（"客家兵"害处多好处少，讨伐海贼无力，扰乱百姓有术）；应针对性地沿用沿海军民（其熟悉水战，知晓地利），并让其用七分力出战，三分力屯田，对其免除租税，可调动其积极性；同时严明律例，"军法不振，荡平无期，宜责督抚申明纪律"①。

明廷这次采取了与以前略有不同的处理态度，认为曾一本等残倭造成了严重的祸患，沿海居民勾通海贼，才导致了海患态势的扩大。所以不能一概剿灭残倭，不但绝了其生存之路，而且更增强了他们"从贼"的意愿，"不悛乃重寘之法"②。从明廷对曾一本事件的处理可以看到，隆庆时期，明廷对待"海寇"之"宽宥"，在嘉靖时期是绝不可能发生的。可以说明廷的这次处理，使得之前以祖宗之法名义而长期存在的海禁政策开始转变"风向"。③

另外，浙江桐乡籍官员颜俊彦，也在《盟水斋存牍》一书中提到他在广东做推官时，处理了几则关于"违禁私货下海"的案件。颜俊彦在该书中反映了海洋贸易管理存在严重问题，沿海居民"接济海寇""窝藏海寇""通番"的现象依旧存在。这表明了隆万时期限制性的开放海洋贸易，依旧满足不了日常的海洋贸易需求，"年来新例甚严，至用重典，当法立之初，奉行者少，私市之商，方舟连舰无不贩鬻。丙丁以来，持法稍峻，至于内海交易，多亡其赀。去者稍稍绝迹，倭始不可堪"④。除了"合法"的海洋贸易，依旧存在不少的"非法"的走私贸易，海商选择从宁波港到

---

① 《明穆宗实录》卷三一。

② 《明穆宗实录》卷三三。

③ 增田真意子「明代嘉靖後期に於ける海禁政策の実行とその転換」地域文化研究卷12（2007年）187～205頁。

④ （明）徐光启：《海防迂说》。

日本等地贸易(不仅包括东南沿海地区的私商,甚至包括从福、广等地来的走私商贩),“郑晓、郎瑛皆嘉靖时人,其所记势家私与市易,负直不偿,致启寇乱,实属酿祸之由。然明祖初制,片板不许入海,而晓谓国初设官市舶,相安已久,追禁绝海市,而势豪得射利致变。瑛并谓纨严海禁,汪直遂始入寇,是竟谓倭乱由海禁所致矣。此犹是闽、浙人腾谤之语,晓等亦随而附和,众口一词,不复加察也”①。

因此,沿海诸省贯穿一体,相互影响,“在北则资于浙,而温州之米为多……福民便之,广、浙之人亦大利焉”②。浙东沿海地区具有天然的地理优势,洪武永乐年间的海运贯通,“广东船能至漳州,漳州船能至宁波,宁波船能至崇明,崇明船能至通、泰、海州”③;同时具有海洋贸易的传统,“南北货物往来,近海居民甚得其利,而无盐盗之害”④。所以即便没有开放此地,由于经济贸易的需求,依旧有大量的海商从宁波出发去往东亚地区贩卖,“倭人但有银置买,不似西洋人载货而来,换货而去也。故中国欲知倭寇消息,但令人往南澳,饰为商人,与之交易,即廉得其来与不来,与来数只多寡,而一年之内事情无不知矣”⑤。所以开放海洋贸易不够彻底,仍然会存在边境安定的问题,“海道绝,而沙民争鱼盐之利,往往仇杀拒捕矣”⑥。所以像“隆庆开海”的这种局部开放,虽然很大程度上缓解了之前剑拔弩张的贸易关系,起到一定的积极作用,但也确实蕴含着各种隐患。

---

① (清)赵翼:《廿二史札记校证》,王树民校证,中华书局 2013 年版,第 821 页。

② (明)郑若曾撰:《筹海图编》,李致忠点校,中华书局 2007 年版,第 268～269 页。

③ (明)郑若曾撰:《筹海图编》,李致忠点校,中华书局 2007 年版,第 457～463 页。

④ (明)郑若曾撰:《筹海图编》,李致忠点校,中华书局 2007 年版,第 457～463 页。

⑤ (明)郑若曾撰:《筹海图编》,李致忠点校,中华书局 2007 年版,第 268 页。

⑥ (明)郑若曾撰:《筹海图编》,李致忠点校,中华书局 2007 年版,第 457～463 页。

第五章

海洋史视野下明代中后期海洋贸易法律制度的分析

第一节　明代的商业发展与观念以及关于商业的制度构建

一、明朝商业发展与观念的再认识

明朝承接宋元，工商业进一步发展，生产技术逐渐革新，行业的种类也进一步增加，“自金陵而下控故吴之墟，东引松、常，中为姑苏。其民利鱼稻之饶，极人工之巧，服饰器具，足以炫人心目，而志于富侈者争趋效之……煮海之贾，操巨万赀以奔走其间，其利甚钜”[①]。明代的市场范围进一步扩大，横跨全国，城市商业区也逐渐扩大，“虽秦、晋、燕、周大贾，不远数千里而求罗绮缯币者，必走浙之东也。甯、绍、温、台并海而南，跨引汀、漳，估客往来，人获其利”[②]。另外，明代的区域经济的发展模式

---

① （明）张瀚撰：《松窗梦语》卷四《商贾纪》，萧国亮校点，上海古籍出版社1986年版，第74页。

② （明）张瀚撰：《松窗梦语》卷四《商贾纪》，萧国亮校点，上海古籍出版社1986年版，第75页。

非常鲜明,江南等地商品生产和交换的规模不断扩大,并逐渐形成区域特色,“浙西俗繁华……多巨室大豪,若家僮千百者,鲜衣怒马,非市井小民之利”[①]。

所以明朝的商业发展空前繁荣,明代中后期甚至一度出现了被后人所称道的“资本主义萌芽”。美国汉学家芮乐伟·韩森将明代的商业发展称为“第二次商业革命”:“增长中的经济、扩张中的市场、自由流动的货币、庞大的商人阶层——所有这些因素都反映着经济的繁荣,其中包含比前代更为强大的商业和非农业成分。”[②]

该说法虽然颇具争议,但至少可以证明一点,就是当时明朝的商业发展确实有很大进步,并超越了宋元的商业发展,“人口变化提供了明朝稳步发展的最实在但也并非完美的指标……两种估算都体现了在这个朝代中稳定的、前所未有的经济增长,证实中国第二次商业革命的效果是广泛而持久的”[③]。

商业的发展,自然使得商人地位提高,社会风气为之转变,“约在16世纪始,就流行一种‘弃儒就贾’的趋势,而且渐渐地这种风气愈来愈明显”[④]。商业的发展和社会风气的转变,以致士大夫阶层对待商业发展和商人群体的态度也有所转变,如王阳明这样的大儒就提出:“古者四民异业而同道,其尽心焉,一也。”[⑤]

王阳明等人的观点并非空穴来风,它根植于儒家传统思想。儒家的“义利之论”起始于孔子,至南宋时期,朱熹、陈亮、陆九渊等大家都

---

① (明)王士性:《广志绎》卷四《江南诸省》,吕景琳点校,中华书局1981年版,第74页。

② [美]芮乐伟·韩森:《开放的帝国:1600年前的中国历史》,梁侃、邹劲风译,江苏人民出版社2007年版,第382页。

③ [美]芮乐伟·韩森:《开放的帝国:1600年前的中国历史》,梁侃、邹劲风译,江苏人民出版社2007年版,第383页。

④ 余英时:《余英时文集》(第3卷),广西师范大学出版社2004年版,第155~156页。

⑤ (明)王守仁撰:《王阳明全集》卷二五《外集七·节庵方公墓表》,吴光等编校,上海古籍出版社1992年版,第941页。

对“义利”表达过看法。发展到明朝,“义利之论”又有了新的诠释与含义,传统义利观和明代新义利观之间存在区别。除了发展传统的“义利之论”,明代的士大夫更是“大胆”地提出了一些看似离经叛道、实则合乎情理的观点。明代著名的经济思想家陆楫在《蒹葭堂杂著摘抄》中提出“崇奢”的观点:“虽圣王复起,欲禁吴越之奢,难矣……是有见于市易之利,而不知所以市易者正起于奢。使其相率而为俭,则逐末者归农矣。”[①]

对此,傅衣凌提到,陆楫的观点让他想到了身为英国古典经济学先驱者之一的曼德维的蜜蜂寓言,认为:“禁奢节财不足以使民富,反之,奢侈却可以助长社会经济的发达,工商业的繁荣。”[②]杨联陞认为:“在中国历史上某些时期,可以发现一些零零散散的思想,认为奢侈不一定是浪费而是整个流通过程或经济流动中有其重要性。”[③]余英时则认为陆楫的观点是基于中国传统衍生出的观点,余英时反对“禁奢”的根本目的在于“均天下之富”,“这就表示他仅仅是对中国的传统进行重要的修改,而不是要彻底推翻它”[④]。无论哪种观点正确,有一点可以肯定,那就是明代由于商业的发展,整个社会阶层的观念都发生了转变,“重本抑末”的传统思想受到冲击。以农业发展为主的传统思想虽然依旧有广阔市场,但是已经不是“铁板一块”,新鲜的血液不断涌入传统观念。

二、明朝商业政策与原因探析

明初以来,统治者对于商业的态度,就并非如某些观点所认为的

---

① (明)陆楫撰:《蒹葭堂杂著摘抄》,中华书局 1985 年版,第 2 ~ 4 页。

② 傅衣凌:《明代江南市民经济试探》,上海人民出版社 1957 年版,第 107 页。

③ 杨联陞:《国史探微》,新星出版社 2005 年版,第 120 页。

④ 余英时:《余英时文集》(第 3 卷),广西师范大学出版社 2004 年版,第 181 页。

"嫉恶如仇"。民间传闻明太祖朱元璋在落魄之时受到"恶商"欺压，从此与商人团体和商业皆势同水火，民间更有富商沈万三受到政治压迫，被罚没家产并修筑南京明城墙的传说（后人证实此说法不成立①）。

一个开明且有抱负的统治者，无论他早些年的经历是多么的凄苦悲凉，在举国政策制定上必然会保持清醒且理性的态度，不可能作出如此荒诞不经的举措。事实上，朱元璋作为开国皇帝，在商业政策的制定上更是三思而行，基本上依照了当时的基本国情，表5－1就是明初关于商业的主要法律条文的内容：

表5－1　明初关于商业的主要法律条文内容

法律条文出处	法律条文内容
大明律·卷第十·户律七·市廛·私充牙行埠头	凡城市乡村，诸色牙行，及船埠头，并选有抵业人户充应。官给印信文簿，附写客商船户，住贯姓名，路引字号，物货数目，每月赴官查照。私充者，杖六十，所得牙钱入官。官牙埠头容隐者，笞五十，革去。[1]
大明律·卷第十·户律七·市廛·市司评物价	凡诸物行人评估物价，或贵或贱，令价不平者计，所增减之价，坐赃论。入己者，准窃盗论，免刺。其为罪，人估赃不实，致罪有轻重者，以故出入人罪论。受财者，计赃以枉法从重论。[2]
大明律·卷第十·户律七·市廛·把持行市	凡买卖诸物，两不和同，而把持行市，专取其利，及贩鬻之徒，通同牙行，共为奸计，卖物以贱为贵，买物以贵为贱者，杖八十。若见人有所买卖，在傍高下比价，以相惑乱而取利者，笞四十。若已得利物，计赃重者，准窃盗论，免刺。[3]
大明令·户令	凡客店，每月置店历一扇，在内赴兵马司，在外赴有司署押讫，逐日附写到店客商姓名、人数、起程日月，月终各赴所司查照。如有客商病死，所遗财物别无家人亲属者告官为见数，行移招父兄子弟或已故之人嫡妻识认给还。一年后，无识认者入官。[4]

① 参见杨永康：《沈万三家族与"蓝玉党案"——兼论莫旦〈弘治吴江志〉对沈万三事迹的重构》，载《山西大学学报（哲学社会科学版）》2017年第3期。

续表

法律条文出处	法律条文内容
大明令・户令	凡内外军民官司并不得指以和雇和买扰害于民,如果官司缺用之物,照依时值,对物两平收买。或客商到来中买货物,并仰随即给价,如或减驳价值及不即给价者,以监察御史、按察司体察,或赴上司陈告,犯人以"不应"治罪。[5]

〔1〕《大明律》卷一〇《户律七・市廛》,怀效锋点校,法律出版社 1999 年版,第 84 页。
〔2〕《大明律》卷一〇《户律七・市廛》,怀效锋点校,法律出版社 1999 年版,第 84～85 页。
〔3〕《大明律》卷一〇《户律七・市廛》,怀效锋点校,法律出版社 1999 年版,第 85 页。
〔4〕《大明律》卷一〇《户律七・市廛》,怀效锋点校,法律出版社 1999 年版,第 242 页。
〔5〕《大明律》卷一〇《户律七・市廛》,怀效锋点校,法律出版社 1999 年版,第 243 页。

从表 5－1 可以看出,《大明律》和《大明令》中有众多规范商业的律文,涉及诸如禁止"和雇和买"、稳定税收、保障客商财产等板块,内容纷繁复杂并且具体。法律条文的内容体现了明初鲜明的商业政策的特色,有学者认为"既抑商又通商,才是对朱元璋商业政策的合理解释"①。其实朱元璋的商业政策用"既抑商又通商"来概括依旧不够准确,更为准确的说法应为"规制商业",达到一种"各方各守其业"的效果:"古先哲王之时,其民有四,曰士农工商,皆专其业。"②另外洪武年间的"御制到任须知"也提道:"民有常产,则有常心。士农工商,各居一业,则自不为非。"③

从这些文献中可以看出,明初统治者希望士农工商"皆专其业",从文本的表述可以看出,商人和士大夫以及农民一样,都是社会的重要组成部分,只是三者发挥的社会职能和扮演的社会角色不同。如果想要社会安定,必须充分发挥商业的应有作用,"洪武皇帝并不是不知道商业的经济功用。他很愿意给商人一定的自由度……洪武统治时期和此后的一段时间内,商业的发展很大程度上是由于他本人恢复经济的措施"④。之后的明代统治者也遵循着这一原则,而且在政策制定上比明初的统治

① 张明富:《抑商与通商:明太祖朱元璋的商业政策》,载《东北师大学报》2001 年第 1 期。

② 《明太祖实录》卷一七七。

③ (明)申时行等修:《明会典》卷九《吏部八・关给须知》,中华书局 1989 年版,第 55 页。

④ [加]卜正民:《纵乐的困惑:明代的商业与文化》,方骏、王秀丽、罗天佑译,方骏校,广西师范大学出版社 2016 年版,第 75～78 页。

者更加宽松,这也使得明代的商业发展有了重要的制度保障。

总的来说,明代的统治者对于商业的态度应当是:希望商业的发展模式和规模在其可控的范围之内。统治者不允许有不法之徒在集市等场所强买强卖,或者出现不法之徒与牙行等组织勾结一气、肆意操纵物价的现象。如果出现这种情况,不法之徒与牙行等组织必然会受到法律的制裁。另外政策上所谓的对于商人地位的限定(如不能穿丝绸等),其实也名存实亡,"是一种道德意义上的而不是硬性规定的类别划分"[①],这种"限定"是基于当时需要集中力量恢复农业生产、防止过早地出现投机倒把现象而实施的手段而已。事实上这种"限定"的名存实亡,与明初的整个经济结构有关,"地主阶级对于商人又采取另外一种较隐蔽的控制办法……这是封建政府对于商人的让步,也是间接控制商人的手段"[②],商人阶层和官府之间的关系不是对立的,而是相互依存,许多商人"一面为族长,一面又是商界的领袖"[③]。所以,自明朝建立之初,明王朝面临的就是一种土地荒芜、资源匮乏和生产凋敝的社会现状,尽快地恢复生产、增加赋税和保障社会稳定便成了朝廷亟待解决的要务。为此,明代统治者在制定相关政策时,所追求的主要并不是商业本身的发展,而是整个社会秩序的有效运作,但是客观上使得商业得到了长足的发展。

第二节　明代海洋贸易的观念以及海洋贸易制度构建

一、明朝关于海洋贸易的观念再认识

明代的海洋贸易属于明代商业的重要组成部分,在发展形势和模式

---

① [加]卜正民:《纵乐的困惑:明代的商业与文化》,方骏、王秀丽、罗天佑译,方骏校,广西师范大学出版社2016年版,第82页。

② 傅衣凌:《明清社会经济史论文集》,中华书局2008年版,第3页。

③ 傅衣凌:《明清社会经济史论文集》,中华书局2008年版,第6页。

上也都继承并发扬了明代商业发展形势和模式的特点。无论是官方的朝贡贸易和对外交流，还是民间的私人贸易，都有了较大的发展。最著名的莫过于永乐年间的“郑和下西洋”，成化年间更有所谓的“豪门巨室间有乘巨舰贸易海外者”①。嘉靖年间虽然发生了“倭患”，但是海上走私贸易依旧屡禁不止；“倭患”结束后，更是迎来了“隆庆开海”，海洋贸易更进一步发展。至16世纪，江、浙、闽、广为谋求更多的利益而从事商业活动。例如，浙江地区的宁波港，连接境外与浙江乃至整个江南的商贸网络，“16世纪40年代，这个地区（宁波）成为中国与日本、中国与东南亚繁荣的非法或半合法贸易的中心”②。

横向上看，15、16世纪想同中国贸易的除了传统的邻国日本、朝鲜等，来自欧洲的葡萄牙等国的殖民者也纷纷加入来华贸易。首先，日本的贸易需求日益高涨，当时对日贸易的主要是浙江等地，浙江等地主要出口丝绸、长安织等，并由日本幕府派遣“遣明船”前来参与贸易③。日本进入战国时代之后，国内政治格局愈加混乱，这也导致不少日本人为谋求生计，走上“亦商亦盗”之路，并直接导致了“嘉靖大倭乱”的爆发。其次，当时也有些文献记载到，明代中国已经开始了与西方人的贸易往来，其中主要是私人贸易，郑若曾在《筹海图编》卷八《寇踪分合始末图谱》中记载道：“初亦止勾引西番人交易。”④

这里的西方殖民者主要是葡萄牙人等，他们在广东一带被驱逐并禁止登陆，于是北上活动，曾在福建和浙江一带游荡，在东南沿海地区主要盘踞在双屿岛一带，当时宁波双屿岛曾有“国际贸易中心”⑤之称。

---

① （明）张燮：《东西洋考》卷七《饷税考》，谢方点校，中华书局2000年版，第131页。

② ［英］崔瑞德、［美］牟复礼编：《剑桥中国明代史》（下卷），张书生等译，中国社会科学出版社1992年版，第316页。

③ 中島楽章「永楽年間の日明朝貢貿易」史淵140号（2003年）51～99頁以下参照。

④ （明）郑若曾撰：《筹海图编》，李致忠点校，中华书局2007年版，第571页。

⑤ 王慕民：《海禁抑商与嘉靖“倭乱”——明代浙江私人海外贸易的兴衰》，海洋出版社2011年版，第74页。

明代的海洋贸易发展,得益于明代整体商业的发展;因此明代有关海洋贸易的观念,也同明代的商业观念有关。明代朝野对于海洋贸易是禁是驰多有争论,主张“开海”的有唐枢、谭纶、林富、许孚远、郑若曾等,主张“禁海”的有屠仲律、王忬、张时彻等。主张“开海”的一派指出,确保海洋贸易互通有无是可以保障海疆安全的,同时还能增加国家收入,“开市必有常税,向来海上市货暗通,而费归私室,若立官收料,倍于广福多甚”①。

秉持“开海”观点的一派多从发展商业的角度出发进行辩论,并解释道,单纯的朝贡关系并不能满足正常的海洋贸易需求,“自后求贡不绝,盖非贡则不能得所用之物,其意诚不在贡,而在商也”②。可以看出这些观点也同明代的新义利观相承接,“中国与夷,各擅土产,故贸易难绝,利之所在,人必趋之”③。“开海”一派不断地向上进言,要求对海洋贸易发展予以制度保护。虽然争论会涉及是否应当发展海洋贸易,但焦点依旧在于“开海”是否会导致“海疆不靖”,给国土安全带来隐患。

二、明朝海洋贸易的制度构建

明朝海洋贸易的制度构建,从明初到明末,看似变化很多,其实是一脉相承的,明廷对待海洋贸易同对待商业的态度一样:希望海洋贸易的发展模式和规模,在其可控的范围之内。尤其是弘治《问刑条例》规定的“违式大船”条,这款条例里面包含了不少信息。

首先,朝廷禁止建造二桅以上的大船,这种大船稍加改造,就可以用于军事领域。朝廷出于海防安全的考虑,自然将二桅以上的大船规定为“违式”。另外,该款条例虽然规定海商带货物下海的要予以惩戒,但这

---

① (明)陈子龙、徐孚远等选辑:《明经世文编》,中华书局1962年版,第2850页。

② (明)陈子龙、徐孚远等选辑:《明经世文编》,中华书局1962年版,第2241页。

③ (明)陈子龙、徐孚远等选辑:《明经世文编》,中华书局1962年版,第2850页。

种货物是有范围的,须是“违禁货物”,而非一般的日用货物。

海商前往番国买卖而被惩戒的,须有勾结海贼、“同谋结聚”成为共犯的情形,或者有给海贼当向导、贩卖人口的行为,如出现上述情况,正犯要被处以极刑,家人还要受到牵连。可见,这些条文规定若出现严重危害海防安全的情形以及恶劣的贩卖人口行为,行为人须被处以严厉的刑罚,这样看来依旧合情合理。后文的“将大船雇给下海之人”被惩戒,也是属于前述“擅造二桅以上违式大船”的共犯,但情节稍微轻微,刑罚也相对减轻。

其次,“番货到来私下收买贩卖”者要予以惩戒,官方希冀“官民人等”不要擅自私下和人贸易,最好是在规定的交易地点交易。但具体规定却要求“苏木胡椒至一千斤以上”,这属于典型的数额限定。最后,又规定了“小民”在临近海域捕取鱼虾等,官兵不得干扰。综合上述条款可以看出,除非是“官民人等”出现严重危害海防安全和社会秩序或者私下买卖货物数额巨大等的行为,才会被处以严厉的刑罚,否则单从条文内容上看,条例本身就存在许多可以周旋和商榷的“余地”,而这种“余地”恰恰是官方默许一些小规模的可控的海洋贸易运行的空间。

所以,明代中后期的海洋贸易,与其说是被朝廷“赶入”秘密活动中,倒不如说朝廷是变相的“默许”。朝廷在名义上不能破坏明初的“祖制”,但事实上在具体运作中,还是依照实际情况进行的。所以“嘉靖大倭乱”并不单纯是嘉靖朝的责任,而是经年累月的社会矛盾大爆发。嘉靖朝在政策上更加严厉,如嘉靖四年(公元 1525 年)规定了更加严格的诏令。从这条诏令内容可以看到,嘉靖朝的规定比弘治朝的规定更为严苛,弘治年间《问刑条例》的相关规定还默许一些小型的商贸行为,而对于“小民”在临近海域捕取鱼虾等,官兵不得干扰。但到了嘉靖年间,由于“倭患”愈演愈烈,明廷不得不做出更加严厉的规制。

但仔细分析这条诏令会发现,明廷依旧是以重申之前的条例原则为主,并未重新创设新的禁令,而是在原有的基础上再次明确和传达上层重视海防安全的态度。事实上即便是在“倭患”最严重的嘉靖朝，也几乎没有出现单纯的处罚海洋贸易行为的案例，除非从事海洋贸易者严重危害了海防问题才会受到极刑。如嘉靖十三年（公元1534年）的一则案例。此案中“奸民”林昱“冒禁入海越境”，同官兵发生了激烈的冲突，“多少杀伤”，且官方在查验货物时发现“皆违禁物”，这放到现在也是非常严重的犯罪行为。所以明廷认为法司官员判得不够重，还责罚了法司官员，但这都是对地方治安的重视，而不纯粹是对海洋贸易本身的限制。

在司法与执法方面，明朝后期的广东推官颜俊彦在其书《盟水斋存牍》中，谈论到几则有关所谓的“违禁私货下海”的案件，但这几则案件涉及的行为也不是单纯的海洋贸易行为，其基本上可以分为“偷税漏税”“贩卖人口”“贩卖违禁品”等危害社会治安和破坏社会秩序的行为。因此，明朝其实并没有真正意义上的禁止海洋贸易的法律规范，也缺乏促进海洋贸易发展的制度保障，总的来说其态度是“消极的默许”。

第三节　海洋贸易法律制度的构建始终陷于被动

明朝以前宋元时期的海洋贸易，或朝廷直接派出船只进行海洋贸易，或民众经由朝廷许可后进行海洋贸易。这种积极的对外态度，使得宋元时期的海洋贸易发展迅猛。明朝的海洋贸易制度虽然继承了宋元时期的部分海洋贸易制度，但总的而言却是以禁令为主导，尤其是嘉靖时期，明廷对海洋贸易法律制度的规定并不以发展贸易为主要目的。因此，宋元时期蓬勃发展的海洋贸易，从明代起呈现退步的迹象。

一、过度限制规格的朝贡贸易不利于对外交流

朝贡贸易制度是海洋贸易制度中最重要的制度之一，用以垄断国家商业贸易，并控制私人海洋贸易。

明初的朝贡贸易制度，是在这种纽带关系上发展起来的，其主要目的是边防和外交，贸易是其次。朝贡贸易制度确立于洪武年间，鼎盛于永乐年间。永乐年间，明廷放宽了贡限和贡道，原本在洪武年间限定的三年一朝，在永乐年间没有被刻意限制，同时恢复浙江等三市舶司；另外还减免征税，将朝贡贸易执法管理机制建立起来。“市舶权重，市者私行，虽公法荡然，而海上晏然百年，此乃通商明验。”①

从明朝初年同四夷诸国打交道的过程可以看到，这种“华夷秩序”是在前朝的周边四夷已然接受或者默认的朝贡体系下延伸而成的。洪武初年，自汉以来对四夷的歧视有所淡化，与宋朝对西夏、朝鲜进贡的态度和对辽、金进贡的态度迥异不一样，明太祖基本保持了“平等”对待的态度，对于东南亚地区的诸国“谨慎地保持中立”②，对远近的区分也是根据地理环境、使臣进贡之差异而定。用费正清的话说，明太祖采取的是一种“包含普遍平等甚至宇宙平等准则的公平政策”③。虽然这种评述有点浮夸和言过其实，但从侧面反映出，明朝洪武时期的基础国力逐渐衰弱，不得不采取内缩式的朝贡贸易制度。到了永乐年间，明成祖除了要求之前臣服的四夷对中国毕恭毕敬，也在力争将越来越多的“新夷”纳入自己的朝贡贸易体系，但可惜的是永乐时期短暂开放的朝贡贸易制度只是昙花一现而已。

对此有学者认为，朝贡制度是根据等级差异来区别对待不同“四夷”的一种制度。但对这个观点，费正清教授认为“这样理解朝贡制度是不合适的”④，应当清晰地看到朝贡制度是“优越性原则和安全性原则或不

---

① （明）唐枢：《简分守公》。

② ［美］费正清编：《中国的世界秩序：传统中国的对外关系》，杜继东译，中国社会科学出版社2010年版，第45页。

③ ［美］费正清编：《中国的世界秩序：传统中国的对外关系》，杜继东译，中国社会科学出版社2010年版，第45页。

④ ［美］费正清编：《中国的世界秩序：传统中国的对外关系》，杜继东译，中国社会科学出版社2010年版，第56页。

可侵犯性原则的结合"[①]。一旦这种宗主国的优越地位岌岌可危,那么首要考虑的就是安全性问题和领土不可侵犯问题。因此,即便明朝在永乐时期力图恢复"万国来朝"的局面,也只是一厢情愿,永乐之后明朝的朝贡政策又趋于内缩。

另外,管理朝贡贸易的市舶司废而又设,主要是出于接待朝贡使者之目的。朝贡贸易在古代作为官方主导的贸易,本身就不是纯粹的经济活动,不同于追求商业利润最大化的私人贸易,朝贡贸易主要是为了实现朝廷的政治意图,"本朝立法,许其贡而禁其为市。夫贡必持货与市兼行,盖非所以绝之。律款通番之禁,下海之禁止以自治"[②]。既然"朝贡"并不能算作一种严格的贸易模式,那么这种产品交换很大程度上并不对等。明廷属于用优越的条件去换取地区的稳定,用回赠比贡品的数量更多、价值更高的产品来代替武力处理国际关系。[③]

所以,朝贡贸易中会出现一些非市场经济的原则,比如当明朝宫廷像采购一样去购买一些商品时,往往并不按照商品原有的价值获得货物。而前来朝贡的夷商,将朝贡贸易与市场自由贸易区分开来,一方面是将商贸形式区分开,另一方面是将其所需要承担的风险区分开来。因为朝贡贸易所涉及的商品几乎没有任何价格波动,因此价格方面的风险可以排除,利润的多少几乎就是由供给商品的多少所决定的,前来朝贡的夷商并不是去赚取这个商品的差价,"由于决算程序通常不包括运输成本或者市场管理成本,所以参与贸易几乎就相当于分享其利润"[④]。但是,这就形成一种矛盾:一方面,朝贡贸易需要对贸易本身形成管制;另

---

① [美]费正清编:《中国的世界秩序:传统中国的对外关系》,杜继东译,中国社会科学出版社2010年版,第56页。

② (明)唐枢:《简分守公》。

③ 参见李伯重:《火枪与账簿:早期经济全球化时代的中国与东亚世界》,生活·读书·新知三联书店2017年版,第268~269页。

④ [美]费正清编:《中国的世界秩序:传统中国的对外关系》,杜继东译,中国社会科学出版社2010年版,第75页。

一方面,普通交易者之间又往往存在着讨价还价的贸易规则。所以在这种规格特别限制的朝贡贸易制度下,贸易也会越发凸显出其固有的缺点,比如贸易的竞争关系中的"敌意"越发凸显,朝贡贸易也会比日常贸易更加凸显不友好性,朝贡贸易中的讨价还价比日常贸易中的讨价还价更加具有冲突性。

明廷在制定朝贡贸易制度时,之所以不遵照寻常的贸易法则,是因为其长期处于封闭的自然经济中。这就使得明廷认为该制度最好的实施结果是:一方面,促进官方对外贸易,抑制私人海外贸易,保护小农经济,"宫廷自身通过数以千计的太监采办及遍及全中国的皇室成员的大规模需求刺激了奢侈品贸易的发展"①;另一方面,以朝贡贸易来推行"禁榷"制度,控制国家发展最重要的各种物资,实现政府的独家经营。这二者在统治者看来是相辅相成、并行不悖的,"又如商贩所来,不过胡椒苏木等件,民间用之不多,食之有限,贩来既盛,价值必轻,二三年后,商人无利势将自息。徒有开税之名,而未见开税之利,所可预料者也。又有奸猾商人,其出海即可税不必待其止"②。

这样既可以满足统治者对奢侈品的需求,同时也能控制民间海洋贸易,以求达到边境的安宁稳定。明廷当时通过朝贡贸易来控制对外交往,其间伴有间歇性的抵制政策,试图遏制自然经济内生以及外来威胁。这种思维基于明廷对于蒙古等游牧民族侵犯所采取的禁止政策——修筑长城,以便抵御来自千里之外的敌人。而明廷试图以海洋这一天然屏障来防止海上侵犯,这显然犯了严重的错误。

所以到了明朝中叶,社会矛盾层出不穷,自给自足的经济体系虽然本身具有对抗海洋贸易的潜质,但来自"海寇"的威胁却让嘉靖朝倾向于

---

① [英]崔瑞德、[美]牟复礼编:《剑桥中国明代史》(下卷),张书生等译,中国社会科学出版社1992年版,第298页。

② (明)冯璋:《通番舶议》。

全面限制海洋贸易。朝廷应对这些问题开始力不从心，对朝贡贸易的执法管理也显出疲态。尤其是嘉靖年间，明朝只能通过立法一再对朝贡贸易的规格进行限制，官方贸易形同虚设。之后市舶司被裁撤，朝贡贸易制度崩溃，这一方面是由于统治者控制力的下降，另一方面也源于制度本身的固有缺陷，即中国传统的小农经济无法为朝贡贸易体系提供可靠持续的经济支撑。由于农业经济的自给自足，明朝对海外贸易的需求有限，这种需求主要集中在各种军需品和奢侈品上，并不需要过多的境外货物。“然所获止于牙料品香无用之物，无资中国之用”①。

因此，到了明代中后期，一方面，明朝基本放弃了向外洋开拓的趋势，遵循“束缚”的祖宗成法，锁定原有的政策，采取自我保全和封闭的海洋贸易制度，以图保持帝国长治久安。明廷用这种保守的管理方法来管理中国的近海和沿海港口是迫于形势，“明朝的对外贸易政策，没有对处理后来已发生了变化的情况建立新的体制，这就使得中国海防陷入了土崩瓦解的境地”②。另一方面，朝贡贸易垄断了中国的对日贸易，导致民间海洋贸易无法正常发展，这就使得统治者在观念上形成了长期的误解，以为中国对日本供需不同，日本不存在海洋贸易的市场。

另外，朝贡贸易的需求品主要是奢侈品，这不符合当时统治者在官方层面所宣扬的勤俭治国的理念。有些官员从统治阶级应当减少骄奢淫逸的生活、杜绝不必要的进贡的角度，提出了废除朝贡贸易制度的观点。而胡宗宪的幕僚郑若曾认为中国并不需要日本所进贡的物品，“日本所贡倭扇、描金盒子类，皆异物也。其所悦于中国者，皆用物也。是彼有资于中国，而中国无资于彼。忠顺则礼之，悖逆则拒之，不易之道也。若徇其求而慫期许贡，无端互市，断断乎不可”③。

---

① （明）冯璋：《通番舶议》。

② ［英］崔瑞德、［美］牟复礼编：《剑桥中国明代史》（下卷），张书生等译，中国社会科学出版社1992年版，第298页。

③ （明）郑若曾撰：《筹海图编》，李致忠点校，中华书局2007年版，第201页。

所以官员们认为开放朝贡贸易，只会增加风险，而不会带来更多利润，“既称通番之人，必是积年在海，强徒恶少，舍命轻生，眇视官法。货船到岸，倘不赴官，四散湾泊，躲名匿税，官府不免拘拏，因而拒捕伤人，又须调兵征剿，恐其利未得而害先至也”①。但是，大多数海外国家朝贡的主要目的是获得贸易利润，假如明朝政府不向朝贡贸易提供强有力的财力与物力的支持，朝贡贸易便无法持续。比如在明朝中叶，明廷开始向海外朝贡使团征收饷税，这就会减少朝贡贸易的利润，影响一些境外贸易者的贸易需求。明代执行海洋贸易法律制度，大多数海外商品在民间自由贸易中被禁止，这使得原本就举步维艰的朝贡贸易雪上加霜。

同时，明朝的社会结构对外来入侵的抵抗能力较弱，明朝一旦遭受外来入侵，唯一可行的办法是有限地开放官方对外交流，并且封锁所有对外开放的私人渠道。从封锁这方面来说，朝贡贸易看起来似乎很安全，但却有一定的弊端，尤其是到了嘉靖年间，明廷对朝贡贸易中货物的种类、数量有严格的有限性限定。沿海居民失去了维持日常生活的生计，私人贸易更是无从提起。原本朝贡贸易的特殊性就在于其确立一种有效的供给机制，消化了一些中国无法供给的货物。即便不能扩大贸易，但至少可以解决部分紧缺之物的供给问题。但是，明代中后期为了推行海洋贸易法律制度断绝了一切海洋贸易，从中可以认识到明代朝贡贸易体制扩大了贸易中的脆弱性。“后来卒为嘉靖间数年之患，公先事之虑深矣……法制之未备者，实时区画庶使海防严禁。中土奠安，可以防海堧不测之虞，可以壮国家全盛之势矣……时以刀扇小物，亵凟天朝规牟大利不当与之通好。观于今日之事，则皇祖贻谋万代如见。而儒臣论事，后世足征。其应否通贡，事宜关系重大”②。

而对货物的有限性规定，导致从中国出口的贸易货物紧缺，货物本

---

① （明）冯璋：《通番舶议》。

② （明）李承勋：《勘处倭寇事情以伸国威疏》。

身的贸易利润被进一步拔高。虽然征收饷税使贸易利润有所减少，但是日本这些国家，对中国本身的贸易需求是硬需求，因货物稀少而拔高的利润反而远远大于因收税而减少的利润。所以，明朝时期的“外夷”，如日本就觊觎这种高额利润，频繁前来朝贡，不断扩大朝贡贸易规模，成群结队地涌向中国沿海地区，不断突破这个红线。所以永乐或正德年间等时期，由于适度的朝贡规模、宽松的朝贡贸易和被默许的走私贸易，海洋边境保持了相对平静。但这种平静的局面到了明代中后期，因海洋贸易法律制度的制定和推行，终究被打破了。海洋贸易法律制度促使海寇的“溢出”效应产生，而这种反商业基调吞没了民间的商业自觉，一系列原本具有的海洋优势逐渐消失。“华夷同体，有无相通，实理势之所必然。中国与夷，各擅土产，故贸易难绝，利之所在，人必趋之。”[①]

二、民间海洋贸易缺乏制度的有效保障

日本学者檀上宽总结当时的海洋贸易，主要分为四类：“（一）朝贡贸易。（二）中国商人的出海贸易。（三）外国商人的来华贸易。（四）走私贸易。”[②]如表 5 – 2 所示：

表 5 – 2　檀上宽对当时海洋贸易的总结

项目	元代	明朝最开始（明极初）	洪武七年（公元 1374 年）至隆庆元年（公元 1567 年）前后
海禁的目的	贸易统治（有限度海禁）	海防	贸易统治 海防 维持国际关系
海禁的对象	商人（有限度海禁）	沿海居民（商人出海许可）	民间全体人员（商人出海也禁止）

---

① （明）唐枢：《简分守公》。

② 檀上寛『明代海禁——朝貢システムと華夷秩序』（京都大学学術出版会，2013 年）26 頁。

续表

项目	元代	明朝最开始（明极初）	洪武七年(公元1374年)至隆庆元年(公元1567年)前后
贸易的管理机关	市舶司（海禁实施时基本是废止状态）	市舶司（海禁时也存在）	市舶司暂时废止（永乐以后为了接待朝贡使节而再次启用）
贸易的形态	朝贡贸易 民间贸易（海禁实施时禁止） 走私贸易	朝贡贸易 民间贸易 走私贸易	朝贡贸易 走私贸易

表5－2由檀上宽在《明代海禁——朝貢システムと華夷秩序》一书中所列[①]，从该表我们可以看出不同时期的主要贸易形势，在“洪武七年到隆庆元年前后”，明廷几乎隔绝了民间的私人合法海洋贸易。

事实也是如此，在明朝中叶开始，虽然朝贡贸易日渐衰退，但是民间海洋贸易却在曲折中发展，而在这种发展的趋势是无法阻挡的。尤其是在东南沿海地区商品经济高速发展的前提下，客观上一直存在着对传统朝贡贸易不断冲击的态势。到了天启年间，朝鲜的洪翼汉一行人偶遇“唐船数十只自椵岛尾来”[②]。户部对此回复到，当时在这边贸易的海商“不下五六百人，半在登州、半在海外”[③]。

一方面，当时众多的境内外海商、海寇及殖民者纷纷来到东南沿海地区，或掠夺或贸易，其利用平素在泛海中积累的经验和优势，逐渐将东南沿海地区纳入他们的生存圈子，这不断冲击着原有的以中国为中心、覆盖整个东亚以及东南亚的朝贡贸易体系。另一方面，这种形势不断地刺激着东南沿海地区的民众参与到海洋贸易中来，这一抑一扬，使得原先规格非常限制的朝贡贸易体制，已然无法适应当时瞬息万变的海洋贸

① 檀上寛『明代海禁——朝貢システムと華夷秩序』(京都大学学術出版会,2013年)27頁。

② ［朝］洪翼汉：《花浦先生航海朝天录》卷1，载［韩］林基中：《燕行录全集》第17卷，韩国东国大学校出版部2001年版。

③ 《明熹宗实录》卷七六。

易环境。这种发展模式使得浙东沿海原先的整个经济发展模式发生了变化，朝着更加具有区域性和多元化的方向发展。同时，东南沿海地区成了整个海洋贸易冲突的汇集点，一方面，地方州县官员为自己谋私利，而进行权钱交易的现象司空见惯，导致海洋贸易法律制度形同虚设，无法得到有效实施；而另一方面，虽然民间的海洋贸易在畸形中发展起来，但毕竟没有得到官方的正式认可和保障，所以很多时候发展中孕育着巨大的冲突和矛盾。

所以，民间海洋贸易由于缺乏制度的有效保障，无法正常健康地发展。原本市舶司作为一种保护税收和税收管理运行机构的特殊存在，起到一定的制度保障作用。但官僚腐败导致这类机构的运行费用逐渐上升，国家拥有的控制权逐渐丧失，这无形中增加了官僚机构的代理成本，降低了国家行政效率，降低了国家的税收能力，“宋素卿等勘合系应销缴而未销缴之数”①，促使偷税漏税现象出现“巡察备御等官，坐视恬然，任其逸去”②；海寇也乘机掠夺，“陈其方物，以朝贡为辞，劫杀则利民财，朝贡则利国赐，间有得不得，而利无不在，此倭奴之大情也”③。所以，嘉靖时期限制海洋贸易的禁令，其实是一种非常消极的制度措施，在地方几乎建立不起有效的制约监督。所以市舶司也好，不少地方州县也罢，放着海洋贸易法律制度不去执行，用各种方式搪塞朝廷，与海商勾结牟取利益，甚至利用禁令乘机敲诈勒索。

制度的有效保障的缺乏，使得嘉靖年间东南沿海地区吏治腐败，贿赂盛行，卫所官员，“反而充当海盗、外国商人和当地商人之间的掮客”④。不少卫所官吏通过掮客结交外国商人，如朱纨在《请明职掌以便遵行事》

---

① (明)张翀:《杜狡夷以安中土疏》。

② (明)张翀:《杜狡夷以安中土疏》。

③ (明)张翀:《杜狡夷以安中土疏》。

④ [英]崔瑞德、[美]牟复礼编:《剑桥中国明代史》(下卷)，张书生等译，中国社会科学出版社1992年版，第352页。

中谈道，“守备人员，虽未尽贤，亦未必尽皆不肖，但奉公法，必见怒于私党……责在海道，海道不职，责在臣身。如是而海防不举，海寇不靖。臣甘伏欺罔之诛也，浙江海道亦然”[①]。对私人海洋贸易的制度保障的缺失，提高了合法性门槛，使得原本遵循贸易规则的海商只能“逼上梁山”转而为盗。“内外传袭，以为生理之常。嘉靖六七年后，守臣奉公，严禁商道，不通商人，失其生理于是转而为寇。嘉靖二十年后，海禁愈严，贼伙愈盛，许栋、李光头辈然后声势蔓衍，祸与岁积，今日之事，造端命意，实系于此，夫商之事顺而易举，寇之事逆而难为，闽之海禁不宜严，亦以此惟其顺易之路不容”[②]。东南沿海地区的宁波也被后人称为“沿海非法贸易的中心”[③]。

正因为缺乏有效的法律制度保障，“不惟赏罚淹留而人心懈玩，抑且律例废弛而欺蔽肆行”[④]，正常的贸易无法开展。所以当时有官员认为，只要不是销售违禁之物，正常的通商其实可以通融，“如某海屿，某老历年商舶之头也，欲律以通番死罪，罪未必及，而乱先激矣。必申明朝廷之法，宽处而羁縻之。且重其责成，曰商贩贸易，姑听其便……彼以利为命者，利既不失，而又不峻绳以法，则感恩畏威，必不偾事矣。一面修吾海防，不容倭舶近岸贩货。出海者，关口盘诘，勿容夹带焰硝等项违禁之物。载货入港者，官为抽税，以充军需。岂不华、彝两利，而海烽晏如也哉！此之谓以不治治之也”[⑤]。但可惜的是嘉靖之后的隆庆实施的开放也非常有限，是为处理民众的反抗而被迫实施的，属于权宜之计。这种局限性开放仍不能满足贸易的需求，大部分需求还是通过在海上从事走

① （明）朱纨：《请明职掌以便遵行事》。

② （明）唐枢：《简分守公》。

③ ［日］斯波义信：《宁波及其腹地》，载［美］施坚雅主编：《中华帝国晚期的城市》，叶光庭等译，陈桥驿校，中华书局2002年版。

④ （明）李承勋：《勘处倭寇事情以伸国威疏》。

⑤ （明）郑若曾撰：《筹海图编》，李致忠点校，中华书局2007年版，第854～855页。

私贸易实现,无法从根本上被满足。

第四节 明朝中后期海洋贸易法律制度的制定导向

一、商贸活动的客观发展和原有“重农抑商”观念的冲突

明代的海洋贸易制度和观念的形成是有其特殊的时代原因的。

首先,明面上的“抑商”之说和以农业为主的封建地主制生产模式有关。当地主制经济以地租的形态变化时,人们对土地的支配意义就是以货币的形式来代替原先的使用价值。而此时对于土地所有者来说,剥削和掠夺更为方便,剥削和掠夺的方式更为直观,目的也更为纯粹,“土地对于土地所有者来说成为一种生息资本,地主从地租中多收入一分,就是自己的财富多增长一分,剥削率愈高,则积累的财富愈多”[①]。此时“土地兼并”便成了最主要的剥削形态,贫农“无立锥之地”也成了必然趋势。其实无论是佃农还是自耕农,都会受到不同程度的剥削,积累不起固定资本和流动资本,都无法在原有的基础上“扩大再生产”,“都必然是小土地经营……又必然受到客观经济规律的支配,排斥社会劳动生产力的发展”[②]。这种观点在《商君书·去强》中也有所体现:“农、商、官三者,国之常官也。……农少、商多,贵人贫、商贫、农贫,三官贫,必削。”[③]

这里所提到“农少商多”,最终导致贵族、商人和农民皆贫的现象,是一种虽只存在于理论上但却有着广泛市场的说法。这种说法简单解释就是如果将农民和商人两个群体进行对比,虽然在数量上农民整体大于

---

① 傅筑夫:《中国经济史论丛》(上),生活·读书·新知三联书店1980年版,第6页。

② 傅筑夫:《中国经济史论丛》(上),生活·读书·新知三联书店1980年版,第11页。

③ 《商君书·去强》。

商人，但是商人走南闯北，在信息获取的优势上要强于农民。所以，假如在静态的环境下，农产品发生短缺现象，那么其相应的市场的总供给就减少；但整个社会对这些农产品的需求是不会减少的，这中间的“剪刀差”只会被商人所获取，农民因为不知道行情而显得被动，因为物价的上涨而更加困苦，这最终导致整个社会秩序的崩盘。

这种观点在现代经济学看来相当不科学，但当时不少“一心只读圣贤书”且不懂“经济”的士大夫却深信此道，从而一定程度影响了其意识形态上对商贸活动的态度。但从侧面也可以看到，一贯主张“奖励农战、重农抑商”的法家也不得不承认农民、商人和官吏是国家运行的基石，都是不可或缺的。

其次，这与贸易本身的特点有关。贸易参与人参与贸易的目的是获得利润，对物品本身不造成实质上的价值增加或减少；所以这种行为在农耕文明的环境下，并不一定会受到所有人的认可。而对贸易均衡起决定作用的，主要是两个方面：第一，参与贸易的主体是否追求个人利益最大化；第二，商品的流动是否顺畅，中间有无影响贸易的因素。这是在完全市场化的前提下得出的。那么，当市场机制还不够完善时，整个贸易的过程必然会受到诸多非贸易因素的干涉，而此时，贸易将变得不怎么纯粹。

因此，所谓的“重农抑商”，在当时的环境下是有一定的合理性的，社会经济和生活的主要需求是靠实物来填补的，而贸易多是流通一些非必需品，以满足部分上流社会的需求。正因为多是非必需品，所以只需要以集市的形式出现，在固定的时间和地点交换即可。所以很多士大夫不支持发展海洋贸易是有一定原因的，即早期的商业发展模式“是一种贩卖性商业，这种商业不是由于生产物商品化的结果形成的，而是相反地由于有了商业，才把已经存在的生产物变为商品”①。这种商业模式被称

---

① 傅筑夫：《中国经济史论丛》（上），生活·读书·新知三联书店 1980 年版，第 11 页。

为"贩运商业","它只是利用地区差异或供需失调等的经济落后状态所造成的价格差额来赚取高额利润"[①]。而这种"贩运商业","越是发展,社会一般经济就越不发展"[②]。所以在古代社会,民众对于"贸易"和"商人"的印象并不佳,而统治者但凡有想要大力发展商业的迹象就会被扣上"侈靡"的帽子,出于意识形态的宣传和考虑,不可能在明面上支持和鼓励商业发展。

但是这种明面上的状态在明代被打破,以江南为代表的区域的经济逐渐发展,商贸活动渐渐获得认可。而商品经济也已经发展到了较为广泛的地步,这种定期定点的交易模式已经远远无法满足作为东南"海上丝绸之路"腹地的浙、闽、广地区的社会需求,而传统的"贩运商业"在逐渐地发生蜕变,扩大再生产和技术革新现象层出不穷,商业运作形式逐渐朝着更高阶的方向递进。所以明朝越发需要一个更为广阔且动态的贸易环境。此时明廷一方面在明面上出于意识形态的考虑,不可能在制度上过多地支持商贸行为,但是另一方面又在制度上"开个口子",默许和放任商贸行为的自由发展,统治者自己也可以从中谋利。

二、官方推行"海禁"之背后的根源

海洋贸易宛如一个验证制度的契机,朝廷在海洋贸易参与问题上的态度较为暧昧,可谓顾及颇多,"明代的意识形态并不鼓励中国成为一个远洋商贸的国度。但是如果得到许可的话,明律是准许进行海上贸易的"[③]。有观点认为,这是历来奉行的"大陆本位主义"作祟,其实"当以后我们能更深入地了解到当地和地区性经济在贸易影响下的贸易和波

① 傅筑夫:《中国经济史论丛》(上),生活·读书·新知三联书店1980年版,第11页。

② 傅筑夫:《中国经济史论丛》(上),生活·读书·新知三联书店1980年版,第11页。

③ [加]卜正民:《纵乐的困惑:明代的商业与文化》,方骏、王秀丽、罗天佑译,方骏校,广西师范大学出版社2016年版,第135页。

动情况时,这种理性解释最终会被一种更全面的认识所取代"[①]。无论是"勘合制"还是"抽分制",都是对日益蓬勃发展的海洋贸易的妥协,"在经济上,'朝贡体制'虽然还维持着,但是日本、朝鲜与中国实际上已是'贸易关系'"[②]。

所以不少人指出"隆庆开海"是对前朝所谓的"海禁"政策的大变革,"隆庆开海"本质上依旧符合明代的海洋贸易制度的整个主基调,"朝贡原本属于外交业务,理应归属礼部管辖。然而海外诸国使节却归属分管经济事务的户部管辖。由此可见,朝贡表面上看似是外交事务,其本质却是经济贸易活动"[③]。明代发展海洋贸易既是其内在需求,也是必然趋势。所以发展到隆庆年间,海洋法律制度的制定方针既不是官方的公开允许,也不是赶尽杀绝的严酷执行,而是"睁一只眼闭一只眼"的"默许","虽然各种限制的条例依然存在,但大多形同具文"[④]。

沿海地方社会主导的私人海洋贸易自明太祖以来,就未曾停止过,"明清的商品生产和商业贸易已在一定程度上成为当时世界市场的组成部分,它对中国的经济发展产生了积极的作用"[⑤]。所以这个时期官方运用国家强制力对私人海洋贸易进行管理,其目的"并不是要实现西方所谓的帝国主义,而是要正秩序,用兵在于止戈"[⑥]。虽然法律制度在名义上规定禁止私人贸易行为,但在实际执法过程中,总是会存在"漏网之

① [加]卜正民:《纵乐的困惑:明代的商业与文化》,方骏、王秀丽、罗天佑译,方骏校,广西师范大学出版社2016年版,第140页。

② 葛兆光:《宅兹中国——重建有关"中国"的历史论述》,中华书局2011年版,第152页。

③ [日]松浦章:《海上丝绸之路与亚洲海域交流(15世纪末—20世纪初)》,孔颖译,大象出版社2018年版,第101页。

④ 沈定平:《"伟大相遇"与"对等较量"——明清之际中西贸易和文化交流研究》,商务印书馆2015年版,第11页。

⑤ 沈定平:《"伟大相遇"与"对等较量"——明清之际中西贸易和文化交流研究》,商务印书馆2015年版,第9页。

⑥ 高明士:《天下秩序与文化圈的探索:以东亚古代的政治与教育为中心》,上海古籍出版社2008年版,第23页。

鱼”。这也是为何嘉靖年间的浙江巡抚朱纨兢兢业业地打击私人贸易行为，最终却被朝廷革职查办，从上层到地方对禁令的推行始终保持着“暧昧”的态度。

此外，朝廷对于海洋贸易不甚上心的原因，是最上层从中获取的资源和利益甚少，其中大量的利益被地方豪族与富商截取，“至西北互市与东南海市，其于国计民生损益利病，试两持而并较之，不啻天壤易判、黑白易分也。乃筹国者知互市之利，而不知海市之利，何不思之甚也？”[①]明朝“隆庆开海”的最直接、最重要的目的在于海疆靖安，扩大收入只是其次，“明太祖之所以如此急切地把勘合制度导入对外交涉领域，主要原因是在他看来，即使被明朝所认可的各国来贡也急需规范化管理”[②]。

古代中国早期这种暧昧且瞻前顾后的态度从和北方游牧民族贸易的态度中可以看出。北方游牧民族一直都很迫切地想要发展贸易，但农耕民族起初不想发展贸易，受制于生产方式的局限，无法开展大规模的贸易。但到了明朝，跨区域的贸易需求越来越旺盛，相对的邻国之间的区域性贸易逐渐实现，并开始带动海洋贸易。这说明随着生产力的逐渐发展，生产方式也发生转变，相应的制度也就越来越需要更改。葛兆光提到，海防问题在明代以前不是什么大问题，到了明代则变得非常重要，明人在绘制海图时，从最早的南上北下逐渐演变成了北上南下。[③] 明廷虽然想强化对地方的管制，也试图以经济管控的手段控制地方，但因为客观条件限制等因素，权力没办法到达全部疆域，呈现出“心有余而力不足”的态势。

总之，明朝从建立之初对待海洋的态度，即以保障“海疆安宁”为核

---

① （明）张瀚撰：《松窗梦语》卷四《三农纪》，萧国亮校点，上海古籍出版社 1986 年版，第 77 页。

② 王来特：《近世中日通商关系史研究：贸易模式的转换与区域秩序的变动》，清华大学出版社 2018 年版，第 74 页。

③ 参见葛兆光：《宅兹中国——重建有关“中国”的历史论述》，中华书局 2011 年版，第 118 ~ 120 页。

心宗旨,并非刻意针对海洋贸易本身。如果“海疆安宁”受到威胁,那么对于海洋的封锁则会连带影响海洋贸易的运转。“隆庆开海”也并不是对之前海洋政策的推翻,并非违反明初以来的“祖制”,而是贯彻了明初以来的立法原则。所以明廷主观上虽有意愿将海洋贸易控制在自己可控的范围内,但受制于经济贸易运作的客观规律,该意愿无法真正实现。

| 第六章 |

海洋史视野下明代中后期海洋贸易法律制度的历史启示

第一节　维护政权稳定是海洋贸易法律制度出台的根本原因

一、维护政权稳定使立法宗旨呈现“被动放任、局部通商”

明代中后期，国家面临内忧外患，包括经济危机、财政困难、民生问题和海盗威胁等。为应对这些挑战，朝廷采取了一系列措施，其中包括推行海禁政策以及促进海洋贸易法律制度的制定与实施。海禁政策的出台源于朝廷对私人贸易可能引发海盗活动和外族侵略的担忧，旨在保卫国家安全。

为强化海禁政策的执行，朝廷制定了一系列相关法律，明确禁止私人船只进行海上贸易，并设立国家监管和管理机构来负责海洋贸易的监管与税收。这些措施在一定程度上规范了海洋贸易秩序、保障了国家安全，并增加了财政收入。然而，需要指出的是，这一时期的海禁政策和海洋贸易法律制度的制定，并非单纯出于经济和财政的考虑,更多是为了维护国家安全与社会秩序。

这些措施在当时引发了相当程度的社会反响,并在某些方面显得严苛。其原因之一在于古代中国特有的社会经济结构。在这一背景下,海外贸易常被视为低等商业活动,甚至被认为是非法的,因为与传统的农业和手工业相比,尽管其利润较高,却给国家的财富和经济安全造成了威胁。此外,由于人力物力的有限性以及政治法律制度的不成熟,明代政府难以有效管理和监督海洋贸易,因此通过严厉的法律制度来弥补管理上的不足显得尤为必要。

总之,明代中后期海洋贸易法律制度的制定与实施,首要目的是加强朝廷对海洋贸易的控制与管理,维护国家的海洋主权与利益,进一步巩固皇权的统治地位,促进社会稳定。正如《论语》中讲到"道之以政,齐之以刑,民免而无耻。道之以德,齐之以礼,有耻且格"[①],《商君书》也讲到"君尊,则令行;官修,则有常事;法制明,则民畏刑。法制不明,而求民之行令也,不可得也。民不从令,而求君之尊也,虽尧、舜之知,不能以治"[②]。同时,这些措施也旨在规范海洋贸易行为,保障商人的合法利益,防范外敌的侵略,维护国家的海洋权益。

古代的政治思维认为统治者的权威建立在"令重""令尊"的基础上,统治者的权威是非常重要的,因为这是维护社会秩序和稳定的基础。统治者为了确立权威,往往会采取一些措施,如加强法律制度的建设和执行,加强对下层人民的控制和管理等。同时,对于一些违法行为,果断采取严厉的惩罚措施,以示威慑。只有在这种权威的基础上,才能够实现法制的推行,维护社会的稳定。亦如《韩非子》中所言,"独视者则明,独听者则聪,能独断者,故可以为天下王"[③],通过律例的形式加以强化。

① 《论语·为政第二》。

② 《商君书·君臣第二十三》。

③ 《韩非子·外储说右上》。

倘若“政出多门”,必然造成严重的分裂割据现象,“法不法,则令不行。令而不行,则令不法也;法而不行,则修令者不审也”①。因此,立法宗旨展现出“被动放任、局部通商”的特征,地方执法管理的资源也无法完全配备于州县,这就是为何设立浙江巡抚成为必要。由于交通不便和信息传递困难,地方执法管理常常面临诸多问题,如某些地方官员的腐败与不作为,或是某些地方的执法过于严苛,导致民众的不满。为了解决这些问题,统治者常常设立巡抚等中央派出机构,以加强对地方的管理和监督,确保政令畅通、法纪严明。此外,巡抚还能够调动和整合地方资源,妥善应对突发事件。

从法律实施的成本与收益两方面来看,明代中后期的海洋贸易法律制度展现出一种“自利性”②。相比于单纯依赖暴力来管理海洋贸易,明代中后期的海洋贸易法律制度在成本和收益上显得更加经济。首先,单靠武力维护海洋贸易的安全与秩序需要大量的人力与物力,且可能引发与他国的冲突,造成更大的损失。其次,海洋贸易在明代中后期已经成为国家的重要经济来源,并带来了相应的税收与利润。建立海洋贸易法律制度,不仅可以维护海洋贸易的安全与秩序,还能为国家创造更多的税收与利润。因此,相较于单纯使用暴力,明代中后期的海洋贸易法律制度显得更加经济。

这也源于当时海盗的数量众多且分布不均,法律手段能够更有效地控制海盗的规模,减少海洋贸易的风险,从而推动经济发展。与单纯依赖暴力相比,运用法律手段能够更经济高效地维护海上安全与贸易秩序。单纯使用暴力来打击海盗,不仅需要投入大量资源和人力,还可能增加暴力冲突的风险,甚至引发民怨。相对而言,通过建立法律制度来

---

① 《管子·法法》。

② 孔晓婷:《论明朝海外贸易制度变迁——基于新制度经济学的分析》,载《经济研究参考》2015年第28期。

约束海盗行为,可以更经济、有效地解决问题。这也是明代中后期海洋贸易法律制度在控制海盗方面所体现出的“自利性”之一。维持法律所需的成本相对较低。通过推行海洋贸易法律制度,国家不仅可以对违法行为进行处罚,从而规范海上贸易活动,维护国家和人民的权益,还能通过对海上商业活动的监管与管理,提高国家在海洋贸易中的收益。因此,从成本与收益的角度来看,在明代中后期推行海洋贸易法律制度,无疑是比单纯使用暴力手段更为经济的选择。

古代统治者往往拥有绝对的权力,朝廷与普通臣民之间的力量对比确实悬殊。因此,在理性的考量下,臣民通常不会轻易违反法律,因为他们深知这样做会带来不必要的风险和成本。然而,社会中各种利益矛盾以及不同阶层之间的冲突不容忽视,这些因素会影响人们的行为。此外,法律制度的执行若缺乏公正,也会激起人们的不满与抗议。因此,维持法律制度的稳定并非易事。在明初,诸如限制措施等初步政策对于遏制海盗和维护国家安定起到了积极的作用。同时,明初还采取了加强海防的措施,如修建海防工事和增派水师,这些都在一定程度上对海盗活动形成了威慑。然而,这些措施的效果并不显著,因为明初海盗活动仍然猖獗。因此,到了明代中后期尤其是嘉靖朝,许多臣僚提倡遵循“祖制”的呼声得到了广泛支持,如“与祖宗建置军卫,颁示律条杜患防微之意”[①]“春秋之义每严于华夷之限……祖宗之制尤重于倭寇之防”[②],最终制定的海洋贸易禁令比洪武时期的“祖制”更严厉,因为“提供秩序、安全和保护方面”[③]的保障比单纯通过暴力控制的成本更低。

总体而言,明朝中后期海洋贸易法律制度的立法宗旨体现出“被动放任、局部通商”的特征。“局部通商”即朝贡贸易作为国家垄断贸易的

① (明)冯璋:《通番船议》。

② (明)王忬:《条处海防事宜仰祈速赐施行疏》。

③ 孔晓婷:《论明朝海外贸易制度变迁——基于新制度经济学的分析》,载《经济研究参考》2015年第28期。

方式,促进境内外商品的交流。这一制度设定极为严格,只允许来使在指定地点与指定商户进行交易,严禁私下交易。朝贡贸易通过吸引外国朝贡,不仅维护了朝廷的威信和稳定的外交关系,还为明朝带来了海外的知识与资源。然而,经济利益的缺乏却是一个不容忽视的事实。朝贡贸易尽管规模庞大,但贸易品种单一且价格低廉,难以带来实质性的经济收益。此外,朝贡贸易还需巨额开支,用于对来使的接待、给来使的礼物及其他用途,这对国家财政形成了一定压力。

随着明代财政状况的逐渐恶化以及对外贸易的限制,民间的海洋贸易也开始兴起。由于朝廷对对外贸易的限制,许多商人通过私人海洋贸易获取利润。由于私人海洋贸易不受朝廷干预,其利润相对较高,因此在明代中后期迅速发展。朝贡贸易的衰落使得民间海洋贸易的利润空间不断扩大,同时民间的贸易组织和船队也逐渐壮大。在这样的背景下,尽管朝廷多次颁布禁令限制民间海洋贸易,但该禁令实际上执行起来困难重重,难以杜绝。因此,朝廷对对外贸易的限制逐渐放宽,民间的海洋贸易得以在半开放的状态下快速发展。

许多地方官员参与走私活动是为了获取财富,甚至有些官员故意不执行明朝政府的法令,纵容违禁品的流通。这种现象在一定程度上破坏了政府对海洋贸易的管控,加剧了社会的腐败问题。在明代中后期,基层官员的贪污腐败现象严重影响了政治、经济和社会的发展,成为朝廷难以摆脱的顽疾。许多基层官员为了谋取私利,往往与商人、海盗勾结,甚至参与非法活动。与此同时,由于权力的高度集中,上级官员难以全面有效地监管下级官员,使得腐败问题无从解决。这些问题最终导致了明朝的衰落和灭亡。随着腐败官员的增加,国家的监管难度也随之加大。民间的海洋贸易如果缺乏有效的监管和惩罚措施,发展势头便难以遏制。此外,民间海洋贸易的发展还受到地域、经济、社会和政治等多重因素的影响,这些因素的变化同样会影响海洋贸易的发展态势。

东南沿海社会长期处于严格的管制与限制之中,这一局面不仅促使民众通过非法渠道进行贸易,还容易催生一些非法组织,从而增加社会的不稳定性。这种地下贸易往往并不会立即显现,这导致统治者无法及时识别和应对相关问题。此外,海洋走私所带来的丰厚利润确实吸引了一部分社会成员,并令他们误以为暴力是获取财富的有效途径。这种认知不仅进一步加剧了社会的不稳定性,甚至可能引发一系列暴力事件,影响整个社会的安定与发展。

在一个禁止合法交易的环境中,非法交易成为获取财富的主要手段,进而吸引了更多组织参与其中。这些组织之间的竞争和冲突,往往以暴力为手段,这导致暴力事件愈加频繁。这一趋势进一步恶化了社会治安,给国家安全和社会稳定带来了负面影响。海商集团在从事走私贸易的同时,频繁对沿海居民实施抢劫。丰厚的利益使得部分沿海居民开始“推崇”暴力,这种对暴力的认同无疑削弱了国家有效行使权力的能力:

> 浙无赖亡命潜匿倭国者,不下千数,居成里巷,街名大唐。有资本者则纠倭贸易,无财力者则联夷肆劫,巨室为之隐护,官府惟务调停。日就月将,年深岁积识者,固知有今日之变矣……虽恃海洋辽阔,亦由倭国为之渊薮也……请有入贡勘合,得行则利归于上。今各倭私自贸易,利归于下。彼中酋长,甚是不乐,尝禁各倭不许东犯。昨劫黄岩去者,多被擒杀。今春关隘亦加严禁。曾追回倭船二十余只,并审擒获贼首李哪哒,亦称渠魁沈南山等安住。倭国分遣其党同倭入寇。此辈不除,海无宁日……海道副使李文进,屡次议呈,欲臣具请特旨……及令布政司咨行,述其许贡之由。勉以藩屏之义,令将中国逋逃,尽搜起发。严禁各岛,不得出关。庶使贼势日孤,兵力可逞。但恐夷性叵测,国体攸关,未敢遽陈,即今警变异常,正多方图济之日。①

① (明)王忬:《倭夷容留叛逆纠结入寇疏》。

这种掠夺扩张的趋势在明朝海洋贸易中得到了充分体现。早期,海商主要以走私小商贩为主,但随着贸易竞争的加剧,小商贩们在遭遇官兵时,往往不得不依赖一个强大的领导者来进行有效的运筹帷幄,这逐渐形成了一种默契的“惯例”。这一惯例激发了民众对领导者及其所代表秩序的认可,最终促成了以首脑为核心的集团的形成,他们开始“委托”民众参与商贸或掠夺活动。然而,这些商贸与掠夺活动并未获得国家的保护和法律的支持。随着资源逐渐被分配,资源的稀缺性日益凸显,竞争越发激烈,商贸与掠夺活动之间的冲突也随之增加。为了实现自我保护和契约履行,参与商贸和掠夺活动的民众只能通过向集团首脑缴纳保护费或为其效劳来获得安全保障。而被迫缴纳的保护费,实际上相当于对垄断权的屈服与承认。

二、“被动放任、局部通商”的法律制度不利于维护政权稳定

前文探讨了明代中后期海洋贸易法律制度所体现的“自利性”。与单纯依靠暴力手段相比,这种制度安排显得更加经济,因此不少臣僚认为,唯有遵循“祖制”才能更有效地维护皇权的稳定,并视其为一劳永逸的解决方案。然而,这种观点实则存在认识上的误区。若仅仅依靠暴力镇压,而不形成相应的制度,民间海洋贸易依然会面临无序与放任的局面。海洋贸易法律制度的推行,其实是在“祖制”框架下对制度进行的构建。然而,这种“制度构建”在名义上剥夺了民间海洋贸易的权利,给其带来了致命的打击。正如古语所言:“名不正,则言不顺;言不顺,则事不成。”[①]民间海洋贸易始终游走于非法的边缘。这种以“祖制”之名行专制之实的“制度”并不是真正的“良法”。

禁令制度化后,存在一定的阈值,受到时间和空间的双重影响。一方面,随着时间的推移,因为人们对禁令的态度可能发生变化,禁令执行

---

① 《论语・子路第十三》。

的难度可能会逐渐降低,或者禁令的执行力度可能会减弱。另一方面,不同地区的禁令执行难度可能差异明显。在海运不便的偏远地区,禁令的执行可能更加艰难,而在海运便利的地区,禁令的执行则相对容易。最初,禁令的推行确实能产生一定效果,正如明初那样,许多反明势力和海寇遭受重创。然而,若长期限制海洋贸易,且合法贸易的门槛过高,不仅会影响沿海居民的日常生活,还会将海洋贸易的收益推上空前的高度,从而催生庞大的非法贸易网络,其巧妙地绕过禁令与监管,持续获取丰厚的利润,"倭寇之起与走私贸易有关,这样的不法活动业已进行一段相当的时期,政府官员既被沾染,地方上之士绅也杂身其间"①。非法贸易网络通常由沿海民众构成,他们具备高度的机动性和灵活性,能够迅速应对监管机构的行动,通过非法贸易网络逐渐形成一个庞大的黑市,其涉及的范围不仅限于海洋贸易,还扩展到其他非法交易活动中。

这些地方民众与海贼和倭寇勾结形成的集团,严重破坏了皇权的稳定和边境的安宁。其走私贸易和掠夺活动不仅威胁国家的经济安全,还削弱了政府的威信和控制力。这些非法行为如果得不到有效遏制,可能引发社会的混乱和动荡,甚至危及国家的统治。

制度制定者的错误倾向可能会导致贸易规模的变化。例如,朝廷若实施过于严厉的管控措施,可能会导致市场萎缩。与此同时,管制的加强也可能引发新的问题,如海洋走私、地下组织的形成和暴力犯罪等。因此,在制定管制措施时,必须充分考虑其潜在影响和后果,并采取适当的措施来减轻或避免不利影响。正如孟德斯鸠所言,法律人应具备"适中宽和的精神"②。每一条法律都应发挥其应有的效力,而确保法律有效执行的关键在于坚持适度、公正、公开和透明的原则。唯有如此,才能确保法律的权威性和公信力。同时,制定和执行法律的统治者还应具备公

---

① 黄仁宇:《中国大历史》,生活·读书·新知三联书店 1997 年版,第 204 页。

② [法]C. L. 孟德斯鸠:《论法的精神》,彭盛译,当代世界出版社 2008 年版,第 273 页。

正执法、尊重民意、维护社会稳定的精神。

法律的“坦率性”要求立法者在创制法律时，反映社会问题的真实性和复杂性。在实践中，法律的制定与实施受到政治、经济、文化等多种因素的影响，因此法律本身应保持“纯洁无污染”①，更趋于本源。法律制定者在立法时需保持适度的宽容和灵活性，平衡不同利益和价值观之间的冲突。过于严苛的法律往往难以获得民众的支持与遵守，甚至可能引发民众的反感与抵触，从而加剧社会的不稳定性。因此，法律制定者在制定法律时，应充分考虑社会的实际情况和人民的利益，以确保法律的合理性和可行性，使其真正发挥维护社会秩序和稳定的作用，“应当指出法律所涉及的对象不是孤立的、抽象的个人，而是在一定社会关系中人与人之间的关系，以及彼此之间的权利义务和责任”②。

以“被动放任、局部通商”为立法宗旨的海洋贸易法律制度，在东南沿海地区的实施效果并不理想，其原因与朝廷对地方的控制力强弱密切相关。海洋贸易制度的严密程度与中央对地方的控制力并不成正比，而是呈现出一种“抛物线”的关系。在海洋贸易制度尚未完善之时，朝廷对地方的控制力较弱；随着制度的发展，尤其是在唐宋时期，中央对地方的控制力达到了一个相对较高的水平，海洋贸易的执法管理也因此进入了一个相对适宜的阶段，能够有效引导和整顿商业发展。然而，进入明代中后期，制度的“严密”达到了巅峰，严格约束地方的行政权和执法权，这反而导致了中央对地方控制力的下降，从而削弱了国家法律的权威，“虽然中央政府在上端以严格的标准行事，其所加压力因有技术上的困难在，愈至下端只有愈松懈，在执行上，效率也愈低”③。

如果中央不赋予地方一定的自由裁量权，当突发事件发生时，地方

---

① ［法］C. L. 孟德斯鸠：《论法的精神》，彭盛译，当代世界出版社 2008 年版，第 280 页。

② 瞿同祖：《瞿同祖论中国法律》，商务印书馆 2014 年版，第 13 页。

③ 黄仁宇：《中国大历史》，生活・读书・新知三联书店 1997 年版，第 203 页。

往往只能逐级上报，等待中央的决断。然而，待中央做出回应后，事件往往已经发生新的变化，这样便陷入了恶性循环。这一现象源于社会运行的客观性，社会的发展并不总是遵循统治者的主观意图或利益。正因如此，统治者必须依据经济规律来维持统治秩序。虽然主观意图能够在一定程度上塑造社会结构，但终究受到客观现实的制约。

明代中后期，为了应对海洋贸易中海盗和倭寇等的不法行为，中央加强了对地方执法的督导。为了维护边境安宁，地方执法部门不得不采取强制措施，如建设防御设施等。这些措施促使许多地方分散的人口聚集起来，形成了人口密集的聚居区。这种趋势反过来又促进了海洋贸易的发展，这些聚居区的人口需要大量的生活物资和商品，从而推动了贸易需求的增长。然而，这也导致了社会治安的恶化和冲突的频繁发生。此外，这些聚居区的居民多依靠海洋贸易为生，走私等非法活动屡禁不止，这增加了执法部门的工作难度。因此，在加强海洋贸易法律制度建设的同时，必须强化对聚居区治安的管理，以避免潜在的社会矛盾和冲突。地方民众在处理冲突时，往往出于自身利益考虑，采取抵触态度。同时，地方官员因政绩考核等原因可能不愿承担责任，导致冲突处理的效率和质量不高。这些问题在明代中后期的海洋贸易中屡见不鲜，反映出当时政治和社会制度的局限性。

此外，随着聚居区的建立和原有户籍的打乱，一些民众拒绝缴纳税金，这在明代中后期的东南沿海地区尤为普遍。同时，部分地方官员滥用聚居区的税收，这加剧了民众对税收制度的不满。这些问题的存在进一步加重了地方治理的困难，导致村落械斗和严重拖欠税款的现象频繁出现，使国家的管理职能受到削弱，进而影响了海洋贸易法律制度的有效实施，“夷寇敢于中华肆行叛逆，各该地方官员，先事不能防御，临变不能剿捕，漫无筹策，坐失机宜，以致荼毒生灵。专据城池劫夺库，藏燔烧官府，戮官杀将，辱国损威莫此为大。及查据前后奏章，俱各事涉掩覆而言辞多遁,情狃宽纵而功罪未明”[①]。一旦外部冲击来临,地方几乎无力应对。

在自上而下的体制中,统治者为确保权力牢牢掌握在自己手中,往往采取直接监督或环节尽量少的间接监督。然而,这种做法面临诸多挑战:朝廷在信息获取能力、信息获取渠道、政策执行能力以及政策贯彻意志等方面存在局限。因此,过度的专制集权往往会加剧法律制度的“滞后性”,“不求弊之所在,而徒因噎废食,纵他日必有行时,然又劳费一番矣”[②],使得政策与实际情况之间的脱节更加明显。

这种“滞后性”影响着明代中后期对于海禁的管理和执法,从中可以清晰地看到朝廷对于地方控制力的“下降”。著名的加州学派代表学者彭慕兰曾指出,在前工业时代,世界上最大的船,既非将美洲大陆的白银从大西洋运回欧洲大陆的西班牙大帆船,也非打败西班牙舰队的英国军舰。这两种船虽然大,但根本无法和中国明朝的“宝船”相比。[③] 永乐年间,中国的海上实力非常强大,这依赖于当时的船舰——“宝船”的开发与应用。但是在宣德八年(公元 1433 年)以后,明廷不再支持“宝船”的远航,“宝船”只在海岸线附近游荡,“明帝国因为组织上的特殊情形,务必保持一种与外间绝缘的状态”[④]。

除了整个海洋政策内缩,彭慕兰认为还有更为复杂的原因,即明廷“不干预木材市场”,几乎不关心木材价格。[⑤] 这实际上导致了民间木材贸易的繁荣,大量木材源源不断地运往东南亚。由于有马六甲作为中转站,民间并不需要建造大型远洋贸易船只,只需利用小船,即可运输木

---

① (明)李承勋:《勘处倭寇事情以伸国威疏》。

② (明)高拱:《论海运漕河》。

③ 参见[美]彭慕兰、史蒂夫·托皮克:《贸易打造的世界》,黄中宪译,陕西师范大学出版社 2008 年版,第 66 页。

④ 黄仁宇:《中国大历史》,生活·读书·新知三联书店 1997 年版,第 204 页。

⑤ 参见[美]彭慕兰、史蒂夫·托皮克:《贸易打造的世界》,黄中宪译,陕西师范大学出版社 2008 年版,第 67 页。

材。然而,如果要有效控制和管理海洋贸易,就必须具备一定执行力的大型执法军舰,例如“宝船”级别的舰艇,但国家却无法有效掌控木材的来源,这使得这一目标难以实现。明朝尽管表面上权力高度集中,垄断了立法、司法和行政等领域的制度的制定与执行,但实际上控制力并不强,这导致资源并未有效集中。统治者能够直接调动的资源极为有限,缺乏实质性的强制力,因此必须通过中间代理人才能从基层获取资源。

由于缺乏足够级别的执法军舰,许多官员认为即便开放海洋贸易,在应对“倭寇”问题时朝廷也必然处于被动地位。此外,缺乏执法军舰使得海运无法正常运行,进一步制约了贸易的发展。“海运不至,而国用不给……于是乎有海口万户之说,大略宗之,每年亦得数十万石,以助国用,吁亦已晚矣”①。高拱也谈到国家财赋全仰仗东南补给,“海运”不通,则漕粮不至,进而京师坐困,“惟海人知之经略者亦曾设有海人,乃运官专其利不用,故溺今海运不行海人,犹商贩往来,无患独无粮船耳”②。明代中后期出台并推行海洋贸易法律制度的直接原因,固然是倭患对沿海国土安全的威胁,但更为重要的是明朝高度集中的君主专制体制使地方政府在平定倭患方面缺乏必要的武备与权限。为此,地方官员往往夸大倭患的威胁,以此推卸平定倭患不力的责任。而朝廷对地方上报信息的真实性与充分性难以甄别,最终试图通过严厉的海洋贸易法律制度,从根本上削弱倭患的影响,这无疑是一种主观臆想的做法。

此外,由于疆域的限制,明代中后期海洋贸易法律制度的实施面临诸多困难,国家的信息技术和交通运输条件的相对落后,导致国家权力的触角难以有效渗透至州府县衙。高度集权的政治体制在信息不对称的情况下,使得统治者面对庞大的官僚体系时往往无所适从。多层次、多类型的官僚机构使得信息汇集到中央决策层的过程复杂而艰难,而信

① (明)丘濬:《屯营之田》。

② (明)高拱:《论海运漕河》。

息获取的一个常见缺点在于法律或机构无法预见和解释在信息末端的社会活动会朝着何种方向发展。

虽然严格的等级制度在一定程度上保证了信息传播的效率，但这套官僚体系的最大难点在于朝廷难以获取真实有效的信息，从而为决策提供依据。官僚体系的复杂性及其过长的链条，导致信息传播的多层次化。虽然君主在权力的顶端，表面上臣属在信息控制方面处于相对"劣势"，但在特定的时间和空间条件下，这种"劣势"反而可能转化为优势。明代中后期推行海洋贸易法律制度的官员，正是利用这一相对优势，制造虚假信息并欺上瞒下，导致信息失真，进而形成了官员在官场生活中的"下有对策"，制度建设陷入恶性循环。

统治者的性格特点直接影响了海洋贸易法律制度的制定走向。尽管统治者在政治体制中占据主导地位，拥有最多的信息资源，在绝对皇权的控制下，官吏倾向于遵循君主的意图与行动。然而，统治者也必须通过"传话筒"式的方式获取、存储和辨别信息，这使得像严嵩这样的官僚能够截取并加工信息，并向君主提供有利于自身利益的信息，进而影响海洋贸易法律制度的具体实施。统治者如嘉靖帝，试图通过控制有限的政治资源来促使不同社会精英阶层之间进行斗争，以巩固自己的皇权。然而，由于自身能力的局限性，他在很大程度上被其他社会精英所利用，最终也只能为他们的政治利益提供便利，正所谓"聪明反被聪明误"。

如从之后严世蕃"通倭"案件的处理上可以看到，严世蕃和徐阶的各种博弈，都是利用了嘉靖帝的弱点，来实现自己阵营的利益。所以与其说是统治者自身性格的弱点，倒不如归结为维护皇权的本能，导致了其疑神疑鬼的性格。子曰："不患人之不己知，患不知人也"[①]，由于古代的交通受天然的制约，官员与君主在旨意政令的交流上必然存在传递的滞

---

① 《论语·学而第一》。

后性,“夫吏专制决事于千里之外,十二月而计书以定。事以一岁别计,而主以一听,见所疑焉,不可蔽,员不足”[①]。但其实这么做反而适得其反,因为毕竟明主最终还是要依仗官吏来治国,信息的不对称导致上位者无法相信下属,而下属的真实想法也无法反馈给上位者。

因此明代中后期若想要顺利推行海洋贸易法律制度,就必须要以信息完整为基础,合理行使权力。明朝初期的行政区划基本沿从元制,布政使司(省)下辖府,府下领州,州下领县。在当时的通信技术下,这种多层级的行政区划,必然导致信息传输速度的缓慢。“天高皇帝远”的统治模式,必然导致统治者对基层官吏的信任度不高,因此相应的监察制度层出不穷。在选官上,统治者必然会趋向重客观性的科举制度,而不是偏向主观性的举荐制度。

朱元璋在尚未建立全国政权时,控制区域还只限于江南一带,那时天下未定,明朝不可能建立起完善的“科举”制度。而且更重要的是,当时朱元璋作为最高权力者,可以直接面对举荐之人,“上”与“下”之间的反复接触有利于信息的传播,二者可以建立基于信誉的信任,“知明清方法之严密,不惟足以冠古今,亦并足以法中外……亦未有如明清之严重及其周密者”[②]。从某种程度上,假如客观条件允许,确实可以将信息资源变相集中,采取比较合理的措施突破信息的封锁。然而,嘉靖时期缺乏客观上的条件,在非常时期设立巡抚以及增派执法官员、增设执法机构,也不能实现信息的相对集中。同时,众多权宜之计无法常规化,所以力图形成一种既与传统执法理念相结合,又能更有效、具有低成本的管理模式,这在当时的环境下根本不可能存在。所以,统治者即便会试图选择最优的行政执法管理机制,但是在实际操作中由于信息并不完整,要制定最优的或者是相对适应的管理机制都不是简单的事。

---

① 《商君书·禁使第二十四》。

② 邓嗣禹:《中国考试制度史》,吉林出版集团有限责任公司 2011 年版,第 253 页。

同时,不是所有的官员都如朱纨那样清正、刚强、果断,将信息及时上传。朱纨被弹劾后愤懑而死,也是信息被左右所导致的结果。所以对于朱纨之死当今很多学者认为实属“冤枉”,“海上实情实事,果未得其要领。当时处置,果未尽合事宜也。此如痈疽已成,宜和解消导之法”[①],但其实客观上来说朱纨之死不算“冤枉”,反而是必然结果。

正因为此,朱纨知道自己一旦远离了政治中心而在地方行使权力,由于信息无法传递到统治者耳中,必然会有谗言诽谤,“臣今日不为陛下明言之,则臣今日所行,皆乖方违众之事”[②],他预料“臣将来之罪,亦自不知所终矣”[③]。

为了更好控制地方,掌握准确的信息,统治者推行海洋贸易法律制度,其目的就是断绝海洋贸易,因此其在机构设置上越发精简。但是,客观上不可能不存在管理海洋贸易以及其他海防事务的机构,所以相关的执法行政机构诸如市舶司等总是在废而又设、设而又废的循环中。这些机构的存在意义,就是管理海洋贸易以及其他海防事务。

这些机构来回废设,使原本应当由官府来处理的事情,实际上被王直这些大海寇所管理,“中国向无海事法庭,当中有力量的船主在参与这贸易的人士中,便有了武力仲裁者的声望地位,一切以自然之态势形成,这些人终为倭寇之头目”[④]。走私海商在东南沿海地区区域内博弈,甚至行使国家才有的司法职能,“当这些强人肆愈无忌惮的上路修船,并且私出‘传票’,指令村民在他们‘判案’的程序中出‘庭’作证,明政府猛然省悟此风不可长”[⑤]。

这导致国家权力的实质性丧失,导致经济陷入无政府状态,最终会

---

① (明)徐光启:《海防迂说》。

② (明)朱纨:《阅视海防事》。

③ (明)朱纨:《阅视海防事》。

④ 黄仁宇:《中国大历史》,生活·读书·新知三联书店1997年版,第204页。

⑤ 黄仁宇:《中国大历史》,生活·读书·新知三联书店1997年版,第204页。

损害包括统治者在内的所有经济成员的利益。在此之前,来自海洋的威胁相对较小,明朝受到的威胁主要还是源自内陆游牧民族。官员们对来自海洋的威胁警惕性较小,这才使得沿海地区会出现一些所谓的“治外法权”①。假如不重视这种情况,自然会削弱朝廷的控制力,“这海上之威权虽说尚在新生状态,如不及时对付,迟早会向以农立国之朝代挑战”②。同时,明朝和当时像葡萄牙等一样的西方传统的海洋强国不同。后者对于海洋贸易的强有力的支持,和前者对海洋贸易的断绝形成对比。

由于缺乏对东南沿海地区的区域地位贸易合法性界定,明廷自然就无法建立实质上的有效的执法管理体系。该区域内的“非法”贸易游离于正式制度的保障之外,存在于灰色地带,导致长期背离法律规定。长久以来,用以调节贸易关系的“第三方”,就由王直这种大海寇来充当,使得贸易管理长期处于“亚健康”状态,这种状态使得国家税收白白浪费。

> 下召募之令,而白徒云集。行劝借之典,而富室丛怨……轻扬易惑,讹言沸誊,互相扇动,饥馑荐臻,物价涌贵。兵革一起,日费千金,亡赖之徒,竝缘为奸。贪婪之吏,乘机敛括……嗸嗸丧其乐生之心,有识者痛之,而浅谋者犹以为不足过虑,何者幸而胜。则三吴之民困,而国家之元气伤,不幸而不胜,则兵连祸结,而赋役亡已。赋役亡已,而事不可中止?③

因此,明代中后期的海洋贸易法律制度的立法宗旨,除了受制于信息不对称等客观因素,其对于经济法则的违背亦是重要的制约因素。从明朝政治体制的运营来说,国家的政令和律例既需要维护上面的权威,

① [美]费正清编:《中国的世界秩序:传统中国的对外关系》,杜继东译,中国社会科学出版社2010年版,第74页。

② 黄仁宇:《中国大历史》,生活·读书·新知三联书店1997年版,第204页。

③ (明)袁袠:《诘盗议》。

又要抑制激进的破坏力并平衡社会稳定性。统治者认为官僚按照政治判断，遵守规定和法则，机械地处理事务就足够了。这些不合理之处一旦超出了人们本身对于便利性的考虑，二者综合考量下，人们必然会选择另一条行之方便的“潜规则”。这时候制定者假如还一味强调“规范意识”，必然导致适得其反的社会效果，因为本身这种海洋贸易法律制度的颁布就不具有可执行性。如此来看，以“被动放任、局部通商”为立法宗旨的海洋贸易法律制度，并未起到维护皇权稳定的效果，反而将原本的社会管理职能“拱手相让”，于君、于国、于民皆不利。

第二节　合理的海洋贸易制度需“保障民生”且“因地制宜”

一、合理的海洋贸易制度需“保障民生”

中国古代统治思想自古重视民生，儒家崇尚“先富后教”①，“既来之，则安之”②；法家利民强国，强调民众生计是维护统治的根本，统治者需要对民生“因其势而利导之”③。民本的根本目标或统治的落脚点是驭民，维护君主专制统治，开放民间海洋贸易更有利于保障民生。开海既满足“常税”的经济需求，又可以起到“消弭倭患、维护稳定”的作用：

> 我朝书生辈，不知军国大计，动云禁绝通番，以杜寇患。不知闽、广大家，正利官府之禁，为私占之地。如嘉靖间，闽、浙遭侵祸，皆起于豪右之潜通岛夷。始不过贸易牟利耳，继而强夺其货，靳不与直，以故积愤称兵。抚臣朱执，谈之详矣……公家

---

① 《论语·子路第十三》：子适卫，冉有仆。子曰：“庶矣哉！”冉有曰：“既庶矣，又何加焉？”曰：“富之。”曰：“既富矣，又何加焉？”曰：“教之。”

② 《论语·季氏第十六》。

③ （西汉）司马迁：《史记》卷六五《孙子吴起列传第五》，中华书局1959年版，第2164页。

> 尚收其羡以助饷。若闽中诲禁日严,而滨海势豪,全以通番致素封。频年闽南士大夫,亦有两种议论,福、兴二府主绝,漳、泉二府主通。各不相下。则何如官为之市,情法可并行也。况官名市舶,明示以华夷舟楫俱得住泊。何得宽于广,而严于闽乎,况迩年倭侵高丽。亦何曾问闽、广诲道也。[①]

所以,当时有些官员反对某些士大夫动不动就要禁绝通番的建议,提倡采取比较"温和"的态度来慢慢推行"开海"。如唐顺之在《条陈海防经略事疏》中虽不完全赞同开海,但也承认"度不能闭,则国收其利权而自操之,是为中策"[②],开海对国家有一定的好处。兵部尚书郑晓云也认为不开市舶于国于民皆不利,不若效法之前会典中的规定复开市舶,这样才有利于国计民生,"今不设重臣,贼必不退,退必复来。设重臣退贼,后因民情震惧,可筑城矣。不复市舶,倭人必欲售货,奸民必欲牟利,为盗必不已,重臣无可召还之期。盖非设重臣,无以戡目前之棘祸,非复市舶,无以塞日后之乱源。开设市舶,会典中有之,诸巡抚奏疏及信国各志墓志、行状、传中,皆有之矣"[③]。

明代中后期的海洋贸易法律制度在推行过程中,恰恰成为东南沿海地区许多基层官吏权力寻租的重要凭借,可见该法律设定的管制制度是极其不合理的。当然,判断管制制度是否合理的主要标准就在于两点:是否有利于促进民生,执法所带来的效益是否大于执法成本。贸易具有实现互通有无、促进生产的专业化与推动社会分工的积极功能。对于土地贫瘠、农业生产难以自给自足的东南沿海地区来说,海洋贸易更是保障民生的重要途径。民众本能驱利,必然要去获取最大利益,"财利之于

① (明)沈德符撰:《万历野获编》卷一二,道光七年扶荔山房刊行。

② (明)唐顺之:《条陈海防经略事疏》。

③ (明)郑若曾撰:《筹海图编》,李致忠点校,中华书局 2007 年版,第 854 页。

人,甚矣哉！人情徇其利而蹈其害,而犹不忘夫利也。故虽敝精劳形,日夜驰骛,犹自以为不足也。夫利者,人情所同欲也。同欲而共趋之,如众流赴壑,来往相续,日夜不休,不至于横溢泛滥,宁有止息”①。尤其东南沿海地区向来不是土地肥沃之地,民众只能靠天吃天,靠海吃海,对海洋依赖性强。

明代中后期的在东南沿海地区“为患”的“海寇”,从另一角度也被称为“海贾”,解释为为了谋取贸易利益。因此,当时在东南沿海地区“为患”的海寇大多是中国人,“吾温、台、宁波人……所谓倭而椎髻者,特丁数人焉而已。此可见诸寇特挟倭以为号而已,而其实皆中州之人也”②。这些海寇皆为了利益而来,都有父母妻子,所以朝廷应该因势利导,不能一概除绝。

所以一旦海洋贸易的合法性门槛提高,便会诱发机会主义,民众的需求满足度较以前迅速下降,甚至威胁到了民众的基本生存。法律应当去抑制投机行为,而不是纵容甚至刺激投机行为,法律对投机行为的遏制程度决定了法律的有效性。知县仇俊卿就指出鲜有人“生来为寇”,大多是逼不得已:

> 中间不无可矜,虽在寇盗之日,未必皆无求生之心。乐于犯法,以甘必死者,岂人情之通好哉！招徕拨乱,转移亦易,吾将为攻心之谋,伐交之计,必明揭榜于通衢,或书黄榜,标插寇所。内地之人有愿归籍,许令不时投首,官给口粮,押赴各该乡井,有亲邻识认者,即时放释,并不加罪。中有豪杰,能以智力取倭首来献者,另行重赏。若能说诱谋主出降者,题封见任官职。如此,彼心危疑,其党易散。又闻寇至地方,必先掳其土著

① (明)张瀚撰:《松窗梦语》卷四《商贾纪》,萧国亮校点,上海古籍出版社1986年版,第71页。

② (明)茅坤:《条上李汲泉中丞海寇事宜》。

之人，以为乡导。吾即以乡人之知智巧者，遗之掳去，反行间谍。或假作接济之人，与之往来，使不相疑。或暗贻之财，使厚相结，兼馈饮食，使日相狃。如此，未有不可得彼情，以行吾计取者也。①

既然大部分“海寇”都是迫不得已，即如上述所说，“虽在寇盗之日，未必皆无求生之心”，就表明还有回旋余地，倘若能从“保障民生”的角度考量，就能将民众的“盗性”泯除。其实，“保障民生”不和发展多元化经济相冲突，反而可以减少其他不当的政治因素对发展多元化经济的干扰，清除贸易壁垒，完善交通，交易成本会大大降低。所以利用好明朝与境外番邦的关系，有利于发展海洋贸易。日本国与明朝本没有间隙，自然可以“旧通往来，然后请给，庶几付而必受”②。当然“防微虑远”也是必要的，因为日本国“素称贪狡，习为悖骜”③，以此为基调制定相关制度方为妥当。对外沟通的窗口一旦关闭，贸易发展便会停滞不前，之后的贸易发展会变得非常困难，“已而通谋逆臣，伏兵市舶。帝乃闭关谢贡，示弗复通。然而创设市舶，互市不绝，计深远也”④。

面对当时海洋贸易法律制度的执法管理中所出现的问题，明廷虽有革新之心，但最终的监督措施多是无效的。一方面，官员的选任权掌握在统治者手中，以防止结党营私，并压缩地方权限，同时中央事权分散，各权臣相互掣肘，以避免权臣欺主；另一方面，地方基层官员的俸禄始终被控制在较低水平，既是为了减轻财政负担，也是为了便于统治者对官员的全面掌控。由此，官员的权力日益被削弱，其中包括他们“便宜行事”的自由裁量权。同时，由于财力和人手的严重不足，基层官员在亲民

---

① (明)郑若曾撰：《筹海图编》，李致忠点校，中华书局2007年版，第786页。

② (明)欧阳铎：《覆请敕谕倭夷疏》。

③ (明)欧阳铎：《覆请敕谕倭夷疏》。

④ (清)谷应泰撰：《明史纪事本末》卷五五，中华书局1977年版，第868页。

事务中的作用更加微弱。

因此,统治者只能通过信息的加工来推卸责任,这使得权力越发集中,而其决策所依据的信息则愈加不充分和不真实。这种情况下,立法的合理性和法律效果也难以得到准确评估。统治者主要依赖奏章来获取信息,而臣下则揣摩圣意撰写奏章,离统治者越远,奏章中的信息加工成分就越多。亲民官员与民众的关系受到权力、财力和人力的制约,官员主要关注税收与司法事务,加之自身专业素养的不足,以及选官的回避与轮调制度,使得官员对民情的了解不够深入,只能依赖胥吏处理一些基础但与民生息息相关的行政管理和执法工作。

因此,胥吏和基层社会组织在政务中扮演了举足轻重的角色。所谓"明主治吏不治民",但实际上统治者通过官吏治民的方式难以取得良好的效果,从而导致了"天高皇帝远"的现象,"皇帝与官员之间存在着类似于现代企业中的信息不对称的情况,你知道的皇帝不知道,那你当然可以坑他一把,所以皇帝看中这些人就说明对他们有基本的信任"①。钱薇就在《论急遣抚臣安边靖虏疏》中谈到臣僚推行海洋贸易法律制度、行使执法管理职能时捉襟见肘,"国家承平既久,边镇纪纲渐弛,故将臣在平时苦文法束缚,以逢迎取悦为能,而无慷慨特立之志"②。所以,地方官吏的活动在形式上受到上位机构的制约,官僚治理、法律和制度的政体亦"完全"监管,"苦文法束缚"③。当然,这一切只是形式上的表象。地方官吏往往利用信息不对称的优势,肆意施展"上有政策,下有对策"的行政作风。在几乎没有自由政治资源的情况下,地方官员无法准确"察言观色",理解上级的意图,自然也难以掌握海禁执法管理的具体执行力度。

① 张维迎:《信息、信任与法律》,生活·读书·新知三联书店 2003 年版,第 8 页。

② (明)钱薇:《论急遣抚臣安边靖虏疏》。

③ (明)钱薇:《论急遣抚臣安边靖虏疏》。

地方官吏与底层百姓之间的特殊地位，使得政策的执行往往以“应付”为主。虽然名义上执行朝廷的政策，但实际上禁令在地方官吏手中并未得到真正落实。这无助于解决“上有政策，下有对策”的困境，许多“出于好意”的法律制度也难以真正惠及地方。这一问题的根源在于这些制度的制定长期脱离了“民生”的实际需求，因此，合理的海洋贸易制度必然需要以“保障民生”为核心。从为民造福的角度出发，若能使民众安居乐业、安分守己，其自然不会选择下海为寇。

与此同时，处于社会中间管理层的官员，其权力并非源于民众，而是基于身份获得的。这种情况导致他们在处理民众诉求时表现出消极和懈怠的态度。统治者急需通过民众来制衡中层统治者权力的无限扩大，因此不得不采取非常规手段来实现这一目标。这在客观上维护了民众的利益，而在主观上则可能只是统治者为自身谋取政治资本或其他利益，实质上权力依然掌握在上司的专断之手，“上之于下，爱则援破格之词，恶之则以成法相诘”[①]。

因此，官员们依附于统治者的授权，这种类似于爪牙的依附性使他们失去了追求民众利益的独立性。制度的可观测性和可验证性要求上位者与下位者之间建立“信任”。制度能否产生预期效果，主要可以从两个方面进行考量：第一，制度规范下人们对该制度的认可度；第二，违反制度的收益是否大于其成本。正如屈永华所说，“法律设定的赏罚只要让违法者感觉得不偿失就足够了”[②]。然而，身份来源定位的错误使得官员改善民生的动力极为有限，他们往往仅充当统治者的耳目。在突发事件面前，他们仍需依赖统治者借助其他应急手段来解决问题，这大大削弱了他们的能动性和有效管理能力。因此，官员身份定位的偏差不仅无法有效解决矛盾，反而可能适得其反，扰乱原有的执法管理秩序，加剧各

---

① 汪宇编：《刘师培学术文化随笔》，中国青年出版社 1999 年版，第 203 页。

② 屈永华：《中国法律现代化的路径分析》，北京大学出版社 2011 年版，第 113 页。

阶层之间的矛盾，成为社会冲突爆发的缩影。以至于已经致仕的佥都御史张濂看到地方消极怠工，欺上瞒下，忽视民生，不由痛心疾首，上奏道：

> 臣本杭人，顷复家居五载，颇知海寇始末。始以海禁乍严，遂致猖獗。而督、抚因循玩愒，养成贼势。夫堂堂会城，闭门旬日，已有垂破之势。徒以意得志满而去，更无一兵一旅阻其去来。城寇野心，欲如溪壑，能保其不复至哉？臣恐贼退之后，又复收拾伤残首级，虚张功次，以欺陛下。仍有从而庇之者，则罚罪之典，又移而为赏功之命矣。臣寓父母之邦，同舟共济，志惟切于报君，嫌何避于出位，敢以三策为陛下陈之。一曰重军法以作积弱之气。士惟力战而后克敌，亦惟畏法而后力战。今江南非无义勇也，迎敌九死，退走十生，何怪其有退而无进哉。军法之行，不在行阵而在平时，诚得必死之士万夫，海寇百万不足平矣。一曰选民兵以收必胜之功。夫江南卫、所，已成虚设，地方有急，辄假外兵。糊口而来，原非义勇；掉臂而去，莫可勾查。臣愚以为莫若尽散调募之兵，专责州县立保伍，更番较阅，期于不扰。一遇有警，按籍而呼，共保身家。寇小至，则率众以攻之；大至，则坚壁以守之。一曰复海市以散从贼之党。夫海市旧制，原非创设。向使濒海之军卫如故，则市舶未为害也。惟武备日弛，不能制变。而后海禁渐严，倭寇乏食，海寇由之以起。惟军民既练，寇掠则惧遭斩获，交易则可保首领。彼虽至愚，必不以彼易此。然后相机稍复海市之旧，不惟散已聚之党，而濒海穷民假此为生，又足以收未溃之人心。①

因此，只有落实保障民生，才能真正制定出符合民意的海洋贸易制

---

① （清）谷应泰撰：《明史纪事本末》卷五五，中华书局 1977 年版，第 852～853 页。

度,而这种制度也恰恰有利于统治者的自身利益。所谓"夫生法者,君也,守法者,臣也,法于法者,民也"①,统治者有自己的主观好恶与利益追求,在古代尤其像明朝等专制集权达到顶峰的朝代,其由于缺乏任何有效的制度来制衡,必然会存在"任性"的问题。臣下同样也有自己的利益追求,"忠君、爱民"更多地停留在口头表达,欺上压下也势必难免,民众基本生计的维持是其安分守己的必要条件。对官员来说,保障民生既是儒家的道德要求,也是"忠君"的重要考核指标,因此"为民请命"本身是合理且必要的。但官员由于受制于权限不足和"自利"倾向,"为民请命"的动力相对不足,也难以形成稳定有效的制度化途径,主要是通过对信息的加工来变通执行上面的命令,这就涉及为官技巧、道德素养,因为官员假如严格执行上面的命令,可能会激起民变,所以其大多变通执行上面的命令。

而且,从海洋贸易法律制度的制定和实施可以看到,明朝士人的地位日益低下,其懈怠亦是常事,个别士大夫,如朱纨这等殚精竭虑也会遭到排挤,对于政治环境的逐渐恶化,统治者亦无丝毫哪怕形式上"与士大夫共治天下"的表态。明朝初期急于订立国家法度,以求与汉唐相配。但是这种急于求成的心态不免使立法失之偏颇,不免衍生出如"皆令士夫惧为君用之故"②等作风。这种思维自然会影响立法,统治者习惯"刑用重典……群臣有稍议更改,即坐以变乱祖制之罪……庶几人知律意。因循日久,视为具文。由此奸吏骫法,任意轻重"③。统治者出于"师心自用"的目的,制定之律法实非良法,"明代则取唐律而点窜之,涂改之,不特大辟之科任意增添,不惬于人心者颇多,即下至笞杖轻罪,亦复多所更改。揆其意总在求胜于唐律,而不屑轻为沿袭。名为遵用唐律,而唐律

---

① 《管子·任法》。

② 杨念群:《何处是"江南":清朝正统观的确立与士林精神世界的变异》,生活·读书·新知三联书店 2010 年版,第 52 页。

③ 高潮、马建石主编:《中国历代刑法志注译》,吉林人民出版社 1994 年版,第 844 页。

名存而实亡也,固已久矣”①。所以脱离了“保障民生”宗旨而制定出来的制度,对官员的行政执法的风格引导非常不利,加上明代中后期统治者的权力没有制约,那么利益自然而然会向那些愿意向其妥协的人较多分配,这也导致了在推行海洋贸易法律制度时,几任浙江巡抚恪尽职守却鲜有善终。

因此,一旦立法宗旨失之偏颇,制定出来的法律就是不符合民生的,“明朝绝对禁止中国私人进行海上贸易活动,将中国港口的对外贸易被限制在与朝贡相关的贸易之内,其规模及次数均作限定”②。这种不合理的制度超出了民众对便利性的基本考虑。在这种背景下,人们必然会选择另一种更为便捷的“潜规则”。本应通过其他社会规范调整的内容,被严厉的法律制裁所覆盖,导致刑罚与罪行之间的极端不对等。如果说唐代的法律制定能够反映出不同利益之间的平衡,并且这种平衡对立法的进步有益无害;那么到了明朝,统治者则通过高压手段对臣民的精神进行钳制。这种精神上的压迫必然使得在试图平衡利益时,绝对统治者彻底控制了话语权,从而根本不存在“冲突”的空间。在这种悬殊的权力差距中,强势一方对弱势一方的碾压使得常态化且有序的权力博弈根本无从实现。即便弱势一方的存在可能暗含不合理性,他们也未经过合理的审议和筛选,便注定了要陷入被动和失败的境地。而这种现象在明代统治者自身身上亦有所表现,其虽口称爱民,然其亦曾言:“律例者,防民之具、辅治之术耳,有经有权。”③

推动并制定严厉海洋贸易法律制度的统治者,未曾料到本意在于平定倭患的禁令,反而促使倭患肆虐。根本原因在于他们忽视了东南沿海地区特殊的地理环境与民生状况。由于该地区的居民仅依靠农业生产

① (清)薛允升撰:《唐明律合编·唐明律卷首》,怀效锋、李鸣点校,法律出版社1999年版,第1页。

② [英]崔瑞德、[美]牟复礼编:《剑桥中国明代史》(下卷),张书生等译,中国社会科学出版社1992年版,第308页。

③ (明)徐学聚:《国朝典汇》卷一八一《刑部》,明天启四年徐与参刻本。

难以维持生计,海洋贸易成了他们谋生的重要途径,且他们积累了丰富的航行与贸易经验。与此同时,海洋贸易法律的实施使得相关商品的稀缺性愈加明显,商品利润随之大幅提升。这种利益驱动进一步刺激了东南沿海居民铤而走险地参与海洋贸易,东南沿海居民甚至出现了组织化和武装化的趋势。

另一个值得关注的因素是,高度的君主专制体制虽然能够有效防范地方势力的膨胀,并保障中央政权的稳定,但在评判地方政府是否忠实执行中央指令方面却无能为力。随着君主专制的加强,这一问题越发突出,尤其是在基层。基层官吏与当地势力之间往往存在千丝万缕的利益关联,严厉的海洋贸易法律制度反而为基层官吏提供了巨大的权力寻租空间。实际上,尽管朝廷一再加强法律的执行力度,许多东南沿海地区的地方官吏却仍暗中推动海洋贸易,或利用禁令对从事海洋贸易的人进行敲诈,或对海洋贸易视而不见,甚至向从事海洋贸易的商人泄露信息,以从中渔利。

因此,严厉的海洋贸易禁令与倭患之间形成了恶性循环,时人评价当时的倭患是“三分真倭,七分假倭”,这一说法颇具客观公允性。朝廷尽管最终几乎动用全国力量阶段性地平息了倭患,付出的代价却极为巨大,且对这一影响深远的问题缺乏根本的认识。在嘉靖之后,明朝的海洋贸易禁令虽有所放松,但仍远远不能满足沿海居民从事海洋贸易的需求,尤其是其对东南沿海的限制并未松动,因此,倭患的问题并未得到根本解决。

同时,明代统治者试图通过海洋贸易法律制度来约束民众,然而他们自身并未真正相信法律的意义,因此无法制定出“利国利民”的有效法律制度,“昔者圣王之治其民也不然,废上之法制者,必负以耻……君不能审立其法,以为下制,则百姓之立私理而径干利者必众矣”①。所以“有

---

① 《管子·法禁》。

道之君”执行律例、修明制度时，总是自己先于民众认可律例与制度。整个社会都以法律为准绳来判断是非，公平地遵守法律，天下自然就有秩序井然，“欲人出死力，不与同其利，自古未有能济者也。乞依汉晁错边事，胡人入驱，能止所驱者，以其半与之。凡捕巡所获盐船、贼船，听其照例估料纳银，不得如旧，惟有势要在官人征价给领，利归他人。如此而再犯赃坏法，照依文官永不许管军管事，庶彼顾利，不敢轻犯明宪，而可责其尽职矣。此使人自为战之法也”①。而明朝虽然标榜“缘法而治”，但是不遵循律法从事，“是时国事日棘，惟用重法以绳群臣，救过不暇，而卒无救于乱亡也”②，只是想通过重法来驾驭臣民。

二、合理的海洋贸易制度需“因地制宜”

中国自古疆域辽阔，其独特的地理环境对法律制度的“因地制宜”提出了客观要求。由于幅员辽阔，中央朝廷与地方之间的利益目标并不总是一致，加之信息的不对称，导致在漫长的行政链条中，朝廷对地方的管理措施往往只能层层节制地实施。实际上，“因地制宜”并非忽视国家整体的实际情况，而是在执行中央政策的过程中，地方州县依据当地的具体条件进行灵活应对。这种灵活性源于自上而下的“授权”，强调“向上的责任”。地方的“因地制宜”并非脱离中央政策，而是与最高统治相辅相成；这种主从关系既相互交融，又彼此制约。只有在这一自上而下的政策框架下，才能允许不同地区的地方州县“因地制宜”地调整方向，从而提高其解决实际问题的能力。

“因地制宜”的理念尤其利于海洋贸易法律制度的实施，既对朝廷有利，也对地方有益。由于国家治理的规模庞大，统治者只能依赖官僚机构行使权力，这种自上而下的管理方式既强有力又有效。然而，相应的

① (明)郑若曾撰：《筹海图编》，李致忠点校，中华书局 2007 年版，第 754 页。

② 高潮、马建石主编：《中国历代刑法志注译》，吉林人民出版社 1994 年版，第 959 页。

自下而上的反馈却相对有限,这就使得"因地制宜"显得尤为必要。"因地制宜"可以促进分工与协调,并在"事统上法"的基础上与地方具体执法相辅相成。否则,势必会引发地方的本能反弹,"朱公纨严禁之,骤不得法,为贵官所反陷……御史董威乃复请宽海禁……是浙倭之乱,咸浙人自致之"①。倘若单纯地强行派遣朝廷大员推行海洋贸易法律制度,"时海上承平日久,民不知兵,闻警则窜走一空。终嘉靖之世,遂无宁岁"②,那么必然会受到地方民众的抵抗。

如果将导致"海患"越发严重的"政令不通行"的责任完全归咎于"浙人自致",这无疑是一种推卸责任的做法,实不可取。然而,这一现象也反映出地方在追求"区域效用最大化"方面的本能。明代中后期,整个执法管理体制尚处于"不成熟"阶段,上下衔接并不十分畅通。如果在"事统上法"的框架下不强调"因地制宜",再加上自下而上的信息传递,地方官府在执行政令时,任务执行力度必然会显著降低。

法律规范在适用时尽管并不总是严格按照"事事照例"的原则,但基本上仍然是依据案件的具体情节,对应相应的法条,尽量避免案件处理与法律相悖。这一原则在各类判决文书中可见一斑,其往往简明扼要地阐述清楚法律要素,并强调整个诉讼过程的推导与逻辑清晰。

中国幅员辽阔,各地风俗习惯千差万别,许多州县乡村"十里不同音"。在涉及户婚田土等与日常生活密切相关的案件上,必须重视各方利益的关系与纠葛。然而,明律又严格要求罪刑法定,即使是"酌情审理",也不能偏离法律的基本原则。因此,上位者既要通过法律本身严格约束地方审理案件的行为,又需根据具体案件事实追求情与法之间的平衡,通过法律手段厘清是非、理顺曲直,从而实现社会的长治久安。中央在对地方的控制上,既不能"事事躬亲",又要从宏观上通过法律条文保

---

① (明)王士性:《广志绎》卷四《江南诸省》,吕景琳点校,中华书局 1981 年版,第 77 页。

② (清)夏燮撰:《明通鉴》(下册),王日根、李一平等校点,岳麓书社 1999 年版,第 1623 页。

障这种平衡。

胡宗宪最终平定倭患,在推行海洋贸易法律制度时遇到的阻力相对较小,这得益于他与地方乡绅保持着的良好关系,以及他同时与内阁保持着的密切联系。这为权力自上而下的实施提供了有力的工具,加之胡宗宪本身的执法与行政管理素养,使得信息在上下之间传递时不易中断,上层可以直接参与代理人的政策执行过程。地方差异客观上要求执法的灵活性,但这种“灵活性”又可能导致偏差行为。如果沟通不及时,必然加剧上下级之间的“怀疑”和“失控”,影响“保障民生”制度的实施。然而,胡宗宪的特殊性使得这种“灵活性”能够控制在一定限度内,“而谭公纶与戚继光、刘显相继至,又有白水洋之捷,崇明沙之捷,浙人始力能胜倭,志在杀倭,至今称南兵,皆其遗也。故论浙中倭功,当首祠胡公、谭公以及俞、汤、卢、刘、戚等”①。因此,从效果来看,胡宗宪的处理方式比朱纨在解决浙东“倭患”问题上的措施更加“恰当”。

在明代中后期,海洋贸易法律制度在东南沿海地区的实施引发了诸多严重问题,根本原因在于其背离了市场互通有无的规律,阻碍了海洋贸易自唐宋以来向外拓展的势头。同时,这一法律制度在东南沿海地区的强制推行,忽视了该地区独特的经济环境导致百姓因土地等自然条件的限制,不得不依赖海洋进行频繁的贸易,“明朝的朝贡体制以一种独一无二的系统化和官僚化的形式将这些特征汇集起来”②。朝贡贸易未能良好发展的原因,正是其未能充分考虑东南沿海地区的特殊性,缺乏从“因地制宜”的角度进行的制度构建,最终引发了不良后果。

在市舶司的引领下,“互市”并未在“保障民生”的框架内发展,缺乏

---

① (明)王士性:《广志绎》卷四《江南诸省》,吕景琳点校,中华书局 1981 年版,第 77 页。

② [英]崔瑞德、[美]牟复礼编:《剑桥中国明代史》(下卷),张书生等译,中国社会科学出版社 1992 年版,第 307~308 页。

对东南沿海地区实际情况的深刻考量,对南北经济几乎无差异的误判。因此,未能有效区分南北差异,使得明朝统治者错误地认为"互市"无法带来实质利益,从而导致海洋贸易背景下的"朝贡制度"缺乏应有的经济驱动力。在明代中后期,当海洋贸易矛盾激化时,他们干脆废除了朝贡制度。"若夫东南诸夷,利我中国之货,犹中国利彼夷之货,以所有易所无,即中国交易之意也"①,明代中后期的朝贡贸易制度恰恰缺乏这种"因时制便"。

重视"因地制宜"可以切实有利于合理的法律制度的制定和实施,尤其海洋贸易制度的制定和实施必须重视地域特殊性。江南地区人稠地狭,人与土地的矛盾突出。从西晋末期开始,由于中原地区经常发生战乱,古代中国在这个时期便开始将经济中心往南方尤其是东南沿海地区转移。东南沿海地区的环境得天独厚,"右联圻辅,左邻江右,南入闽关,遂达瓯越。嘉禾边海东,有鱼盐之饶。吴兴边湖西,有五湖之利……杭州其都会也,山川秀丽,人慧俗奢,米资于北,薪资于南,其地实啬而文侈……桑麻遍野,茧丝绵苎之所出,四方取给焉"②。东南沿海地区占据着交通要道,"今三吴之以机杼致富者尤众"③,秦、晋、燕、周的大商人,不远千里来买卖商品的地点首选浙东的宁波、绍兴、温州、台州,沿海地区商人往来频繁。随着明代棉花的广泛种植,中国的纺织行业,尤其是在江南的纺织业得到了前所未有的发展,明代中后期纺织品的商品化程度很高。商品贸易的极度繁荣,使城市之间的距离极大缩短,逐渐形成了全国性的交通网络。到了明代中后期,江南已经形成了全疆域内的经济体制,建立了市场分布式网络,并有相应的道路网络,连接着大小城镇,几乎无处不在,"更为重要的是,对许多社会、政治和文化方面的需求来

---

① (明)张瀚撰:《松窗梦语》卷四《商贾纪》,萧国亮校点,上海古籍出版社1986年版,第77页。
② (明)张瀚撰:《松窗梦语》卷四《商贾纪》,萧国亮校点,上海古籍出版社1986年版,第75页。
③ (明)张瀚撰:《松窗梦语》卷四《商贾纪》,萧国亮校点,上海古籍出版社1986年版,第76页。

说，地理的或社会的划分反而更能说得通：一些方言区域可能比商人更能反映较大群体的真实的社会和文化网络”①。整个江南地区逐渐形成自己的道路网，这个不可分割的经济共同体，有“政治结构下一体化”的态势。

到了明朝中叶，尤其是嘉靖年间土地兼并现象严重，豪绅用非常低的价格向底层农民买走水田，“（江南地区）许多功名获得者介入官府和直接耕作者之间，依靠于官府的交往而取得了保护”②。在江南地区，农业劳动获利最少，“其株守乡土而不知贸迁有无长贫贱者，则无所比数矣”③；手工艺的获利比农业劳动的获利多，往往是后者的双倍，但劳动量大，且需要一定的技巧；从事商业比手工业更好，前者获利是后者获利的三倍，“穷日夜之力，以逐锱铢之利，而遂忘日夜之疲瘁也”④；卖盐的收益是农业劳动获利的五倍，且卖盐的劳动付出很少，但由于盐是禁榷之物，只有“无法无天”之徒才敢从事卖盐，“吾浙富厚者多以盐起家，而武林贾氏用鬻茶成富，至累世不乏。《周书》云：‘农不出则乏食，工不出则乏用，商不出则三宝绝。’此衣食之源也”⑤。所以东南沿海地区不少人会铤而走险去走私，“良贾近市利数倍，次倍之，最下无能者逐什一之利”⑥。随着土地投资的吸引力逐渐减弱，富人们开始转向商业和贸易，并将其视为剩余资本流通的重要渠道。

东南沿海地区的江南腹地土地肥沃，生产的经济作物急需流通，这也是该地区海洋贸易屡禁不止的原因之一。得益于整个江南发达的私

① ［英］崔瑞德、［美］牟复礼编：《剑桥中国明代史》（下卷），张书生等译，中国社会科学出版社1992年版，第403页。

② ［英］崔瑞德、［美］牟复礼编：《剑桥中国明代史》（下卷），张书生等译，中国社会科学出版社1992年版，第404页。

③ （明）张瀚撰：《松窗梦语》卷四《商贾纪》，萧国亮校点，上海古籍出版社1986年版，第74～75页。

④ （明）张瀚撰：《松窗梦语》卷四《商贾纪》，萧国亮校点，上海古籍出版社1986年版，第71页。

⑤ （明）张瀚撰：《松窗梦语》卷四《商贾纪》，萧国亮校点，上海古籍出版社1986年版，第77页。

⑥ （明）张瀚撰：《松窗梦语》卷四《商贾纪》，萧国亮校点，上海古籍出版社1986年版，第74页。

人手工业和相对自由的商品经济环境，东南沿海地区展现出独特的贸易新气象。此外，由于该地区山多田少，为了推动农业发展和抵御自然灾害，自唐宋时期便开始了其围海造田的历史。例如宁绍平原素有“唐涂宋地”之称，丘濬在《屯营之田》中提到，“臣尝闻闽浙人言，大凡滨海之地多咸卤，必得河水以荡涤之。然后可以成田，故为海田者，必筑隄岸以拦咸水之入，疏沟渠以导淡水之来，然后田可耕也。臣于京东一带海涯，虽未及行，而尝泛潼御而下，繇白河以至潞渚，观其入海之水，最大之处无如直沽。然其直泻入海，欲广屯田当先通水利灌溉不多”[①]。但是即便如此，东南沿海地区依旧不便农耕，稻米产量严重不足，人口压力甚大，“定海奉象一带贫民以海为生”[②]，此地居民自宋代以来就以捕鱼和贩卖为生。

明代中后期的海洋贸易法律制度的实施使得此地居民生活无所依，且随时面临被驱赶的危险。东南沿海地区的居民生活在海边，基本生活方式也多适用于海上，禁止私人贸易无疑剥夺了沿海居民的生产资料，其将无法生存。正如郑若曾认为，当时东南沿海地区的双屿岛成为贸易中心，实属“浙人导之”，“每岁夏季而来，望冬而去。可与贡舶相混乎？何言乎二而一，一而二也？海商常恐遇寇，海寇惟恐其不遇商，如阴阳昼夜，判然相反。为商者，曷尝有为寇之念哉”[③]，实在是迫不得已。因此“甲申岁凶，双屿货壅，而日本贡使适至，海商遂贩货以随售，倩倭以自防，官司禁之弗得”，这些双屿岛的走私商贩日渐猖獗，朝廷也有心无力。当时日本向明朝输入了大量的白银，“日本商人惟以银置货，非若西番之载货交易也”[④]。断日本贡，必然迫使其“驱之为寇”[⑤]。

---

① (明)丘濬:《屯营之田》。

② (明)郑若曾:《倭寇论》。

③ (明)郑若曾撰:《筹海图编》,李致忠点校,中华书局 2007 年版,第 852 ~ 854 页。

④ (明)郑若曾撰:《筹海图编》,李致忠点校,中华书局 2007 年版,第 852 ~ 854 页。

⑤ (明)郑若曾撰:《筹海图编》,李致忠点校,中华书局 2007 年版,第 852 ~ 854 页。

人类天生具备交易和交换的能力，这种自然禀赋促使市场分工自发演进，并推动市场秩序不断扩大。无论政府的政策取向如何，市场都会自然而然地发展，尽管过程可能缓慢。同时，政府客观上也面临信息传递技术落后等各种管理问题，一旦其监管松懈，市场便会迅速蓬勃发展，"国计取给东南者甚厚，故天下惟东南民力最竭，而东南之民，又惟农最苦也。未遭寇乱之先，每以赋役繁重，视田産如赘疣，思欲脱去而为逃亡者大半。矧今白刃在前，窜伏不暇，田地抛荒居十九矣。所种者，又苦久旱，难望有秋。将来谷必愈少，而农民益困，明年田地必尽荒芜。不惟边饷可忧，虽欲支持本地，恐未克济。且冬既无处可籴，夏又无处可籴，民之弱者必馁死，强者必群聚为盗，如之何而不预为之所也"①。明代中后期未在"因地制宜"前提下制定出的海洋贸易法律制度，加速了东南沿海地区的区域利益的消散和区域优势的完全浪费，未带来任何价值输出。

明廷不仅忽视地方的特殊性，尤其是忽视东南沿海地区的地理优势和人文特色，而且一意孤行地制定和推行海洋贸易法律制度。然而，东南沿海的民间贸易仍在私下蓬勃发展，商品经济已成为不可逆转的洪流。同时，走私者不断变换走私贸易的形式，灵活逃避官府的追捕，使明廷难以防范。尽管这种发展并不"健康"，却不断冲击和挑战着禁令的有效性。因此，即便明廷试图通过严格控制海洋贸易来消除走私集团对其统治秩序的威胁，民间海洋贸易仍愈演愈烈，进一步动摇了明王朝的统治基础。

与此同时，若能"因地制宜"地制定海洋贸易制度，以规范商业行为，不仅可以节省成本，还能实现"事半功倍"的效果。例如，在永乐和正德时期，朝廷对地方的控制相对宽松，这使得地方手工业和商业获得了一定的发展空间。这一时期，官方手工业和私人手工业均得以复兴与发展。尽管明廷在表面上仍坚持"抑商"政策，这一政策却相对宽松，促进

---

① （明）郑若曾撰：《筹海图编》，李致忠点校，中华书局2007年版，第718页。

了商品的流通。进入明中叶的嘉靖时期,明廷逐渐强化了对地方的控制,并开始对市场进行管理,但这种控制显然呈现出“心有余而力不足”的局面。

在这种情况下,权力的触角无法触及帝国的每一个角落,明廷只能通过“立法”这种宏观形式对地方进行控制,最终导致了对地方经济活力的抑制和治理无效,“而境内士民,又惟恐加赋,往往互会失指,以为练乡兵则不费官帑,不用民财,不烦素养之劳,坐收制胜之策。且援引某县某乡曾掩杀一二残败之寇以为证据,遂使良法美意,窒碍难行,有司百执事奉行无术,反以虚文渐贻实患”①。正是这种过分琐碎且事无巨细的管控方式,致使诸多律法,尤其是海洋贸易相关的法律制度,在基层难以得到切实执行,立法初衷在实施过程中屡屡被违背。

采用此种“事无巨细”的管控方式严密监控地方事务,其弊端显而易见。首先它缺乏一套有效的机制来抵御消极执法,难以根除违法乱纪行为。其次,它对地方社会的经济活动构成了不必要的障碍,束缚了地方经济的蓬勃发展。最后,它对当地居民的生活施加了沉重的压力,降低了民众的生活质量。因此,在地方事务的管理上,应摒弃这种僵化模式,转而采用更为灵活与积极的策略,以促进地方经济的健康成长,提升民众福祉。

忽视地方特性的治理模式,往往会导致消极执法现象的泛滥。缺乏因地制宜设计的治理模式,不仅会导致政策“水土不服”、执行困难,还会降低执法机构的积极性与效率。同时,缺乏灵活性与适应性的治理模式,在面对环境变化与新兴社会问题时,难以作出有效调整与应对。因此,重视并实践因地制宜的地方治理模式,对于消除消极执法、维护地方社会稳定与促进健康发展具有深远意义。

海洋贸易法律制度缺乏因地制宜设计的现状导致了地方消极应对

---

① (明)郑若曾撰:《筹海图编》,李致忠点校,中华书局2007年版,第706页。

的成本低廉,而朝廷监督消极执法的成本却高昂不已。每当“禁海”政策初启之时,统治者虽有强烈的意愿去预防与惩治消极执法,遏制短期投机行为,但消极执法不仅削弱了政策效果,更对社会秩序的稳定构成了严重威胁,损害了统治者的权威与形象。同时,它也阻碍了经济的健康发展与社会的繁荣稳定,对统治者的长远利益造成了不可估量的损失。因此,统治者虽有强烈的动机去打击消极执法,推动法治的传承与发展,但在实际操作中,预防与惩治消极执法却是一项艰巨的任务,需要统治者制定并执行有效措施,建立健全的监督机制,加强对执法人员的管理与监督,方能真正有效地遏制消极执法现象。

即便没有大规模的战争、自然灾害或其他破坏力强大的阻碍,若法律制度未能“因地制宜”,经济发展亦难以步入正轨。不适当的制度可能成为市场经济发展的巨大绊脚石。市场经济要遵循自由竞争与法治原则,市场经济制度若不当,不仅会阻碍市场经济的发展与增长,还会对社会稳定与经济发展产生负面效应。当制度不当时,市场经济可能遭受垄断、腐败、保护主义等因素的侵扰,导致市场竞争不公、经济效率低下,进而引发社会的不满与抗议,甚至可能导致大规模的社会动荡与政权更迭。因此,制度的适当性是市场经济发展的关键所在,必须不断完善与调整制度。

不当的制度不仅会制约市场经济的发展,还可能成为官场腐败与社会动荡的温床。在缺乏自由的市场环境及因地制宜政策的情况下,资源配置难以契合市场需求,这无疑会阻碍经济的增长与发展。尤其在海洋贸易领域,有效的市场规范与法律制度是促进贸易繁荣的关键所在。倘若朝廷对地方的控制过于严苛,势必会遏制企业的创新活力与发展潜力,进而影响整体经济的蓬勃生机与发展趋势。制度若未能因地制宜,未能贴合地方民众的实际需求与风俗习惯,其在实施过程中必将遭遇重重困难,甚至可能遭到民众的抵触或消极接受。同时,缺乏民众支持的制度,其执行效果必将大打折扣,最终沦为一纸空文。因此,制度的制定必须秉持因地制宜的原则,充分契合地方民众的需求与习惯,以确保制度能够赢得广泛认同并得到有效执行。

随着制度逐渐稳固,基层官员便可能熟稔于压榨民众与权力寻租的伎俩,这些伎俩与民众的"违法"行为形成相互依存的态势,从而对政治、经济、社会造成不可估量的危害。原本有望实现的经济"良性循环",也会因制度设计未能因地制宜而逐渐消散。即便立法设立了重重门槛,意图阻止地方官员的干预,但执法的实际效果终究取决于这些官吏的作为。事前的预防与规范,往往远胜于事后的偶然应对。东南沿海地区的民众之所以"铤而走险"。

诚然,唯物史观不能忽视东南沿海地区海寇本身的"盗性"对海防安宁的威胁,但同样不能忽视海洋贸易法律制度本身存在的弊端。正是这些弊端,不断激化着海洋贸易中的矛盾,使得在制度实施中遇到的问题越发复杂难解,"至于其盗性的强弱,除自身因素外,同政府的政策关系甚大"①。因此,明代中后期所颁行的海洋贸易法律制度,因违背"因地制宜"之原则,势必陷入低效之困境。统治者对相应市场经济结构的遏制,无疑为区域性特色经济的自然演进设置了重重阻碍。尽管后续的"隆庆开海"政策在一定程度上缓和了东南沿海地区的贸易矛盾,对区域稳定亦有所裨益,但其开放程度毕竟有限,在全球海洋贸易蓬勃发展的时代背景下,明朝终究未能把握住发展的黄金机遇。

纵观明代中后期,海洋贸易法律制度的制定与实施未能遵循"因地制宜"的原则,即未充分考虑当地实际情况。这些制度对沿海地区商业活动施加了严格限制,阻碍了沿海地区经济,尤其是江南地区商品经济的健康发展。这些制度不仅造成了效率低下,更使得沿海地区经济的巨

---

① 王慕民:《海禁抑商与嘉靖"倭乱"——明代浙江私人海外贸易的兴衰》,海洋出版社 2011 年版,第 239 页。

大潜力无法得以充分释放,从而对当地经济发展造成了深远的影响。尽管隆庆年间开海政策出台,但其开放程度仍然有限,无法从根本上解决沿海地区,尤其是东南沿海地区海洋贸易所面临的深层次问题。这一历史教训,实应为今人深刻汲取。

结　论

贸易具有实现互通有无、促进生产的专业化与推动社会分工的积极功能。对于土地贫瘠、农业生产难以自给自足的东南沿海地区来说，海洋贸易更是保障民生的重要途径。明朝虽然在洪武年间有"片板不许下海"的禁令，但该禁令并没有被严格执行，洪武以后几成具文，永乐年间国家更是秉持积极从事海洋贸易的开放姿态，民间的海洋贸易得到国家较大限度的默许，因而快速发展。明代中后期的海洋贸易法律制度整体看似严厉，推行的力度也看似"倾尽全力"，可事实上并未得到完全的贯彻执行。这种"表里不一"的法律制度的制定与执行方式，固然有倭患威胁沿海国土安全的诱因，但更加重要的原因是明朝高度的君主专制体制，使地方政府在平定倭患方面缺乏必要的武备与权限。地方极力夸大与渲染倭患的威胁以推卸平定倭患不力的责任，朝廷对地方上报的信息真实与否难以甄别，所以只能实现理论上的"禁海"。

但是，这种消极被动的海洋贸易法律制度的制定与推行，原本是为了平定倭患，但反而大大刺激了倭患，根本原因在于朝廷忽视了东南沿海地区特殊的地理环境催生的民生状况。由于东南沿海地区的人们仅仅依靠农业生产不足以维持生计，海洋贸易已成为人们谋生的重要途径;东南沿海地区的海员们积累了丰富的海洋航行与贸易的经验;消极被动的海洋贸易法律制度的推行使得相关商品的稀缺性更为凸显,舶来商品的利润大大增加,进而大大刺激了东南沿海地区的人们铤而走险从事海洋贸易;长年以来的海洋贸易产业发展及特殊环境催化的“商人海盗”组织化、武装化的特征越发明显。

另一个值得重视的重要原因是,高度的君主专制体制固然可以有效防范地方自立乃至威胁中央政权,但在准确评判地方政府对中央指令的执行力方面仍无能为力;君主专制越强化,这一问题越突出。这一情况在基层的体现尤甚,基层官吏与当地的势要大族之间往往存在千丝万缕的利益关联,严厉的海洋贸易法律制度恰恰给基层官吏进行权力寻租创设了巨大的空间。事实上尽管朝廷一再力图加大海洋贸易法律制度的执行力度,许多东南沿海地区的地方官吏却在暗中推动海洋贸易,或利用明廷设立的政策对从事海洋贸易的人敲诈勒索,或对海洋贸易视而不见,甚至向从事海洋贸易的人暗通消息并从中牟利。

由此,笔者认为,明代中后期消极被动的海洋贸易法律制度和倭患之间形成了一种恶性循环,时人评价当时的倭患是“三分真倭、七分假倭”,该评价应是客观公允的。朝廷尽管最终几乎举全国之力阶段性平定了倭患,付出了巨大的代价,但平叛之余并未正确认识到倭患产生的真正根源。明朝中后期的海洋贸易法律制度虽然较明代前期略有松动,但与沿海地区人们从事海洋贸易的要求仍相去甚远,尤其是朝廷对东南沿海地区的限制并没有放松,因此,倭患其实并没有得到根本性解决。

通过深入剖析明代中后期海洋贸易法律制度及其在东南沿海地区的具体实践,可以从中汲取宝贵的历史经验并得到深刻启示。首先,保障民生应成为一切法律制定与执行的根本基石,这不仅是维护法律权威、确保法律得以有效施行的关键所在,更是凝聚民心、促进社会和谐的最本质要求。正如太史公司马迁所说,“天下熙熙,皆为利来;天下攘攘,皆为利往”[①]“善者因之,其次利道之,其次教诲之,其次整齐之,最下者与之争”[②]。国家以开放的心态来对待海洋贸易,并对海洋贸易进行保护和规范,这不仅是对贸易双方的利益最为合理与有效的保障,而且也是保障国家安全的根本性举措。明朝倭患产生的根源在于东南沿海地区的人们和倭人均能从海洋贸易中获取巨大利益,而国家却垄断了合法的海洋贸易,由此引发了走私兼海盗团体的形成与坐大,作为导火索的“宁波争贡”事件,其产生的根本原因也是倭人在朝贡之外缺乏通过合法有效的贸易获取利益的途径。当倭患日趋严重之时,朝廷非但没有开海以消除倭患形成的根源,反而制定与推行“一刀切”式的极其严厉的海洋贸易法律制度,完全不顾沿海尤其是东南沿海地区的民生实情。

先是国家垄断合法的海洋贸易“与之争”,再是强化海洋贸易法律制度“整齐之”,上述严重弊端的产生也就不足为怪了。法律的制定应该对现行体制之下的执法成本予以充分而准确的预估,这既包括为执行法律而增设的机构与人员所产生的直接性成本,也包括有效惩治违法行为所需的间接性成本。嘉靖朝严厉海禁的法律执行成本巨大,而获利几乎无从谈起,正是由于其对这种不合理的法律的执行成本缺乏起码的预估。最后,既要充分肯定通过法律设定管制是社会秩序与统治秩序得以维持的必要手段,与此同时也要充分认识到管制可能导致的权力寻租。明代中后期海洋贸易法律制度在推行过程中成为东南沿海地区许多基层官吏权力寻租的重要凭借,可见该法律设定的管制是极其不合理的。当然,判断管制是否合理的主要标准就在于前面所说的两点:是否有利于促进民生,执法所带来的效益是否大于执法成本。

---

① (西汉)司马迁:《史记·货殖列传》,中华书局1959年版,第3256页。

② (西汉)司马迁:《史记·货殖列传》,中华书局1959年版,第3253页。

参考文献

一、基本史料

基本文献：

[1]（西汉）司马迁：《史记》，中华书局1959年版。

[2]（东汉）班固：《汉书》，中华书局1962年版。

[3]（西汉）孔安国传、（唐）孔颖达正义：《尚书正义》，上海古籍出版社2007年版。

[4]（唐）姚思廉撰：《梁书》，中华书局1973年版。

[5]（唐）魏徵、令狐德棻撰：《隋书》，中华书局1973年版。

[6]（宋）李焘撰：《续资治通鉴长编》，上海师范大学古籍整理所、华东师范大学古籍整理所点校，中华书局2004年版。

[7]（宋）欧阳修、宋祁撰：《新唐书》，中华书局1975年版。

[8]（宋）王溥撰：《唐会要》，上海古籍出版社2006年版。

[9]（元）马端临撰：《文献通考》，中华书局1986年版。

[10]（元）脱脱等撰：《宋史》，刘浦江标点，吉林人民出版社1995年版。

[11]（明）雷梦麟撰:《读律琐言》,怀效锋、李俊点校,法律出版社2000年版。

[12]（明）宋濂等撰:《元史》,中华书局1976年版。

[13]（明）朱国桢撰:《皇明史概》,明崇祯间原刊本。

[14]（明）陈子龙、徐孚远等选辑:《明经世文编》,中华书局1962年版。

[15]（明）王士性:《广志绎》,吕景琳点校,中华书局1981年版。

[16]（明）张燮:《东西洋考》,谢方校注,中华书局2000年版。

[17]（明）余继登撰:《典故纪闻》,顾思点校,中华书局1981年版。

[18]（明）刘基:《诚意伯文集》,吉林出版集团2005年版。

[19]（明）张瀚撰:《松窗梦语》,萧国亮校点,上海古籍出版社1986年版。

[20]（明）徐学聚辑:《国朝典汇》,北京大学出版社1993年版。

[21]（明）李言恭、郝杰编撰:《日本考》,汪向荣、严大中校注,中华书局1983年版。

[22]（明）郑若曾撰:《筹海图编》,李致忠点校,中华书局2007年版。

[23]（明）颜俊彦:《盟水斋存牍》,中国政法大学出版社2002年版。

[24]（明）何乔远编:《名山藏》,北京大学出版社1993年版。

[25]（明）沈德符撰:《万历野获编》,道光七年扶荔山房刊行。

[26]（明）邱浚:《大学衍义补》,林冠群、周济夫校点,京华出版社1999年版。

[27]（明）谈迁:《国榷》,张宗祥点校,中华书局1958年版。

[28]（明）徐光启撰:《农政全书》,石声汉点校,上海古籍出版社2011年版。

[29]（清）张廷玉等撰:《明史》,中华书局1974年版。

[30](清)谷应泰撰:《明史纪事本末》,中华书局 1977 年版。

[31](清)薛允升撰:《唐明律合编》,怀效锋、李鸣点校,法律出版社 1999 年版。

[32](清)夏燮撰:《明通鉴》,王日根、李一平等校点,岳麓书社 1999 年版。

[33](清)章树福纂辑:《黄渡镇志》,上海社会科学出版社 2004 年版。

[34](清)顾炎武著、黄汝成集释:《日知录集释:全校本》,栾保群、吕宗力校点,上海古籍出版社 2006 年版。

[35](清)董诰等编:《全唐文》,中华书局 1983 年版。

[36](清)徐松:《宋会要辑稿》,刘琳、刁忠民等校点,上海古籍出版社 2014 年版。

[37](清)黄以周等辑注:《续资治通鉴长编拾补》,顾吉辰点校,中华书局 2004 年版。

地方志:

[1](清)徐兆昺:《四明谈助》,桂心仪、周冠明等点注,宁波出版社 2003 年版。

[2]宁波市地方志编纂委员会整理:《明代宁波府志》,宁波出版社 2013 年版。

[3]《天一阁藏明代方志选刊－17－嘉靖温州府志(浙江省)嘉靖太平县志(浙江省)》,上海古籍书店 1981 年版。

[4]《天一阁藏明代方志选刊－19－万历新昌县志(浙江省)嘉靖浦江志略(浙江省)》,上海古籍书店 1981 年版。

[5]《天一阁藏明代方志选刊－20－永乐乐清县志(浙江省)嘉靖武康县志(浙江省)》,上海古籍书店 1981 年版。

[6](明)杨寔纂修:《宁波郡志》,台北,成文出版社 1983 年版。

[7]宁波市对外贸易经济合作委员会编:《宁波市对外经济贸易志》,宁波出版社1997年版。

丛书类:

[1]张家山二四七号汉墓竹简整理小组编著:《张家山汉墓竹简〔二四七号墓〕》(释文修订本),文物出版社2006年版。

[2]傅衣凌主编,杨国帧、陈支平著:《明史新编》,人民出版社1993年版。

[3]怀效锋:《大明律》,法律出版社1999年版。

[4]刘俊文:《唐律疏议》,法律出版社1999年版。

[5]钱大群撰:《唐律疏议新注》,南京师范大学出版社2007年版。

[6]薛梅卿点校:《宋刑统》,法律出版社1999年版。

[7]杨一凡、田涛主编:《中国珍稀法律典籍续编》第1册,黑龙江人民出版社2002年版。

[8]杨一凡、田涛主编:《中国珍稀法律典籍续编》第2册,黑龙江人民出版社2002年版。

[9]杨一凡、田涛主编:《中国珍稀法律典籍续编》第3册,黑龙江人民出版社2002年版。

[10]杨一凡、田涛主编:《中国珍稀法律典籍续编》第4册,黑龙江人民出版社2002年版。

[11]刘海年、杨一凡总主编:《中国珍稀法律典籍集成》(乙编第4册),科学出版社1994年版。

[12]中国历史研究社:《倭变事略》,上海书店1982年版。

[13]中国科学院编辑:《明清史料·丁编》(下册),国家图书馆出版社2008年版。

[14]杨一凡:《明代榜例考》,载杨一凡主编:《中国古代法律形式研究》,社会科学文献出版社2011年版。

[15]杨一凡主编:《历代珍稀司法文献》,社会科学文献出版社 2012 年版。

二、今人著作与论文

中文著作:

[1]晁中辰:《明代海禁与海外贸易》,人民出版社 2005 年版。

[2]洪焕椿编著:《浙江方志考》,浙江人民出版社 1984 年版。

[3]傅衣凌:《明清时代商人及商业资本,明代江南市民经济初探》,中华书局 2007 年版。

[4]张海英:《明清江南商品流通与市场体系》,华东师范大学出版社 2002 年版。

[5]李伯重:《江南的早期工业化》,中国人民大学出版社 2010 年版。

[6]李伯重:《多视角看江南经济史》,生活·读书·新知三联书店 2003 年版。

[7]戴裔煊:《明代嘉隆间的倭寇海盗与中国资本主义萌芽》,中国社会科学出版社 1982 年版。

[8]王慕民:《海禁抑商与嘉靖“倭乱”——明代浙江私人海外贸易的兴衰》,海洋出版社 2011 年版。

[9]刘石吉:《明清时代江南市镇研究》,中国社会科学出版社 1987 年版。

[10]李金明:《明代海外贸易史》,中国社会科学出版社 1990 年版。

[11]杨一凡:《明代立法研究》,中国社会科学出版社 2013 年版。

[12]杨一凡主编:《中国法制史考证》(甲编第 6 卷),中国社会科学出版社 2003 年版。

[13]汪向荣、夏应元编:《中日关系史资料汇编》,中华书局 1984 年版。

[14]王毓铨等:《中国经济通史·明代经济卷》,经济日报出版社2000年版。

[15]郑有国:《中国市舶制度研究》,福建教育出版社2004年版。

[16]张亚红、徐炯明编著:《宁波明清海防研究》,宁波出版社2012年版。

[17]马伯煌主编:《中国经济政策思想史》,云南人民出版社1993年版。

[18]王日根:《明清海疆政策与中国社会发展》,福建人民出版社2006年版。

[19]樊铧:《政治决策与明代海运》,社会科学文献出版社2009年版。

[20]傅筑夫:《中国经济史论丛》(下),生活·读书·新知三联书店1980年版。

[21]陈尚胜:《"怀夷"与"抑商":明代海洋力量兴衰研究》,山东人民出版社1997年版。

[22]万明:《中国融入世界的步履——明与清前期海外政策比较研究》,社会科学文献出版社2000年版。

[23]高潮、马建石主编:《中国历代刑法志注译》,吉林人民出版社1994年版。

[24]陈顾远:《中国法制史概要》,商务印书馆2011年版。

[25]李光灿、张国华总主编:《中国法律思想通史》(三),山西人民出版社2001年版。

[26]卢现祥主编:《新制度经济学》,武汉大学出版社2011年版。

[27]张维迎:《信息、信任与法律》,生活·读书·新知三联书店2003年版。

[28]瞿同祖:《瞿同祖论中国法律》,商务印书馆2014年版。

[29]程树德:《九朝律考》,中华书局1963年版。

[30]苏亦工:《明清律典与条例》,中国政法大学出版社 2000 年版。

[31]柏桦主编:《明清律例研究》,南开大学出版社 2013 年版。

[32]孟森:《大师的国学课 12:中国断代史 · 明史卷》,江西教育出版社 2013 年版。

[33]杨念群:《生活在哪个朝代最郁闷》,广西师范大学出版社 2013 年版。

[34]屈永华:《中国法律现代化的路径分析》,北京大学出版社 2011 年版。

[35]中外关系史学会编:《中外关系史译丛》(第 2 辑),上海译文出版社 1985 年版。

[36]田澍:《嘉靖革新研究》,中国社会科学出版社 2015 年版。

[37]胡凡:《嘉靖传》,人民出版社 2004 年版。

[38]樊树志:《明史讲稿》,中华书局 2012 年版。

[39]陈懋恒:《明代倭寇考略》,人民出版社 1957 年版。

[40]沈光耀:《中国古代对外贸易史》,广东人民出版社 1985 年版。

[41][英]C. R. 博克舍编注:《十六世纪中国南部行纪》,何高济译,中华书局 1990 年版。

[42][美]费正清编:《中国的世界秩序:传统中国的对外关系》,杜继东译,中国社会科学出版社 2010 年版。

[43][英]崔瑞德、[美]牟复礼编:《剑桥中国明代史》,张书生等译,中国社会科学出版社 1992 年版。

[44][日]木宫泰彦:《日中文化交流史》,胡锡年译,商务印书馆 1980 年版。

[45][日]井上清:《日本历史》,天津市历史研究所译校,天津人民出版社 1974 年版。

[46][日]滨下武志:《近代中国的国际契机——朝贡贸易体系与近代亚洲经济圈》,朱荫贵、欧阳菲译,虞和平校,中国社会科学出版社 1999

年版。

[47][日]檀上宽:《永乐帝——华夷秩序的完成》,王晓峰译,社会科学文献出版社2015年版。

[48][日]杉山正明:《蒙古帝国的兴亡》(下),孙越译,邵建国校,社会科学文献出版社2015年版。

[49][加]卜正民:《纵乐的困惑:明代的商业与文化》,方俊等译,生活·读书·新知三联书店2004年版。

[50][美]D.布迪、C.莫里斯:《中华帝国的法律》,朱勇译,江苏人民出版社2003年版。

[51][日]藤田丰八:《宋代之市舶司与市舶条例》,魏重庆译,商务印书馆1932年版。

[52][日]中村新太郎:《日中两千年——人物往来与文化交流》,张柏霞译,吉林人民出版社1980年版。

[53][日]斯波义信:《宁波及其腹地》,载[美]施坚雅主编:《中华帝国晚期的城市》,叶光庭等译,陈桥驿校,中华书局2000年版。

外文著作:

[1]檀上寛『明代海禁——朝貢システムと華夷秩序』(京都大学学術出版会,2013年)。

[2]岩井茂樹『中国近世社会の秩序形成』(京都大学人文科学研究所,2004年)。

[3]田中健夫『倭寇:海の歴史』(教育社,1985年)。

中文论文:

[1]樊树志:《"倭寇"新论——以"嘉靖大倭寇"为中心》,载《复旦学报(社会科学版)》2000年第1期。

[2][日]松浦章:《明代末期的海外贸易》,载《求是学刊》2001年第2期。

[3]怀效锋:《嘉靖年间的海禁》,载《史学月刊》1987年第6期。

[4]怀效锋:《嘉靖新政中的法制改良》,载《社会科学辑刊》1990年第1期。

[5]童光政:《明律"私充牙行埠头"条的创立及其适用》,载《法学研究》2004年第2期。

[6]陈景良:《两宋海外贸易立法演变论略》,载《南京社会科学》1992年第5期。

[7]张中秋、陈景良:《宋代吸引外商的法律措施叙论》,载《法学研究》1993年第4期。

[8]孙竞昊:《明清江南商品经济与消费结构关系探析》,载《齐鲁学刊》1995年第4期。

[9]孙竞昊:《明清江南商品市场结构与市场机制探析》,载《华东师范大学学报(哲学社会科学版)》1996年第5期。

[10]黄纯艳:《论宋代的近海贸易》,载《中国经济史研究》2016年第2期。

[11]夏时华:《宋代市舶香药的抽解与博买》,载《云南社会科学》2014年第5期。

[12]陈道德:《从我国古代航海事业的发展看"一带一路"的重大意义》,载《文化发展论丛》2018年第1期。

[13]王巧荣:《海上丝绸之路南海航线对中国南海权益的历史价值》,载《桂海论丛》2018年第4期。

[14]冒志祥:《苏轼对宋代"海上丝路"贸易法规建设的贡献——以苏轼有关高丽的状文为例》,载《南京师范大学文学院学报》2017年第1期。

[15]蒋丽萍:《古代浙东地区海上丝绸之路文化遗产调研》,载《中国民族博览》2018年第11期。

[16]李华瑞、张倩:《中唐以后至宋朝海路交通的转型》,载《中国史

研究》2017 年第 4 期。

[17]苏铁:《唐、明二朝市舶太监制度钩沉——兼述对“海上丝绸之路”的负面影响》,载《海关与经贸研究》2018 年第 3 期。

[18]冒志祥:《浅论苏轼对宋与高丽“海上贸易”典型案件的查处——以苏轼有关高丽的状文为例》,载《东吴学术》2017 年第 6 期。

[19]袁晓春:《海上丝绸之路朝鲜史料中的宁波海商》,载苍铭主编:《民族史研究》第 14 辑,中央民族大学出版社 2017 年刊。

[20]刘莉:《宋代明州与高丽海外贸易发展因素分析研究》,载《中共宁波市委党校学报》2015 年第 2 期。

[21]柳和勇:《简论浙江海洋文化发展轨迹及特点》,载《浙江社会科学》2005 年第 4 期。

[22]马建春、王霰:《元代马八儿—亚丁新航线疏证》,载《国家航海》2018 年第 2 期。

[23]孙竞昊:《明清地方与国家视域中的“海洋”》,载《求是学刊》2014 年第 1 期。

[24]苏月秋:《明代沈廷扬的海运思想及实践:以海运疏为中心》,载《中国海洋大学学报(社会科学版)》2016 年第 6 期。

[25]董平均:《〈津关令〉与汉初关禁制度论考》,载《中华文化论坛》2007 年第 3 期。

[26]苏钦:《唐明律“化外人”条辨析——兼论中国古代各民族法律文化的冲突和融合》,载《法学研究》1996 年第 5 期。

[27]张海英:《14—18 世纪中朝民间贸易与商人》,载《社会科学》2016 年第 3 期。

[28]施剑:《试论明代浙江沿海卫所之布局》,载《军事历史》2012 年第 5 期。

[29]侯欣一:《中国封建社会对外贸易法制初探》,载《法商研究(中南政法学院学报)》1998 年第 3 期。

[30]张群:《明清外贸立法的正当性研究——以海上贸易为中心》,载《北方法学》2011 年第 5 期。

[31]陈尚胜:《明与清前期海外贸易政策比较——从万明〈中国融入世界的步履〉一书谈起》,载《历史研究》2003 年第 6 期。

[32]洪佳期:《试论明代海外贸易立法活动及其特点》,载《法商研究》2002 年第 5 期。

[33]王慕民:《明代宁波在中日经济交往中的地位——兼论官、民贸易方式的转变与嘉靖“大倭乱”的起因》,载《宁波大学学报(人文科学版)》2004 年第 5 期。

[34]廖大珂:《朱纨事件与东亚海上贸易体系的形成》,载《文史哲》2009 年第 2 期。

[35]万明:《商品、商人与秩序——晚明海上世界的重新解读》,载《古代文明》2011 年第 3 期。

[36]庄国土:《论中国海洋史上的两次发展机遇与丧失的原因》,载《南洋问题研究》2006 年第 1 期。

[37]李云泉:《明代中央外事机构论考》,载《东岳论丛》2006 年第 5 期。

[38]杨晓波:《明朝海上外贸管理法制研究》,华东政法大学 2015 年博士学位论文。

[39]孔晓婷:《论明朝海外贸易制度变迁——基于新制度经济学的分析》,载《经济研究参考》2015 年第 28 期。

外文论文:

[1]田中健夫「14・5 世紀における倭寇の活動と構成」日本歴史 7 号(1950 年)6 ~ 11 頁以下。

[2]宮崎正勝「嘉靖期浙江海域における密貿易ネットワークの変動:許氏集団と王直の活動を中心に」北海道教育大学紀要第一部 A 人

文科学編48号(1997年)107～122頁以下。

[3]龐新平「嘉靖倭寇活躍期における築城」東洋學報75巻1、2号(1993年)31～62頁以下。

[4]中島楽章「永楽年間の日明朝貢貿易」史淵140号(2003年)51～99頁以下。

[5]秀城哲「16世紀『嘉靖大倭寇』を構成する諸勢力について」千葉大学社会文化科学研究8号(2004年)203～209頁以下。

[6]李献璋「嘉靖年間における浙海の私商及び舶主王直行蹟考(上):かねてポルトガル人の寧波居留地を論ずる」史學34巻1(1961年)45～82頁以下。

[7]李献璋「嘉靖年間における浙海の私商及び舶主王直行蹟考[下]——海禁下に自由を求める一私商の生涯」史學134巻2号(1961年)163～203頁以下。

[8]呉征濤「嘉靖年間の温州における倭寇」関西大学大学院東アジア文化研究科「東アジア文化研究科院生論集」2号(2015年)177～261頁以下。

[9]大石隆夫「明代嘉靖初年の密掲政治について」人文論究52巻2号(2002年)5～53頁以下。

[10]辻原明穂「明代督撫幕府の構造と特色—嘉靖年間の胡宗憲幕府を手掛りとして」史窓67号(2010年)23～45頁以下。

[11]山崎岳「巡撫朱〔カン〕の見た海—明代嘉靖年間の沿海衛所と「大倭寇」前夜の人々」東洋史研究62巻1号(2003年)1～38頁以下。

[12]杨贵言「東アジア貿易史の研究—西洋商人の東漸を中心として(明代嘉靖年間から清代初頭まで)」地域総合研究34巻1号(2006年)65～82頁以下。

[13]増田真意子「明代嘉靖後期に於ける海禁政策の実行とその転換」地域文化研究13号(2007年)187～205頁以下。

[14]大川沙織「明代市舶太監の創設とその変遷:嘉靖期の裁革と税監の設置をめぐって」史窓73号(2016年)27~51頁以下。

[15]海野洋平「唐順之と書傭・胡貿—明代嘉靖年間の書籍編纂事業に於ける傭書の役割」汲古45号(2004年)55~67、92頁以下。

[16]桑野榮治「朝鮮中宗二〇年代の對日外交交渉——『嘉靖會典』編纂の情報收集をめぐつて(特集東アジア史の中での韓國・朝鮮史)」東洋史研究67巻3号(2008年)434~463頁以下。